JN437065

Korean International Financial Reporting Standards

쉽게 풀어 쓴

K－IFRS 회계원리

유재경 | 이동훈 공저

도서출판 두남

불법복사는 지적재산을 훔치는 범죄행위입니다

저작권법 제97조의 5(권리의 침해죄)에 따라 위반자는 5년 이하의 징역 또는 5천만 원 이하의 벌금에 처하거나 이를 병과할 수 있습니다.

머리말

회계는 경영의 흐름을 숫자로 나타낸 것으로 개인이나 기업뿐만 아니라 모든 형태의 조직에서 가장 보편적인 의사소통 수단으로 사용되고 있다.

"개인이나 조직 모두 회계를 모르고서는 성공할 수 없다."
"회계를 실천하는 사람이 부자가 되고 성공하는 사람이 된다."

이런 말을 할 정도로 회계는 우리 일상생활에서 매우 중요한 요소로 자리 잡고 있기 때문에 현대인이라면 누구나 회계를 체계적으로 배워야 할 필요성이 증대하고 있다. 하지만 회계를 숫자로 다루다 보니 대부분의 사람들이 회계를 어려운 수학으로 여겨 쉽게 다가가지 못하는 경우가 많다. 그러나 차근차근 원리를 따져보면서 접근하면 회계는 보통 사람이 생각하는 어려운 수학이라기보다 단순한 계산이 존재하는 산수에 가깝다는 것을 알 수 있다.

그동안 저자들은 회계원리를 좀 더 쉽게 이해할 수 있도록 강의하기 위해 노력해 왔다. 그러나 대부분의 교재들이 방대한 분량에 매우 어려운 내용까지 담고 있어 친근하게 다가갈 수 없게 하는 부분이 있었다. 이에 그동안의 강의 경험을 토대로 회계를 공부하고자 하는 사람은 누구나 쉽게 이해하고 공부할 수 있도록 회계원리의 기본적이고 중요한 내용만을 엄선하여 교재를 집필하게 되었다.

본서는 회계를 처음 접하는 입문자들을 대상으로 회계전반에 걸친 기본지식을 이해하기 쉽게 전달하고자 한국채택국제회계기준(K-IFRS)에 입각하여 기초적 회계의 관점에서 쉽게 풀어 쓴 책이며 중점을 둔 내용은 다음과 같다.

첫째, 회계를 처음 접하는 입문자들이 꼭 알아야 할 내용만을 쉽게 전달할 수 있도록 하였다. 따라서 너무 어렵거나 불필요한 내용은 포함시키지 않았다.

둘째, 회계의 일반적인 개념이나 원리들을 쉽게 이해할 수 있도록 가급적 의미와 내용을 명확하게 표현하려고 노력하였다.

셋째, 본문의 내용을 보다 쉽게 그리고 정확히 이해할 수 있도록 다양한 예제와 상세한 풀이를 하였다.

넷째, 실제 감사보고서를 부록에 첨부하여 교과서적인 회계지식이 아닌 실무적인 회계지식을 경험하도록 하였다.

항상 후회는 늦게 온다고 한다. 나름대로 최선의 노력을 다하여 집필하려고 하였으나 많은 아쉬움이 남는다. 여러분들의 조언과 질책을 밑거름으로 하여 다음 작품은 최고의 작품이 되었으면 하는 바람이다.

본서의 출간까지 많은 격려와 조언을 해준 부천대학 부동산금융정보학과 여러 교수님들께 깊은 감사를 드린다. 또한 본서의 출판을 위해 아낌없는 배려를 해준 도서출판 두남의 전두표 사장님과 이승구 상무님께도 감사를 드린다. 끝으로 아내와 아이들에게 고마움과 사랑을 전하고 싶다.

2011년 5월

꿈집에서 저 자

차 례

제1부 | 회계의 기초적 이해

제2부 | 재무제표요소의 인식과 측정

제 3 부 결산정리와 재무제표 작성

부 록

제 1 부

회계의 기초적 이해

제 1 장

회계의 기초이론

제1장 | 회계의 기초이론

제1절 | 부기와 회계

1. 부기의 의의

회계학은 회계를 연구하는 학문이다. 회계학의 연구대상인 회계란 무엇인가?를 이해하기 위해서는 먼저 이의 기본적 토대가 되는 부기의 개념을 이해하여야 한다.

원래 부기(簿記: book-keeping)의 어원은 '장부기입'이라는 말에서 유래하며, 그의 줄임말로서 부기라고 일컬어진다. 부기는 경제주체의 경제활동에 따른 재산의 변동사항을 체계적으로 기록할 필요성에 의하여 나타난 것으로 "경제주체(가계, 기업, 정부 등)의 경제활동에 따른 경제적사건, 즉 거래(transactions)를 장부에 기록·계산·정리하는 것이다."

이와 같이 부기를 정의한다면 개인의 수입과 지출 또는 가정에서 가계부에의 기록·계산·정리 등도 부기의 범주에 포함할 수 있지만, 이론적 체계로서의 부기는 영리추구를 목적으로 하는 기업의 부기를 의미한다.

부기의 목적은 기업의 일정시점의 재무상태와 일정기간 동안의 경영성과를 파악하여 과거의 경영활동을 검토하고 미래의 합리적인 경영계획을 수립하는데 있다.

부기는 기록 및 계산하는 방식에 따라 단식부기와 복식부기로 나눌 수 있는데, 일반적으로 부기라 하면 복식부기를 의미하며 대부분의 기업에서는 복식부기를 이용하고 있다.

2. 회계의 정의

1941년 미국공인회계사회(AICPA)는 회계를 "회계는 거래를 기록 · 분류 · 요약하고 그 결과를 해석하는 기술이다."라고 정의하였다. 이와 같은 정의는 회계를 실무적인 기술로 보아 단순히 거래를 기록하고 분류하는 부기의 측면에서 정의하여 회계정보의 생산측면만을 강조하고 있다. 그러나 오늘날에는 회계정보의 이용측면을 강조하여 회계를 정의하고 있다.

1966년 미국회계학회(American Accounting Association)가 발표한 "기초적 회계이론에 관한 보고서"에 의하면 회계를 다음과 같이 정의하고 있다.

"회계(會計: accounting)란 회계정보이용자가 합리적인 판단이나 의사결정을 할 수 있도록 기업실체에 관한 유용한 경제적 정보를 식별 · 측정 · 전달하는 과정이다."

(accounting may be defined as the process of identifying, measuring, and communicating economic information to permit informed judgements and decisions by users of the information)

이 회계정의는 회계가 단순히 거래를 기록 · 계산 · 정리하는 과정이라는 기술론적 범주를 벗어나 회계정보이용자의 이용측면을 중시하고, 이에 따라 정보이용자들의 의사결정에 대하여 유용한 경제적 정보를 제공하는 것을 회계의 목적으로 하고 있다.

위의 회계정의에서 식별(identification)이란 어떠한 사건이 회계정보의 대상(장부에 기록할 대상)이 되는지의 여부를 판별하는 것을 의미하며, 측정(measurement)이란 선정된 정보에 수치(화폐금액)를 부여하여 계량화 한다는 것을 의미하며, 전달(communication)이란 식별되고 측정된 회계정보를 필요로 하는 정보이용자에게 보고하는 것을 의미한다. 이와 같이 회계는 식별, 측정, 전달이 순차적으로 이루어지는 유기적인 과정이라 할 수 있다. 이러한 과정을 도시하면 다음 그림과 같다.

결국, 회계란 기업활동을 수행하는 과정에서 발생하는 수많은 경제적 사건들을 체계적으로 기록 · 계산 · 정리하여 보고함으로써 회계정보를 이용하여 기업과 관련된 의사결정을 하는 사람들에게 도움을 주는 것을 회계라 할 수 있다.

회계정보시스템의 프로세스

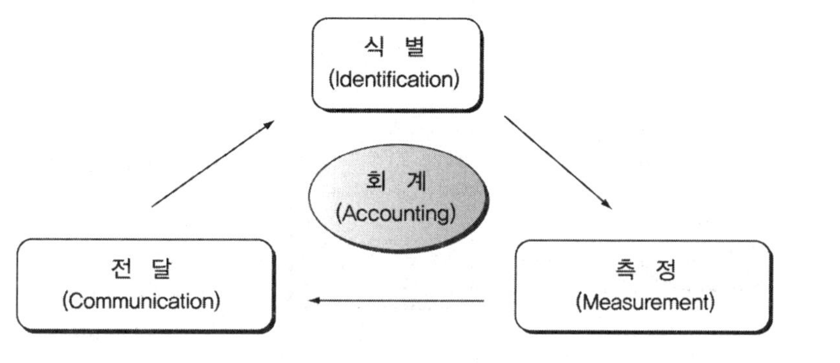

3. 회계정보이용자

우리들은 일상생활에서 기업과 밀접한 관련을 맺으며 살아가고 있다. 이러한 기업은 과거에는 주로 한 개인이 출자를 하고 단독으로 경영하는 개인기업의 형태가 대부분이었으나, 산업이 발달하고 대규모의 자본을 필요로 하게 됨으로써 오늘날 대부분의 기업은 주식회사의 형태를 가지게 되었다.

주식회사란 현대 산업사회의 대규모 기업을 설립·운영하는데 소요되는 대규모의 자본조달과 기업경영의 합리화를 기하기 위하여 형성된 자본적 다수공동기업으로서 자본주의사회에 있어서 가장 이상적이고 대표적인 기업형태이다. 이러한 주식회사는 개인기업과 달리 기업과 직접적 혹은 간접적으로 재무적 이해관계를 가지고, 기업과 관련된 의사결정에 직면해 있는 다양한 이해관계자들과 연관을 맺으며 존속하고 있다.

기업과 이해관계를 가진 이해관계자들은 그들의 기업과 관련된 각종 의사결정을 위하여 기업에 관한 다양한 회계정보를 요구하고 있다. 회계정보이용자란 바로 해당 기업과 이해관계가 있는 사람들이다.

(1) 투자자

이미 기업의 주식이나 채권을 취득한 현재의 투자자들은 현재 보유중인 주식이나 채권을 계속 보유할 것인지, 아니면 처분할 것인지 또는 추가로 취득할 것인지에 대한 의사결정을 하며, 잠재적 투자자들은 어느 기업의 주식이나 채권에 얼마만큼을 투자할 것인지를 결정해야 한다. 이러한 의사결정에 직면해 있는 투자자들은 합리적인 의사결정을 하기 위해 기업에 대한 회계정보를 필요로 한다.

기업의 회계정보이용자

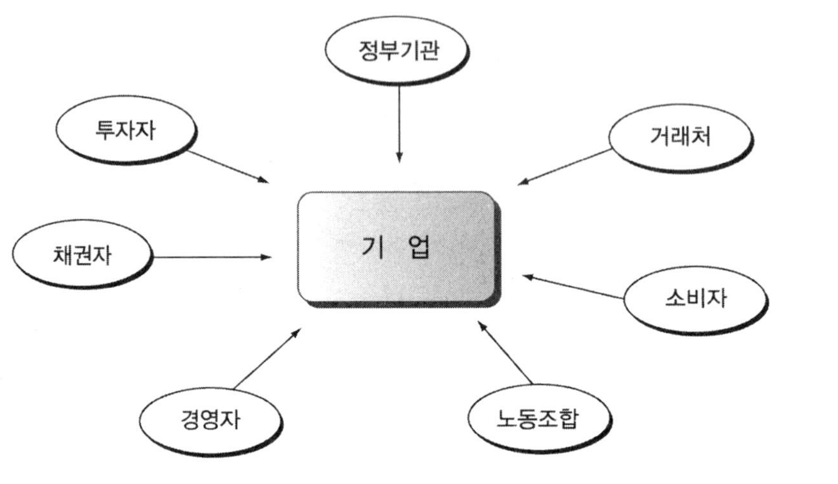

(2) 채권자

기업활동에 필요한 자금을 대여해준 채권자들은 원금회수의 안정성 및 이자상환능력을 평가하여 신규자금의 대여나 기존 대여자금의 연장 및 회수 등에 대한 결정을 하여야 한다. 따라서 채권자들은 이와 같은 의사결정을 할 때 그 기초자료로서 기업에 관한 회계정보를 필요로 한다.

(3) 경영자

경영자는 기업의 목표를 달성하기 위하여 다양한 의사결정을 하는 기업경영의 핵심주체로서, 목표를 수립하고 경영활동을 수행하며 통제활동을 한다. 이러한 활동이 보다 효율적으로 이루어지기 위해서는 기업의 재무상태와 경영성과를 파악하여 기업의 전략 및 목표수립이 이루어져야 합리적인 기업경영을 수행할 수 있다. 경영자는 이와 같은 의사결정을 행할 때 그 기초자료로서 기업의 회계정보를 필요로 한다.

(4) 정부기관

정부나 과세당국은 경영성과에 대한 과세, 각종 기부금 및 성금의 산정, 기업에 관련된 정책 등을 수립하여야 한다. 정부기관은 이를 위해서 기업에 관한 회계정보를 필요로 한다.

(5) 노동조합(종업원)

노동조합은 회사와의 근로조건 등에 대한 협상을 하기 위한 기초자료로서, 종업원은 현 직장의 계속근무 여부 등에 대한 의사결정 자료로서 기업에 대한 회계정보를 필요로 한다.

(6) 기타 정보이용자

거래처는 납품대금의 지급여부, 소비자는 구입한 물품의 가격이나 사후수리업무 여부, 지역사회는 기업의 환경오염 방지에 대한 투자여부 등에 대한 자료로서 기업에 관한 회계정보를 필요로 한다. 이외에도 금융감독원 등 다양한 이해관계를 가지고 있는 이해관계자들이 있다.

▶ 부기와 회계의 차이점

많은 사람들은 일반적으로 부기와 회계를 동일한 것으로 생각하기도 하는데, 부기와 회계는 동일한 것이 아니며 구별되는 개념이다.

부기는 단순히 기업의 경영활동에 따른 경제적 사건을 장부에 기록·계산·정리하여 경제적 정보를 생산하는 과정을 의미하는 것이나, 회계는 경제적 정보를 생산하는 것뿐만 아니라 생산된 정보가 정보이용자의 의사결정에 유용한 정보가 되도록 생산된 정보를 분석하고 전달하는 과정을 총칭하는 일련의 정보전달과정이라는 점에서 차이가 있다.

정보의 생산이 없다면 정보이용자의 의사결정에 유용한 정보를 제공할 수는 없을 것이다. 따라서 부기는 회계의 중요한 일부분으로서 정보이용자의 의사결정에 유용한 정보를 생산하는 기능을 담당하고 있으므로 회계의 기본은 부기에서 출발하고 있다고 할 수 있다.

4. 회계의 분류

회계의 목적은 기업을 둘러싸고 있는 이해관계자, 즉 회계정보이용자의 경제적 의사결정에 대하여 유용한 경제적 정보를 제공하는데 있다. 회계정보이용자는 투자자, 채권자, 경영자, 정부관련기관, 종업원과 노동조합, 거래처와 소비자 등 다양하게 존재하나, 크게는 기업내부정보이용자와 외부정보이용자로 구분할 수 있다. 내부정보이용자(internal users)는 경영자나 관리자 등이 있으며, 외부정보이용자(external users)는 투자자나 채권자 등이 있다. 회계는 이러한 정보이용자에 따라 회계영역을 재무회계와 관리회계로 나눌 수 있다.

회계의 분류

회계정보이용자	내부정보이용자 : 경영자, 관리자 등 → 관리회계	
	외부정보이용자 : 투자자, 채권자 등 → 재무회계	

재무회계(financial accounting)는 투자자나 채권자 등과 같은 기업외부의 정보이용자들에게 기업과 관련된 경제적 의사결정을 합리적으로 수행할 수 있도록 유용한 경제적 정보를 제공하는 것을 목적으로 하는 회계이다. 즉, 투자자나 채권자들이 합리적인 의사결정을 할 수 있도록 기업의 재무상태, 경영성과 등에 관한 정보를 제공하는 분야이다.

재무회계는 그 수준에 따라 회계원리·중급회계·고급회계로 구분된다.

관리회계(managerial accounting)는 기업내부의 정보이용자인 경영자에게 관리적 의사결정에 유용한 정보를 제공하는 것을 목적으로 하는 회계이다. 즉, 기업의 경영자가 경영의사결정을 합리적으로 수행할 수 있도록 유용한 정보를 제공하는 분야이다.

주된 정보이용자가 다르기 때문에 재무회계와 관리회계는 목적, 보고대상, 원칙 및 정보의 방향과 범위 등에 있어서 차이가 있다.

재무회계와 관리회계

내 용	재 무 회 계	관 리 회 계
목 적	외부정보이용자(투자자, 채권자 등)의 경제적 의사결정에 유용한 정보제공	내부정보이용자(경영자 등)의 관리적 의사결정에 유용한 정보제공
보고대상	투자자, 채권자 등	경영자 등
원 칙	일반적으로 인정된 회계원칙의 준수	통일된 회계원칙이 없다.
정보의 방향과 범위	과거지향적이며 화폐적정보를 중심으로 한다.	미래지향적이며 비화폐적 정보도 포함한다.

제2절 재무회계와 재무제표

1. 재무제표의 의의와 종류

재무회계는 기업외부의 정보이용자들에게 유용한 정보를 제공하는 분야이다. 따라서 재무회계는 투자자나 채권자 등 기업의 외부정보이용자들이 기업과 관련하여 합리적인 판단이나 의사결정을 할 수 있도록 기업실체에 관한 유용한 경제적 정보를 제공하는데 목적이 있다.

기업은 재무회계의 목적을 달성하기 위하여 기업의 외부정보이용자들에게 기업실체에 관련된 여러 가지 정보를 제공해야 하는데, 이를 위한 대표적인 수단으로 재무제표를 사용한다.

재무제표(financial statements: F/S))란 기업의 경영활동을 요약한 여러 가지 회계보고서, 즉 기업에 관련된 이해관계자에게 기업의 재무상태, 경영성과 등을 보고하기 위하여 일정한 서식으로 작성한 회계보고서를 말한다.

우리나라 기업회계기준인 한국채택국제회계기준에서는 정보이용자에게 제공해 주어야 할 공식 재무제표를 지정하고 있는데 그것은 다음과 같다.

재무제표의 종류

재무상태표	일정시점 현재 기업의 재무상태에 대한 정보를 제공하는 재무제표
포괄손익계산서	일정기간 동안의 기업의 경영성과에 대한 정보를 제공하는 재무제표
자본변동표	기업의 일정기간 동안에 발생한 자본의 변동에 대한 정보를 제공하는 재무제표
현금흐름표	기업의 일정기간 동안에 발생한 현금유입과 현금유출에 대한 정보를 제공하는 재무제표

2. 회계원칙과 외부감사제도

재무제표는 재무보고의 중심적인 수단으로서 이를 통하여 기업에 관한 재무적 정보를 외부의 정보이용자들에게 전달하게 된다. 이러한 재무제표가 정보이용자들의 의사결정에 유용하게 사용되기 위해서는 합리적인 기준에 의해서 작성되어지고, 재무제표의 신뢰성을 제고시켜야 할 필요성이 있다. 이를 위한 제도적 장치로서 일반적으로 인정된 회계원칙과 외부감사제도가 있다.

(1) 일반적으로 인정된 회계원칙

오늘날 어느 국가에서나 기업들이 재무제표를 작성할 때 사용해야 할 회계지침을 마련하고 있는데 이를 일반적으로 인정된 회계원칙이라 한다. 일반적으로 인정된 회계원칙(GAAP; generally accepted accounting principles)이란 기업실체에 영향을 미치는 경제적 사건을 재무제표 등에 보고하는 방법을 기술한 것으로 회계실무를 행할 때 준수해야 할 행위의 지침이며, 회계실무를 이끌어 나가는 지도원리가 된다.

회계원칙을 제정하는 이유는 재무제표에 기재된 회계정보의 신뢰성과 유용성을 제고시키기 위해서이다. 즉, 재무제표의 작성에 대한 책임은 경영자에게 있다. 그러나 기업의 경영자에게 모든 회계처리를 자의적인 판단에 일임하게 되면 고의 또는 실수에 의해서든 재무제표가 왜곡될 우려가 있으며, 재무제표를 작성하는 방법이 기업간·기간간에 차이가 발생할 경우 재무제표의 비교가능성이 저하되어 결과적으로 회계정보의 유용성이 감소할 것이기 때문이다.

우리나라의 경우 기업이 회계처리를 할 때 지켜야 할 회계원칙으로써 한국채택국제회계기준을 공표하고 있다. 한국채택국제회계기준은 "주식회사의 외부감사에 관한 법률(외감법)"에 따라 회계처리기준의 제정을 위탁받은 한국회계기준원이 공식적인 제정절차에 따라 국제회계기준(IFRS; International Financial Reporting Standards))을 번역하여 우리나라의 회계처리기준으로 채택한 것을 말한다. 우리나라는 국제회계기준을 공식적인 절차에 따라 본연의 취지 그대로 도입한다는 의미에서 영어 원문에서 내용을 변형하지 않고 직역하였다. 그리하여 우리나라의 국제회계기준을 한국채택국제회계기준, 영어로는 K-IFRS(Korean International Financial Reporting Standards)라고 부른다.

한국채택국제회계기준은 기업회계기준서와 기업회계기준해석서로 구성되며, 주권상장법인은 2011년부터 의무적으로 적용하되, 상장법인을 포함하여 비상장법인도 희망하는 경우 2009년부터 조기에 적용할 수 있도록 하였다.

(2) 외부감사제도

일반적으로 인정된 회계원칙과 함께 재무제표의 유용성 제고를 위한 제도적 장치로 외부감사제도(external auditing)가 있다. 일반적으로 인정된 회계원칙이 아무리 잘 만들어져 있다 하더라도 기업 외부의 정보이용자들이 경영자의 책임하에 작성·공표되는 재무제표가 일반적으로 인정된 회계원칙을 준수하여 작성되었는지를 확인하기는 어렵다.

따라서 기업과는 독립적인 위치에 있는 회계전문가인 공인회계사(CPA; certified public accountant)로 하여금 기업의 재무제표가 일반적으로 인정된 회계원칙에 따라 적정하게 작성되었는지 여부를 감사한 후 전문가로서의 감사의견을 표명하도록 함으로써 회계정보의 신뢰성을 부여하도록 한 제도가 외부감사제도이다. 현행 "주식회사의외부감사에관한법률"의 규정에 의하면 직전 회계연도 말의 자산총액이 100억원 이상인 주식회사는 회계법인으로부터 반드시 의무적으로 재무제표에 대한 외부감사를 받도록 되어 있다.

감사의견에는 적정의견과 비적정의견이 있다. 적정의견은 재무제표가 일반적으로 인정된 회계원칙을 준수하여 작성되었다는 것을 확인해 주는 것이며, 비적정의견은 그렇지 않다는 것을 확인해 주는 의견이다. 비적정의견에는 한정의견, 부적정의견, 의견거절 등이 있다. 외부감사에서 비적정의견을 받은 기업은 주가하락, 차입금리 상승 등의 악영향을 받는 것은 물론, 주식시장에서 여러 가지 제도적인 규제를 받게 된다.

제 2 장

재무상태표와 포괄손익계산서

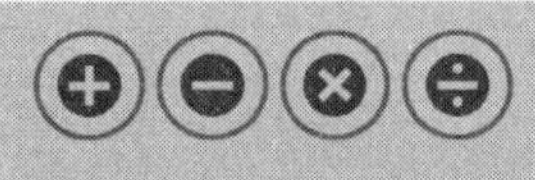

제2장 | 재무상태표와 포괄손익계산서

재무제표는 기업의 경영자가 기업 외부의 정보이용자에게 한 회계기간 동안 기업에서 일어난 경제적 사건과 그 결과에 대한 정보를 제공하기 위한 수단으로 이용하는 것이다. 한국채택국제회계기준(이하 'K-IFRS'라고 함)에서는 정보이용자에게 제공해 주어야 할 공식 재무제표로 재무상태표, 포괄손익계산서, 자본변동표, 현금흐름표 등을 규정하고 있다. 대표적 재무제표인 재무상태표와 포괄손익계산서에 대해 살펴보기로 한다.

제1절 | 재무상태표

재무상태표(statement of financial position)는 일정시점 현재 기업의 재무상태 즉, 일정시점 현재 기업이 보유하고 있는 경제적 자원인 자산과 경제적 의무인 부채, 그리고 자본에 대한 정보를 제공하는 재무제표이다.

재무상태란 일정시점에 있어서 기업의 재산상태를 말하는 용어인데, 일반적으로 개인의 재산은 총재산에서 빚을 제외한 순재산을 의미하지만 기업의 재산에 대한 개념은 총재산을 의미한다. 즉, 남의 돈 내 돈 구별없이 회사의 명의로 되어 있는 것은 모두 기업의 재산으로 간주한다.

경제적 측면에서 남의 돈을 타인자본이라고 하고, 내 돈을 자기자본이라고 하며 이들의 합계액을 총자본이라고 한다. 타인자본은 기업이 미래에 갚아야 할 빚이므로 부채라고 하고, 자기자본은 장사나 사업 등의 기본이 된다는 의미에서 자본이라고 하며, 부채와 자본의 합을 자산이라고 한다. 이 등식을 재무상태표등식이라고 한다.

> • 총재산 = 남의 돈 + 내 돈
> • 총자본 = 타인자본 + 자기자본
> • 자 산 = 부 채 + 자 본 → 재무상태표등식

그리고 이 등식에 의해서 작성되어, 일정시점에 있어서의 기업의 재무상태를 나타내주는 재무제표를 재무상태표라고 한다. 이를 도시하면 다음과 같다.

재 무 상 태 표

자 산	부 채 자 본

예를 들어, (주)UT는 20x1년 1월 1일 영업활동을 위하여 건물을 1억원에 구입하였는데, 은행대출 4천만원과 자기자본 6천만원을 투자하였다면 이를 다음과 같이 나타낼 수 있다.

> 자산 (₩100,000,000) = 부채 (₩40,000,000) + 자본 (₩60,000,000)

재 무 상 태 표

(주)UT　　　　20x1년 1월 1일　　　　(단위: 원)

자 산		부 채	
자 산	100,000,000	부 채	40,000,000
		자 본	60,000,000
	100,000,000		100,000,000

재무상태표의 왼쪽은 기업이 소유하고 있는 자산을 표시하고, 오른쪽은 기업자산의 조달원천인 부채와 자본을 표시하며 왼쪽과 오른쪽은 금액이 일치되어 균형상태를 이루게 된다. 또한 재무상태표에는 재무상태표라는 재무제표의 명칭, 회사명, 재무상태표 작성기준일, 금액단위를 표시하여야 한다.

1. 자 산

기업이 경영활동을 하기 위해서는 현금, 토지, 건물, 기계장치, 차량운반구, 비품 등과 같은 재화가 필요하며, 상품매매기업[1]의 경우에는 영업활동의 대상이 되는 상품이라는

1) 상품매매기업이란 상품매매를 주요 영업목적으로 하는 기업(도·소매상)을 말하며 상기업이라고도 한다. 재무회계의 대상기업은 상품매매기업이다.

재화를 보유하여야 한다. 그리고 경영활동에 따라서 각종의 채권[2]이 발생하게 된다.

현금은 지폐, 주화 등 가장 기본적인 재화이며, 현금을 타인에게 대여한 경우 대여금이라는 채권이 발생한다. 상품은 상품매매기업이 판매를 목적으로 보유하는 재화이고, 상품을 외상으로 판매하는 경우 매출채권이라는 채권이 발생한다. 토지, 건물, 기계장치, 차량운반구, 비품 등은 기업이 사용할 목적으로 보유하는 재화이며, 이를 외상으로 처분하는 경우 미수금이라는 채권이 발생한다. 또한 연구개발활동의 결과 신제품의 제조에 성공하면 특허권과 같은 법률상의 권리도 취득하게 된다.

이와 같이 기업이 소유하고 있는 현금, 상품, 토지, 건물, 기계장치, 차량운반구, 비품 등의 재화와 매출채권, 대여금, 미수금 등의 채권 그리고 특허권 등과 같은 법률상의 권리를 자산(assets)이라고 한다. 재화는 처분을 통해 현금이 유입될 것이고, 채권은 약정기일이 되면 현금이 유입될 것이다. 즉, 자산은 미래에 경제적효익(미래의 순현금유입을 창출할 수 있는 잠재력)을 창출할 것으로 기대되는 자원이다.

2. 부 채

기업은 경영활동에 따라서 미래의 어느 시점에 제3자에게 현금을 지급해야 하는 채무[3]를 가지는 경우가 있다. 예를 들면, 상품을 외상으로 매입하는 경우, 자금을 차입하는 경우 등으로 인하여 채무를 부담하게 된다.

여기에서 상품을 외상으로 매입한 경우에 발생하는 채무를 매입채무, 현금을 타인으로부터 차용한 경우에 발생하는 채무를 차입금이라고 한다. 그리고 상품 이외의 재화를 외상으로 취득하는 경우에 발생하는 채무를 미지급금이라고 한다.

매입채무, 차입금, 미지급금 등은 미래에 현금으로 상환해야 할 채무이다. 이와 같이 기업이 미래에 일정한 금액을 갚아야 할 채무를 부채(liabilities)라고 한다. 부채는 약정기일이 되면 현금이 지급될 것이다. 즉, 부채는 미래에 현금유출이 예상되는 의무이다.

3. 자 본

자본(capital)이란 기업자산에 대한 소유주 또는 주주의 지분(持分)을 의미한다. 즉, 자본은 기업이 소유하고 있는 자산총액에서 채권자에게 갚아야 할 부채총액을 차감한 잔액을 말하며 순자산이라고도 한다.

---

2) 채권(債權)이란 다른 사람에게 현금이나 재화 또는 용역을 요구할 수 있는 권리를 말한다.
3) 채무(債務)란 다른 사람에게 현금이나 재화 또는 용역을 지불해야 하는 의무를 말한다.

자본은 발생원천에 따라 크게 자본금과 이익잉여금으로 구분할 수 있다. 자본금[4])은 주식발행을 통하여 필요한 자금을 조달할 경우 주주가 기업에 출자한 금액을 말한다. 그리고 이익잉여금은 기업의 경영활동 결과 수익이 비용을 초과하여 이익이 발생할 경우 이 이익을 누적시켜 놓은 금액을 말한다. 따라서 자본(순자산)의 증가는 주식발행을 통한 자본금의 증가를 통해서도 가능하고, 기업의 영업활동 결과 이익이 발생할 경우 이익잉여금의 증가를 통해서도 가능하다. 자본은 자산에서 부채를 차감한 금액이며, 순이익 이외에 다른 자본의 변동이 없다면 이익잉여금은 자본에서 자본금을 차감한 금액이다.

• 자산 − 부채 = 자본
• 자본 = 자본금 + 이익잉여금
∴ 자본 − 자본금 = 이익잉여금

예제 2-1

다음은 (주)UT의 20x1년 12월 31일 현재 재무상태이다. 이 자료를 이용하여 (주)UT의 재무상태표를 작성하시오.(단위: 천원)

현 금	₩10,000	매출채권	₩35,000	상 품	₩40,000
토 지	20,000	건 물	55,000	비 품	60,000
매입채무	30,000	차 입 금	50,000	자 본 금	100,000

재 무 상 태 표

(주)UT　　20x1년 12월 31일　　(단위: 천원)

현 금	10,000	매 입 채 무	30,000
매 출 채 권	35,000	차 입 금	50,000
상 품	40,000	자 본 금	100,000
토 지	20,000	이 익 잉 여 금	40,000
건 물	55,000		
비 품	60,000		
	220,000		220,000

4) 주식회사의 '자본금(capital stock)'은 상법의 규정에 따라 발행주식총수에 주당 액면금액을 곱해서 계산한 금액을 말하며, 액면금액이란 주권(株劵)의 권면(표면)에 기재되어 있는 주(株) 금액을 말한다. 우리나라 상법에서는 주식회사의 1주당 액면금액은 ₩100 이상으로 균일해야 한다고 규정하고 있다.

예제 2-2 

다음 (주)UT의 20x1년 12월 31일 현재 자산, 부채, 자본에 의하여 재무상태표를 작성하시오.

(단위: 천원)

대 여 금	₩100,000	이익잉여금	₩100,000	매출채권	₩120,000
비 품	50,000	현 금	50,000	미지급금	60,000
토 지	100,000	건 물	100,000	미 수 금	60,000
매입채무	100,000	상 품	70,000	차 입 금	30,000

풀이

재 무 상 태 표

(주)UT　　　　20x1년 12월 31일　　　　(단위: 천원)

현 금	50,000	매 입 채 무	100,000
매 출 채 권	120,000	차 입 금	30,000
대 여 금	100,000	미 지 급 금	60,000
미 수 금	60,000	자 본 금	360,000
상 품	70,000	이 익 잉 여 금	100,000
토 지	100,000		
건 물	100,000		
비 품	50,000		
	650,000		650,000

제2절 포괄손익계산서

포괄손익계산서(I/S; statement of comprehensive income)는 일정기간 동안의 기업의 경영성과에 대한 정보를 제공하는 재무제표이다. 기업의 경영성과란 일정기간 동안의 기업의 경영활동 결과 나타난 경제적 성과를 말하며, 경영활동 결과 발생한 수익과 비용의 차이인 순손익으로 평가한다. 순손익이란 순이익과 순손실을 합한 말이며, 일정기간 동안 영업활동을 한 결과(영업성적)를 의미한다. 따라서 포괄손익계산서는 주주들에게는 경영자의 기업 경영성적을 평가할 수 있는 자료가 되고, 채권자들은 투자액의 회수가능성을 판단해 볼 수 있으며, 미래의 투자자들에게는 기업의 장래성을 평가하는 중요한 자료가 된다.

예를 들어, 맥주 도매상인 (주)UT는 20x1년 1월 1일부터 20x1년 12월 31일까지 맥주의 판매 등을 통하여 ₩100,000,000을 벌어 들였고, 이 금액을 벌기 위해 맥주의 구입, 종업원의 급여, 임차료 등으로 ₩60,000,000을 지출하고 남은 금액이 ₩40,000,000 이었다면, 이때 1년 동안 기업의 영업활동에 의해 총 벌어들인 금액을 '수익'이라 하고, 벌기 위해 쓴 금액을 '비용'이라고 하며 남은 금액을 '이익'이라고 한다. 반면, 비용이 수익을 초과하면 손실이 발생한다.

• 총 벌어들인 금액 − 버는데 쓴 금액 = 남은 금액
(₩100,000,000) (₩60,000,000) (₩40,000,000)
• 수익−비용 = 이 익 또는 비용−수익 = 손실

따라서 비용+이익=수익이 되며 또는 비용=수익+손실이라는 식이 성립된다. 이 등식을 포괄손익계산서등식이라고 한다.

∴ 비용 +이익=수익 또는 비용=수익+손실 → 포괄손익계산서등식

그리고 이 등식에 의해서 작성되어. 기업의 일정기간 동안의 경영성과를 나타내 주는 재무제표를 포괄손익계산서라고 한다. (주)UT의 포괄손익계산서를 작성해 보면 다음과 같다.

포 괄 손 익 계 산 서

(주)UT 20x1년 1월 1일 ~ 20x1년 12월 31일 (단위: 원)

비 용	60,000,000	수 익	100,000,000
순 이 익	40,000,000		
	100,000,000		100,000,000

포괄손익계산서도 재무상태표와 마찬가지로 왼쪽과 오른쪽으로 나누어 왼쪽에 비용을 오른쪽에 수익을 기록하고, 순이익은 수익과 비용의 차액으로 왼쪽에 기록한다. 물론 순손실이 발생하는 경우에는 왼쪽에는 비용이 오른쪽에는 수익과 순손실이 기록된다. 또한 포괄손익계산서에는 포괄손익계산서라는 재무제표의 명칭, 회사명, 포괄손익계산서 작성기간, 금액단위를 반드시 표시하여야 한다.

1. 수 익

수익(revenue)이란 일정기간 동안 기업의 영업활동을 통하여 고객에게 재화나 용역(서비스)을 제공하고 그 대가로 획득한 금액을 말한다. 예를 들면, 고객에게 상품을 판

매하고 얻은 대가, 용역을 제공하고 얻은 수수료, 건물 등의 자산을 빌려준 대가, 예금에 대한 이자 등이 이에 해당한다. 여기에서 고객에게 상품을 판매하고 얻은 대가를 매출액이라고 하고, 상품매매에 따른 중개수수료 수입 등 고객에게 용역을 제공하고 얻은 수수료를 수수료수익이라 하며, 건물 등의 자산을 빌려준 대가로 발생한 수익을 임대료, 예금에 대한 이자를 이자수익이라고 부른다.

- 매출액 : 고객에게 상품을 판매하고 얻은 대가
- 수수료수익 : 고객에게 용역을 제공하고 얻은 대가
- 임대료 : 건물 등의 자산을 빌려주고 얻은 대가
- 이자수익 : 예금 등에 대한 이자
- 배당금수익 : 다른 기업의 주식 투자를 통해 받은 배당금

기업의 영업활동 결과를 일목요연하게 기록·정리하기 위해서는 이와 같이 간단하게 표현되면서 그 내용을 충분히 알 수 있는 용어를 사용하여야 한다. 수익은 영업활동의 내용에 따라 다양한 성격의 수익들이 발생할 수 있는데, 이때에는 해당수익의 내용을 잘 설명해 주는 용어를 사용하여 기록·정리하면 된다.

2. 비　용

비용(expense)이란 일정기간 동안 수익을 획득하기 위하여 유출 또는 소비된 경제적 자원을 말한다. 예를 들면, 고객에게 판매한 상품의 원가나 영업활동을 위한 경비 등이 이에 해당한다.

비용을 기록·정리하기 위하여 사용하는 용어들을 요약하면 다음과 같다. 이외에도 여러 가지 성격의 비용들이 발생할 수 있는데, 이 경우에도 적절한 용어를 사용하여 기록·정리하면 된다.

- 매출원가 : 고객에게 판매한 상품의 원가
- 급　　여 : 임직원의 임금 지급액
- 수수료비용(또는 지급수수료) : 용역을 제공받은 대가로 지급한 수수료
- 임 차 료 : 건물 등의 자산을 빌려서 사용한 대가로 지급한 비용
- 광고선전비 : 상품에 대한 광고선전 활동을 위하여 지출된 비용
- 여비교통비 : 임직원의 출장경비나 교통비 지출액
- 사무용품비 : 종이, 볼펜 등의 사무용품비 지출액

• 세금과공과 : 자동차세, 재산세, 적십자회비, 협회비, 벌금 등에 지출된 비용
• 이자비용 : 차입금에 대한 지급이자

한편 비용과 비슷한 개념으로 손실(loss)이란 용어가 있다.

손실이란 비용에서 수익을 차감한 개념으로서 비용이 수익을 초과한 금액을 말한다. 예를 들어, 원가 ₩1,000,000원의 상품을 ₩800,000원에 판매하였다면 ₩200,000원의 손실이 발생한다.

또한 손실은 특정기간의 영업활동과 관계없이 발생한 경제가치의 소멸, 즉 수익과 관계없이 발생한 자기자본의 감소를 의미하기도 한다.

예제 2-3

다음은 (주)UT의 20x1년 1월 1일부터 20x1년 12월 31일까지의 수익과 비용에 관한 자료이다. 이 자료를 이용하여 (주)UT의 포괄손익계산서를 작성하시오.(단위: 원)

매 출 액	₩344,000	매출원가	₩200,000
급 여	64,000	이자수익	170,000
임 차 료	120,000	수수료비용	40,000
사무용품비	10,000	이자비용	20,000

풀이

포 괄 손 익 계 산 서

(주)UT 20x1.1.1～20x1.12.31 (단위: 원)

매 출 원 가	200,000	매 출 액	344,000
급 여	64,000	이 자 수 익	170,000
임 차 료	120,000		
수수료비용	40,000		
사무용품비	10,000		
이 자 비 용	20,000		
당기순이익	60,000		
	514,000		514,000

▶ 보고기간

기업의 경영활동은 설립시점부터 폐업하는 날까지 계속된다. 따라서 그 기간 전체를 두고 재무상태와 경영성과를 파악하게 되면 기업을 둘러싸고 있는 여러 정보이용자들의 정보욕구를 충분히 충족시켜 줄 수 없게 된다.

이러한 이유로 기업에서는 일정기간(분기, 6개월 또는 1년)마다 기업의 재무상태와 경영성과 등을 파악하여 정보이용자들에게 보고한다. 이와 같이 인위적으로 3개월, 6개월 또는 1년 등으로 구분한 기간을 보고기간(reporting period) 또는 회계기간(accounting period)이라고 하며, 구분된 보고기간에 따라 작성된 재무제표를 분기재무제표, 반기재무제표 또는 연차재무제표라고 한다.

그리고 한 보고기간이 시작되는 시점을 기초라 하고 끝나는 시점을 기말이라고 하며, 해당 보고기간을 당기라 하고, 이전 보고기간을 전기, 다음 보고기간을 차기라고 한다.

예를 들어, 보고기간이 20x1년 1월 1일에 시작하여 20x1년 12월 31일로 종료되는 경우, 1월 1일을 기초라고 하고 12월 31일을 기말이라고 한다. 그리고 20x1년 1월 1일부터 20x1년 12월 31일까지의 보고기간을 당기, 20x0년 1월 1일부터 20x0년 12월 31일 까지의 보고기간을 전기, 20x2년 1월 1일부터 20x2년 12월 31일까지의 보고기간을 차기라 한다.

보고기간은 일반적으로 1년을 한 보고기간으로 하고 있다.

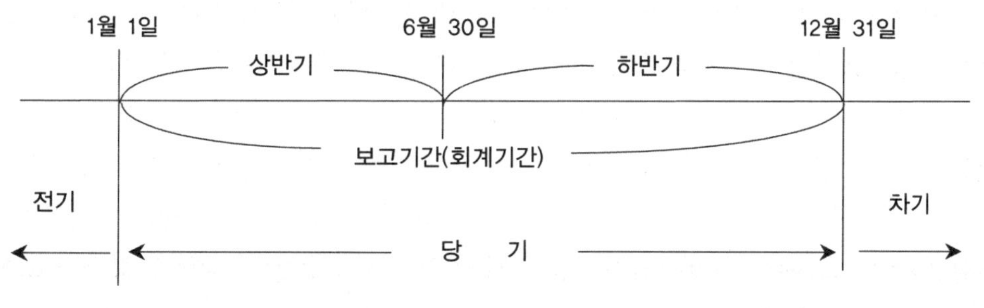

예제 2-4

다음은 (주)UT의 20x1년 1년 동안의 수익과 비용에 대한 자료이다. 이 자료를 이용하여 (주)UT의 포괄손익계산서를 작성하시오.(단위: 원)

상품매출이익	₩2,500,000	세금과공과	₩120,000
임 대 료	900,000	급　　여	2,600,000
이자수익	800,000	이자비용	120,000
보 험 료	400,000	임 차 료	240,000
여비교통비	750,000	접 대 비	60,000

포 괄 손 익 계 산 서

(주)UT 20x1.1.1~20x1.12.31 (단위: 원)

차변	금액	대변	금액
급 여	2,600,000	상품매출이익	2,500,000
보 험 료	400,000	임 대 료	900,000
임 차 료	240,000	이 자 수 익	800,000
여비교통비	750,000	당기순손실	90,000
세금과공과	120,000		
접 대 비	60,000		
이 자 비 용	120,000		
	4,290,000		4,290,000

제3절 재무상태표와 포괄손익계산서의 관계

재무상태표는 일정시점의 재무상태를 나타내고, 포괄손익계산서는 일정기간 동안의 경영성과를 표시하는 재무제표이다. 일정시점이란 기초와 기말을 의미하고, 일정기간이란 보고기간(기초부터 기말까지의 기간)을 의미한다. 따라서 기초 또는 기말이라는 시점에서 자산, 부채 및 자본이 어떻게 구성되어 있는가를 나타내는 것이 재무상태표이고, 기초의 재무상태표에 표시된 경제적 자원으로서의 자산을 영업활동 과정에서 어떻게 활용하여 기초에서 기말까지의 보고기간 동안 얼마만큼의 순손익을 창출하였는가를 표시해 주는 것이 포괄손익계산서이다.

예를 들어, (주)UT의 기초재무상태표는 20x1년 1년 동안 영업활동을 수행한 결과 기말재무상태표상에는 자산, 부채, 자본의 구성항목과 금액이 변화되어 있다. 이는 1년 동안의 영업활동을 통한 경제적 사건, 즉 거래가 반영된 결과이며 이러한 변화가 결과적으로 당기순이익 또는 당기순손실로 나타난다. 그리고 수익과 비용이라는 개념을 이용하여 어떤 과정을 거쳐서 당기순손익을 창출하였는지를 설명하는 것이 포괄손익계산서이다.

(주)UT의 포괄손익계산서를 보면 20x1년 1년 동안 총수익에서 총비용을 차감하여 계산되는 당기순이익은 ₩10,000원이다. 이와 같이 계산된 포괄손익계산서상의 당기순이익은 기초재무상태표상의 자본에 가산되어 기말재무상태표상의 자본이 된다. 즉, 영업활동을 통해서 창출된 포괄손익계산서상의 당기순이익은 기말재무상태표상의 이익잉여금에 가산되어 궁극적으로 기말재무상태표상의 자본의 증가를 나타내게 된다.

기 초 재 무 상 태 표

(주)UT　　20x1. 1. 1　　(단위: 원)

자　산		부　채	
현　금	500,000	자　본	
		자 본 금	500,000
	500,000		500,000

기 말 재 무 상 태 표

(주)UT　　20x1. 12. 31　　(단위: 원)

자　산		부　채	
현　금	385,000	매입채무	50,000
사무용품	5,000	차 입 금	250,000
상　품	20,000	자　본	
비　품	300,000	자 본 금	500,000
건　물	100,000	이익잉여금	10,000
	810,000		810,000

포 괄 손 익 계 산 서

(주)UT　　20x1.1.1～20x1.12.31　　(단위: 원)

비　용		수　익	
매출원가	60,000	매 출 액	100,000
급　여	40,000	임 대 료	30,000
이자비용	20,000		
당기순이익	10,000		
	130,000		130,000

제4절 당기순손익의 계산

재무상태표와 포괄손익계산서간의 연관관계를 통해서 대표적 기업경영의 성과지표인 당기순손익은 다음과 같은 두 가지 방식으로 계산할 수 있음을 알 수 있다.

1. 재산법

재무상태표상의 기말자본과 기초자본의 비교를 통해서 당기순손익을 계산하는 방법을 재산법(assets and liabilities method)이라고 한다. 즉, 당기순이익은 기말자본에서 기초자본을 차감하여 계산하며 당기순이익이 발생하면 자본이 증가한다는 점을 이용한 방법이다. 반대로 기말자본이 기초자본보다 적을 경우에는 순손실이 발생한다.

재산법은 현실적으로 보유하는 재산의 실지조사로 순자산액을 확인함으로써 순손익을 계산하기 때문에 객관적인 순손익 계산을 할 수 있다는 장점이 있다. 그러나 재산법은 두 시점에 있어서의 순자산액을 상호 비교함으로써 계산되므로 순손익은 총액으로서만 표시될 뿐 그 발생원천이 어디에 있는지를 명백하게 알 수 없다는 결점이 있다.

2. 손익법

포괄손익계산서상의 총수익과 총비용을 비교하여 당기순손익을 계산하는 방법을 손익법(profit and loss method)이라고 한다. 즉, 일정기간 동안 영업활동을 통하여 벌어들인 총수익에서 이를 획득하는데 소요된 총비용을 차감함으로써 순손익을 계산하는 방법이다.

손익법은 수익과 비용에 대한 조직적인 장부기록으로부터 유도되어 계산되기 때문에 순손익의 발생원인을 명백하게 밝혀준다. 회계에서는 재산법 대신에 손익법을 적용하여 순손익을 계산하도록 하고 있다.

[재산법]	[손익법]
기말 순자산(자본)	총 수 익
-기초 순자산(자본)	-총 비 용
당기순손익	당기순손익

재산법	(기말자산-기말부채)	-	(기초자산-기초부채)	= 당기순손익
	기말자본	-	기초자본	= 당기순손익
손익법	총수익	-	총비용	= 당기순손익

예제 2-5

다음 자료를 이용하여 순이익을 재산법과 손익법에 의해 각각 산출하시오.

기초자산	₩100,000	기초부채	₩0
기말자산	200,000	기말부채	80,000
수 익	300,000	비 용	280,000

풀이

① 재산법

▶ 순이익 = 기말자본 − 기초자본
= (기말자산 − 기말부채) − (기초자산 − 기초부채)
= (₩200,000 − ₩80,000) − (₩100,000 − ₩0)
= ₩20,000

② 손익법

▶ 순이익 = 수익 − 비용
= ₩300,000 − ₩280,000
= ₩20,000

연습문제

01. 다음은 자산, 부채, 자본, 수익, 비용항목들을 기록 · 정리하기 위하여 사용하는 용어들이다. 각각 어디에 속하는지 식별하시오.

1. 현금 (　　)	2. 임대료 (　　)	3. 미수금 (　　)
4. 건물 (　　)	5. 받을어음 (　　)	6. 비품 (　　)
7. 보험료 (　　)	8. 미지급금 (　　)	9. 차입금 (　　)
10. 임차료 (　　)	11. 이자비용 (　　)	12. 이자수익 (　　)
13. 잡손실 (　　)	14. 매출액 (　　)	15. 매출원가 (　　)
16. 급여 (　　)	17. 상품 (　　)	18. 통신비 (　　)
19. 토지 (　　)	20. 기계장치 (　　)	21. 사무용품 (　　)
22. 접대비 (　　)	23. 잡비 (　　)	24. 잡이익 (　　)
25. 지급어음 (　　)	26. 대여금 (　　)	27. 자본금 (　　)
28. 사무용품비 (　　)	29. 기부금 (　　)	30. 이익잉여금 (　　)
31. 외상매출금 (　　)	32. 외상매입금 (　　)	33. 광고선전비 (　　)
34. 여비교통비 (　　)	35. 배당금수익 (　　)	36. 세금과공과 (　　)
37. 차량운반구 (　　)	38. 수수료수익 (　　)	39. 수수료비용 (　　)
40. 도서인쇄비 (　　)	41. 수선유지비 (　　)	42. 차량유지비 (　　)

풀이

- 자 산 : 1, 3, 4, 5, 6, 17, 19, 20, 21, 26, 31, 37
- 부 채 : 8, 9, 25, 32
- 자 본 : 27, 30
- 수 익 : 2, 12, 14, 24, 35, 38
- 비 용 : 7, 10, 11, 13, 15, 16, 18, 22, 23, 28, 29, 33 34, 36, 39, 40, 41, 42

매출채권과 매입채무

매출채권은 순수한 신용매출인 외상매출금과 어음채권인 받을어음으로 세분된다. 실무상으로는 외상매출금과 받을어음을 별도로 구분하여 외상거래와 어음거래를 기록하고 있으나, 재무상태표에는 외상매출금과 받을어음의 금액을 합산하여 '매출채권'으로 통합하여 표시하여야 한다.

매입채무도 순수한 신용매입인 외상매입금과 어음채무인 지급어음으로 세분된다. 실무상으로는 외상매입금과 지급어음을 별도로 구분하여 외상거래와 어음거래를 기록하고 있으나, 재무상태표에는 외상매입금과 지급어음의 금액을 합산하여 '매입채무'로 통합하여 표시하여야 한다.

02. (주)UT의 20x1년 12월 31일의 재무상태는 다음과 같다. 이 자료에 의하여 (주)UT의 재무상태표를 작성하시오. 단, 기초자본금은 ₩400,000이다.(단위: 원)

현 금	₩80,000	외상매출금	₩465,000	상 품	₩450,000
차입금	250,000	미 수 금	245,000	미지급금	30,000
건 물	700,000	외상매입금	280,000	대 여 금	120,000

풀이

재 무 상 태 표

(주)UT 20x1.12.31 (단위: 원)

현 금	80,000	매 입 채 무	280,000
매 출 채 권	465,000	차 입 금	250,000
대 여 금	120,000	미 지 급 금	30,000
미 수 금	245,000	자 본 금	400,000
상 품	450,000	이익잉여금	1,100,000
건 물	700,000		
	2,060,000		2,060,000

03. (주)UT의 20x1년 1월 1일부터 20x1년 12월 31일까지 발생한 수익과 비용은 다음과 같다. (주)UT의 포괄손익계산서를 작성하시오.(단위: 천원)

상품매출액	₩500,000	매출원가	₩240,000	급 여	₩100,000
광고선전비	5,000	이자비용	10,000	이자수익	40,000
임 차 료	5,000	임 대 료	5,000	사무용품비	15,000

풀이

포 괄 손 익 계 산 서

(주)UT 20x1.1.1～20x1.12.31 (단위: 천원)

매 출 원 가	240,000	매 출 액	500,000
급 여	100,000	이 자 수 익	40,000
광고선전비	5,000	임 대 료	5,000
임 차 료	5,000		
사무용품비	15,000		
이 자 비 용	10,000		
당기순이익	170,000		
	545,000		545,000

04. (주)고려는 20x1년 1월 1일에 현금 ₩500,000을 출자하여 전자제품대리점을 개업하였다. 20x1년 12월 31일 다음과 같은 기말자료에 의하여 (주)고려의 재무상태표와 포괄손익계산서를 작성하시오.(단위: 원)

현 금	₩300,000	대 여 금	₩250,000	상 품	₩185,000
매출채권	154,000	비 품	15,000	건 물	400,000
매입채무	364,000	매 출 액	300,000	차 입 금	350,000
임 차 료	35,000	급 여	15,000	수수료수익	15,000
이자비용	5,000	광고선전비	5,000	매출원가	165,000

풀이

재 무 상 태 표

(주)고려 20x1.12.31 (단위: 원)

현 금	300,000	매 입 채 무	364,000
매 출 채 권	154,000	차 입 금	350,000
대 여 금	250,000	자 본 금	500,000
상 품	185,000	이 익 잉 여 금	90,000
건 물	400,000		
비 품	15,000		
	1,304,000		1,304,000

포 괄 손 익 계 산 서

(주)고려 20x1.1.1~20x1.12.31 (단위: 원)

매 출 원 가	165,000	매 출 액	300,000
급 여	15,000	수 수 료 수 익	15,000
광고선전비	5,000		
임 차 료	35,000		
이 자 비 용	5,000		
당기순이익	90,000		
	315,000		315,000

05. (주)신승은 20x1년 초 현금 ₩200,000,000을 자본으로 하여 설립되었다. 20x1년 12월 31일 현재의 자산 · 부채와 20x1년 중 발생한 수익 · 비용이 다음과 같을 때, (주)신승의 재무상태표와 포괄손익계산서를 작성하시오.(단위: 천원)

지급수수료	₩8,000	임 차 료	₩18,600	미 수 금	₩20,000
세금과공과	7,000	현 금	27,000	토 지	90,000
지급어음	36,000	외상매출금	48,000	대 여 금	10,000
이자수익	15,000	상 품	25,000	매 출 액	350,000
차 입 금	50,000	매출원가	260,000	급 여	53,000
미지급금	4,000	기계장치	15,000	비 품	5,000
차량운반구	20,000	수수료수익	26,000	건 물	60,000

이자비용	4,800	임 대 료	5,000	기 부 금	850
통 신 비	1,500	운 반 비	1,000	잡 비	100
접 대 비	500	수선유지비	1,000	사무용품비	50
차량유지비	1,000	수도광열비	800	잡 이 익	4,000
도서인쇄비	400	복리후생비	7,400	광고선전비	1,600
여비교통비	1,700	보 험 료	300	포 장 비	400

풀이

재 무 상 태 표

(주)신승　　20x1.12.31　　(단위: 천원)

차변	금액	대변	금액
현 금	27,000	매 입 채 무	36,000
매 출 채 권	48,000	차 입 금	50,000
대 여 금	10,000	미 지 급 금	4,000
미 수 금	20,000	자 본 금	200,000
상 품	25,000	이익잉여금	30,000
토 지	90,000		
건 물	60,000		
기 계 장 치	15,000		
차량운반구	20,000		
비 품	5,000		
	320,000		320,000

포 괄 손 익 계 산 서

(주)신승　　20x1.1.1～20x1.12.31　　(단위: 천원)

차변	금액	대변	금액
매 출 원 가	260,000	매 출 액	350,000
급 여	53,000	임 대 료	5,000
복리후생비	7,400	수수료수익	26,000
여비교통비	1,700	이 자 수 익	15,000
통 신 비	1,500	잡 이 익	4,000
수도광열비	800		
세금과공과	7,000		
임 차 료	18,600		
수선유지비	1,000		
보 험 료	300		
접 대 비	500		
광고선전비	1,600		
포 장 비	400		
운 반 비	1,000		
지급수수료	8,000		
사무용품비	50		
도서인쇄비	400		
차량유지비	1,000		
잡 비	100		
이 자 비 용	4,800		
기 부 금	850		
당기순이익	30,000		
	400,000		400,000

제3장 회계순환과정

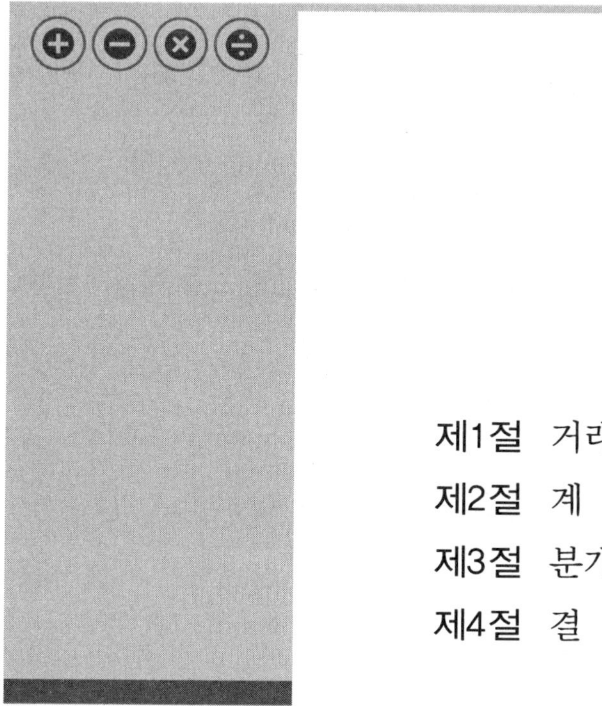

제3장 | 회계순환과정

기업이 경영활동을 수행하게 되면 기업에 영향을 미치는 경제적 사건이 발생한다. 이 경제적 사건을 거래라고 한다. 기업의 경영활동과정에서 발생한 거래는 재무제표 작성의 근거가 되는 중요한 경제적 사건이다.

회계순환과정(accounting cycle)이란 거래의 발생으로부터 재무제표가 작성되기까지의 반복적인 과정을 말한다. 즉, 회계요소의 증감변동인 거래를 식별하고 이를 기록・계산・정리하여 재무제표를 작성하기까지의 일련의 회계절차를 회계순환과정이라 하며, 이는 보고기간마다 순환적으로 반복된다는 뜻에서 붙여진 이름이다.

회계순환과정은 크게 보고기간 중의 체계적 기록과정과 보고기간 말의 결산과정으로 나누어진다. 보고기간 중의 체계적 기록과정이란 회계상의 거래를 분개하고 전기하는 과정을 말하며, 보고기간 말의 결산과정이란 보고기간 중의 기록과 결산정리사항을 통합하여 최종적인 재무제표를 작성하는 과정을 말한다.

회계순환과정

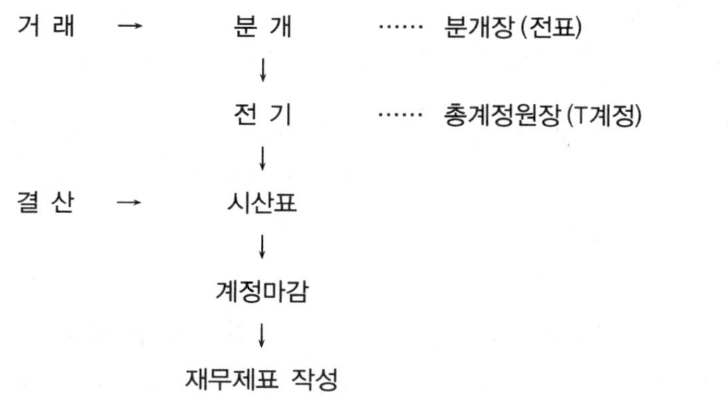

제3장에서는 우선 결산정리사항이 없는 상태에서 회계순환과정을 통해 재무제표를 작성하여 보기로 한다. 그리고 결산정리사항과 결산정리사항이 있는 상태에서의 회계순환과정을 통한 재무제표의 작성은 제11장과 제12장에서 살펴보기로 한다.

결산정리사항이 없는 상태에서의 회계순환과정을 그림으로 나타내면 위와 같다.

제1절 거래의 의의

1. 회계상의 거래

회계의 시작은 거래의 발생으로부터 시작된다. 일반적으로 거래(去來)란 주고 받는 행위로써 교환이라는 의미를 내포하고 있다. 그러면 회계상의 거래는 어떠한 의미를 가지고 있을까? 기업은 영업활동을 수행하기 위해 자본을 투자하고 부족한 자금은 차입을 통하여 영업활동에 필요한 건물, 차량운반구, 비품 등을 구입한다. 또한 기업은 이익을 창출하기 위하여 고객들의 욕구를 충족시켜 줄 수 있는 상품을 매입하고, 매입한 상품을 판매하는 활동을 하게 된다. 기업이 현금의 차입이나 차량운반구 등과 같은 자산의 구입 및 상품의 매매 등과 같은 경영활동을 하게 되면 자산, 부채, 자본의 증감이나 수익과 비용이 발생한다. 회계에서는 이와 같이 기업의 경영활동에서 기업이 가지고 있는 자산, 부채, 자본의 증감변동과 수익, 비용의 발생을 가져오는 경제적 사건으로서, 그 증감변동을 객관적인 화폐가치로 측정가능한 것을 회계상의 거래(accounting transactions)라고 하며, 이는 장부기록의 대상이 된다. 따라서 회계상의 거래로 인식되기 위해서는 다음의 두 가지 조건을 충족시켜야 한다.

❶ 자산, 부채, 자본의 증감변동과 수익, 비용의 발생을 가져오는 경제적 사건
❷ 증감변동의 크기를 금액으로 측정할 수 있는 경제적 사건

예를 들어, 현금 ₩1,000,000을 출자하여 영업을 개시하였다면, 현금이라는 자산이 ₩1,000,000 증가하는 한편 자본금이라는 자본이 ₩1,000,000 증가하게 되어 자산의 증가와 자본의 증가를 가져오고 또한 화폐가치로써 객관적으로 측정이 가능하기 때문에 이 경제적 사건은 회계상의 거래라고 할 수 있다. 그러나 경영자의 교체, 경쟁기업의 출현, 유능한 종업원의 퇴사 등과 같은 사건은 기업의 재무상태와 경영성과에 중요한 영향을 미치는 경제적 사건이지만 화폐가치로 객관적인 측정이 불가능하기 때문에 회계상의 거래로 인식하지 않는다.

일반적인 의미의 거래와 회계상의 거래는 대부분 일치한다. 상품을 매입하고 판매하는 것, 현금을 빌리고 갚는 것, 건물이나 토지를 취득하거나 매각하는 것 등은 일반적으로 거래라고 부르며 회계상으로도 거래가 된다. 그러나 회계상의 거래는 일반적인 의미의 거래와 반드시 일치하는 것은 아니다. 즉, 일반적인 거래가 회계상의 거래에 해당하지 않는 경우가 있고, 일반적인 거래는 아니지만 회계상의 거래에 해당하는 경우도 있다.

■ 일반적인 거래이지만 회계상의 거래가 아닌 경우

상품의 주문, 건물의 매매 및 임대차계약, 종업원의 채용계약, 상품매매의 약속, 건물 등의 담보설정 등은 일반적으로는 거래라고 하지만, 이들 사건 자체만으로는 기업의 자산, 부채, 자본 및 수익, 비용에 아무런 영향을 미치지 않기 때문에 회계상의 거래로 보지 않는다.

■ 회계상의 거래이지만 일반적인 거래가 아닌 경우

재해나 도난, 파손, 분실에 의한 자산의 감소, 가격하락에 의한 상품가치의 감소 등은 일반적으로는 거래로 보지 않지만, 회계에서는 그만큼 자산이 감소한 것으로 보기 때문에 이를 회계상의 거래로 본다.

예제 3-1

다음 중 회계상의 거래에 O표 하시오.

① 사무실을 월세 ₩100,000으로 임차하는 계약을 맺다.
② 상품 ₩50,000을 현금으로 구입하다.
③ 거래처로부터 상품 ₩60,000의 주문을 받다.
④ 원가 ₩50,000의 상품을 ₩100,000에 판매하고, 대금은 외상으로 하다.
⑤ 은행에서 현금 ₩50,000을 빌려주기로 약속하다.
⑥ 종업원을 월급 ₩70,000의 조건으로 채용하다.
⑦ 현금 ₩10,000과 상품 ₩20,000을 도난당하다.
⑧ 현금 ₩10,000을 분실하다.
⑨ 차입금에 대한 이자 ₩1,000을 현금으로 지급하다.
⑩ 화재로 인하여 ₩40,000의 상품이 소실되다.
⑪ ₩20,000의 책상을 5일 후에 지급할 약속으로 구입하다.
⑫ 현금 ₩30,000을 은행에 예금하다.
⑬ 홍수로 건물의 일부가 파손되다. 그 평가액은 ₩20,000이다.
⑭ 시간의 흐름에 따라 건물가치가 ₩70,000 하락하다.

풀이

- 회계상의 거래 - ②, ④, ⑦, ⑧, ⑨, ⑩, ⑪, ⑫, ⑬, ⑭

2. 복식부기와 거래의 이중성

(1) 단식부기와 복식부기

기업의 경영활동에서 발생하는 거래가 회계상의 거래로 식별되면 이를 회계장부에 기록해야 한다. '장부기입'을 부기라 하고, 부기는 기록 · 계산하는 방식에 따라 단식부기와 복식부기로 나누어진다.

단식부기(single entry book-keeping)란 거래가 발생하여 장부에 기록할 경우 거래에 관련된 여러 항목의 유기적인 관계는 무시하고 오직 현금수지의 측면에서만 파악하여 기록하는 장부기록 방식으로 가계부나 현금출납장의 작성을 예로 들 수 있다.

단식부기는 기록방법이 간편하다는 장점이 있으나 재산의 현재상태나 손익의 원인을 쉽게 파악할 수 없다는 단점이 있다.

현 금 출 납 장

(단위: 원)

일 자		적 요	수 입	지 출	잔 액
1	1	전월이월			50,000
	2	책상, 걸상 구입		25,000	25,000
	5	은행에서 이자수취	100,000		125,000
	7	출장여비 지급		10,000	115,000
	9	임차료 지급		30,000	85,000
	11	외상매입금 지급		25,000	60,000
	15	외상매출금 회수	50,000		110,000
	17	전화비 지급		10,000	100,000
	25	수선비 지급		20,000	80,000
	31	급여 지급		50,000	30,000
		계	150,000	170,000	
		전월이월액	50,000		
		당월잔액		30,000	
			200,000	200,000	
2	1	전월이월			30,000

반면, 복식부기(double entry book-keeping)는 경영활동의 거래가 발생하여 장부에 기록할 때 일정한 원리와 원칙에 따라 자산, 부채, 자본의 증감과 수익, 비용의 발생변화를 그 내용과 금액별로 유기적 · 조직적으로 기록하는 장부기록 방식이다. 즉, 복식부기란 모든 거래를 복식으로 기록한다는 의미인데, 여기에서 복식이란 이중적인 기록방법

단식부기와 복식부기의 비교

단 식 부 기	복 식 부 기
• 상식적인 방법으로 기록 • 현금의 출납을 중심으로 기록 • 가계나 소규모기업에서 사용 • 손익계산을 하지 않음 • 정확성이 없음	• 원리와 원칙에 따라 기록 • 모든 재산의 변동상태를 기록 • 기업에서 사용 • 손익계산을 함 • 정확성이 있음

에 의하여 기록하는 것을 말한다.

복식부기에서는 모든 거래를 원인과 결과로 나누어 이중으로 기록하게 되므로 기록·계산상의 오류나 탈루를 쉽게 알 수 있게 해 주는 자기검증기능(self-control function)을 가진 완전한 기록·계산방식이다. 따라서 오늘날 대부분의 기업에서는 이 복식부기를 사용하고 있으며, 일반적으로 부기라 하면 곧 복식부기를 의미한다.

(2) 거래의 이중성

복식부기에서는 모든 거래를 이중기록, 즉 거래가 발생하면 이 거래를 원인과 결과로 나누어 동일한 금액을 각각 두 번 기록한다. 그 이유는 바로 거래의 이중성 때문이다. 거래의 이중성(dual effects)이란 회계상의 거래는 동일금액으로 두 가지의 결과를 초래한다는 것이다. 즉, 거래의 이중성이란 회계상의 거래는 어떤 거래이든 자산, 부채, 자본의 증감이나 수익, 비용의 발생을 초래하는 원인과 결과라는 두 가지 속성이 함께 들어 있다는 것을 의미한다.

예를 들어, 은행에서 현금 ₩100,000을 차입하였다면 이 거래로 인해 현금이라는 자산이 왼쪽에 ₩100,000 증가하고, 차입금이라는 부채가 오른쪽에 ₩100,000 증가한다. 즉, 자산의 증가와 부채의 증가라는 두 가지 사실이 원인과 결과로서 한 거래에서 발생한다. 자산의 증가가 왼쪽에 나타나는 이유는 재무상태표등식 (자산=부채+자본)의 원리 때문이다. 즉, 재무상태표 등식에 의하면 왼쪽의 자산에 증감변화가 발생하면 오른쪽의 부채와 자본에도 동일 금액으로 증감변화가 발생하며 반대로 오른쪽의 부채와 자본에 증감변화가 발생하면 왼쪽의 자산에도 동일 금액으로 증감변화가 발생하기 때문이다.

■ 자산(현금)의 증가 ₩100,000 – 부채(차입금)의 증가 ₩100,000

수익과 비용이 발생하는 경우에는 수익의 발생은 오른쪽에, 비용의 발생은 왼쪽에 각각 나타난다. 예를 들어, 이자수익 ₩10,000을 현금으로 받았다면 현금이라는 자산이

₩10,000 증가하고 이자수익이라는 수익이 ₩10,000 발생하게 된다. 이 경우 자산의 증가는 이미 왼쪽에 표시하였기 때문에 수익은 오른쪽에 나타날 수 밖에 없다. 또한 임차료 ₩5,000을 현금으로 지급하였다면 현금이라는 자산이 ₩5,000 감소하였고 임차료라는 비용이 ₩5,000 발생하게 된다. 자산의 증가가 왼쪽에 표시되었으므로 자산의 감소는 오른쪽에 표시하여야 하고, 따라서 비용의 발생은 왼쪽에 나타날 수 밖에 없다.

- 자산(현금)의 증가 ₩10,000 – 수익(이자수익)의 발생 ₩10,000
- 비용(임차료)의 발생 ₩5,000 – 자산(현금)의 감소 ₩5,000

따라서 회계상의 거래는 거래의 이중성에 따라 모든 거래를 원인과 결과로 나누어 동일한 금액을 이중으로 기록하게 된다.

3. 거래의 8요소와 결합관계

거래의 이중성에 따라 회계상의 거래는 왼쪽과 오른쪽에 동일금액으로 증감변동한다. 기업에서 일어나는 거래는 여러 가지가 있으나 거래에 의해 발생하는 자산, 부채, 자본의 증감 및 수익, 비용의 발생을 분석해 보면 어떠한 거래이든 결국은 자산의 증가와 감소, 부채의 증가와 감소, 자본의 증가와 감소 및 수익과 비용의 발생이라는 8가지 요소로 구성되어 왼쪽과 오른쪽에서 각각 증감변동을 가져온다. 이들 8가지 요소들을 거래의 8요소라고 한다. 거래의 8요소는 왼쪽요소 4가지와 오른쪽 요소 4가지로 구성되며, 이들 왼쪽요소와 오른쪽요소가 서로 결합되어 여러 가지 조합을 이루는 관계를 거래요소의 결합관계라고 한다.

모든 거래는 반드시 왼쪽요소와 오른쪽요소가 서로 여러 가지 형태로 결합함으로써 구체적인 거래의 형태로 나타난다. 즉, 거래요소의 결합에 있어 모든 거래는 왼쪽요소와 오른쪽요소가 대립해서 결합되며, 왼쪽요소끼리 또는 오른쪽요소끼리는 절대로 결합하지 않는다. 예를 들면, 자산의 증가는 자산의 감소, 부채의 증가, 자본의 증가 또는 수익의 발생 중의 하나와 결합되어 일어난다는 것이다.

또한 거래는 꼭 왼쪽요소 하나와 오른쪽요소 하나만이 결합하는 것이 아니라, 양쪽이 서로 하나 이상의 복수의 요소가 결합하는 경우도 많이 있다. 예를 들어, 차입금 ₩100,000과 그에 대한 이자 ₩5,000을 현금으로 지급한 경우의 거래는 부채(차입금)의 감소와 함께 비용(이자비용)의 발생 및 자산(현금)의 감소가 동시에 나타난다.

거래요소의 결합관계를 예를 들어 설명하면 다음과 같다.

거래의 8요소와 결합관계

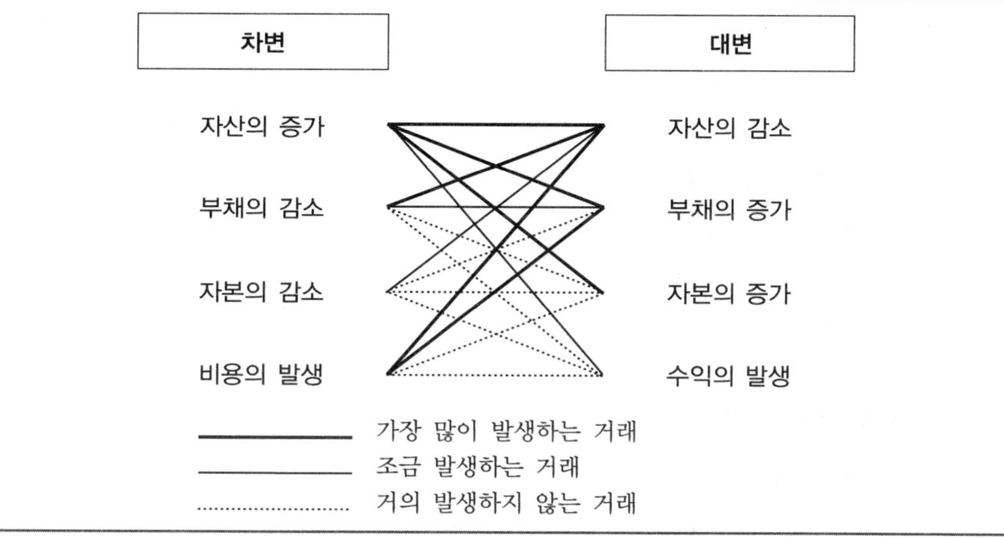

(1) 자산의 증가와 대응되는 거래

① 비품 ₩10,000을 현금으로 구입하다.

■ 자산(비품 ₩10,000)의 증가－자산(현금 ₩10,000)의 감소

② 은행에서 현금 ₩20,000을 차입하다.

■ 자산(현금 ₩20,000)의 증가－부채(차입금 ₩20,000)의 증가

③ 현금 ₩1,000,000을 자본으로 하여 유통업을 개업하다.

■ 자산(현금 ₩,1000,000)의 증가－자본(자본금 ₩1,000,000)의 증가

④ 건물의 임대료 ₩5,000을 현금으로 받다.

■ 자산(현금 ₩5,000)의 증가－수익(임대료 ₩5,000)의 발생

(2) 부채의 감소와 대응되는 거래

① 매입채무 ₩30,000을 현금으로 지급하다.

■ 부채(매입채무 ₩30,000)의 감소－자산(현금 ₩30,000)의 감소

② 현금 ₩40,000을 차입하여 매입채무를 상환하다.

■ 부채(매입채무 ₩40,000)의 감소－부채(차입금 ₩40,000)의 증가

③ 전환사채 ₩50,000을 주식으로 전환하다.

■ 부채(사채 ₩50,000)의 감소－자본(자본금 ₩50,000)의 증가

④ 임대료 ₩60,000을 차입금으로 대체하다.

■ 부채(차입금 ₩60,000)의 감소－수익(임대료 ₩60,000)의 발생

(3) 자본의 감소와 대응되는 거래

① 자기주식 ₩70,000을 현금으로 매입하다.

■ 자본(자기주식 ₩70,000)의 감소－자산(현금 ₩70,000)의 감소

② 주주총회에서 ₩80,000의 현금배당을 결의하다.

■ 자본(이익잉여금 ₩80,000)의 감소－부채(미지급배당금 ₩80,000)의 증가

③ 자본잉여금 ₩90,000을 자본에 전입하다.

■ 자본(자본잉여금 ₩90,000)의 감소－자본(자본금 ₩90,000)의 증가

④ 주식병합을 통해 감자를 실시하다.

(4) 비용의 발생과 대응되는 거래

① 임차료 ₩100,000을 현금으로 지급하다.

■ 비용(임차료 ₩100,000)의 발생－자산(현금 ₩100,000)의 감소

② ₩20,000을 차입하여 이자를 지급하다.

■ 비용(이자비용 ₩20,000)의 발생－부채(차입금 ₩20,000)의 증가

③ 상여금 ₩1,000,000을 주식을 발행하여 지급하다.

■ 비용(급여 ₩1,000,000)의 발생－자본(자본금 ₩1,000,000)의 증가

④ 이자수익 ₩10,000과 이자비용 ₩10,000을 상계하다.

■ 비용(이자비용 ₩10,000)의 발생－수익(이자수익 ₩10,000)의 발생

예제 3-2

다음 거래의 결합관계를 나타내시오.

(1) 현금 ₩100,000을 출자하여 의류도매점을 개업하다.
(2) 책상, 의자를 ₩10,000에 현금으로 구입하다.
(3) 상품 ₩25,000을 현금으로 구입하다.
(4) 은행에서 현금 ₩75,000을 차입하다.
(5) 상품(원가 ₩25,000)을 ₩90,000에 외상으로 판매하다.
(6) 업무용 차량 1대를 ₩35,000에 현금으로 구입하다.
(7) 상품 ₩40,000을 외상으로 구입하다.
(8) 종업원에 대한 급여 ₩25,000을 현금으로 지급하다.
(9) 사무실 임차료 ₩25,000을 현금으로 지급하다.
(10) 상품 외상판매 대금 ₩15,000을 현금으로 회수하다.
(11) 차입금 ₩50,000과 이자 ₩5,000을 현금으로 지급하다.

풀이

(1) 자산 (현금 ₩100,000)의 증가 − (대) 자본 (자본금 ₩100,000)의 증가
(2) 자산 (비품 ₩10,000)의 증가 − (대) 자산 (현금 ₩10,000)의 감소
(3) 자산 (상품 ₩25,000)의 증가 − (대) 자산 (현금 ₩25,000)의 감소
(4) 자산 (현금 ₩75,000)의 증가 − (대) 부채 (차입금 ₩75,000)의 증가
(5) 자산 (매출채권 ₩90,000)의 증가 − (대) 자산 (상품 ₩25,000)의 감소
수익 (상품매출이익 ₩65,000)의 발생
(6) 자산 (차량운반구 ₩35,000)의 증가 − (대) 자산 (현금 ₩35,000)의 감소
(7) 자산 (상품 ₩40,000)의 증가 − (대) 부채 (매입채무 ₩40,000)의 증가
(8) 비용 (급여 ₩25,000)의 발생 − (대) 자산 (현금 ₩25,000)의 감소
(9) 비용 (임차료 ₩25,000)의 발생 − (대) 자산 (현금 ₩25,000)의 감소
(10) 자산 (현금 ₩15,000)의 증가 − (대) 자산 (매출채권 ₩15,000)의 감소
(11) 부채 (차입금 ₩50,000)의 감소 − (대) 자산 (현금 ₩55,000)의 감소
비용 (이자비용 ₩5,000)의 발생

제2절 계 정

1. 계정의 의미

기업의 경영활동의 결과 회계상의 거래가 발생하면 거래의 이중성에 따른 거래요소의 결합관계를 고려하여 장부에 기입해야 하는데, 기업의 경영활동에서 하루에도 수없이 발생하는 거래를 효과적으로 기입하기 위하여 회계에서는 계정에 의하여 기록함으로써 효율성을 기하고 있다. 즉, 거래가 발생하면 기업의 자산, 부채, 자본의 증감 및 수익, 비용이 발생한다. 그러나 이 경우 단순히 자산이 얼마만큼 증가하고, 부채가 얼마만큼 감소하였으며, 또한 수익과 비용이 얼마만큼 발생하였다는 식과 같이 자산, 부채, 자본, 수익, 비용과 같은 재무제표의 구성요소만으로 기록하면 거래의 내용을 자세하게 이해하기가 어렵다.

따라서 회계에서는 기업의 재무상태 및 손익발생의 원인과 결과를 항목별로 구체적으로 파악하기 위해 자산, 부채, 자본과 수익, 비용의 구체적인 항목별로 그 증감변화와 발생을 기록・계산하는데, 이와 같이 자산, 부채, 자본과 수익, 비용의 구체적인 항목별로 세분된 기록・계산의 단위를 계정(account; a/c)이라고 한다. 즉, 계정이란 동일한 성격이나 동일한 종류의 자산, 부채, 자본 및 수익, 비용에 대하여 각 항목별로 일정기간

동안 그들의 증감변동 내용을 체계적으로 기록 · 계산하기 위한 회계상의 특수양식을 말한다. 따라서 자산, 부채, 자본, 수익, 비용에 속하는 항목마다 계정이 설정된다. 예를 들면, 자산항목 중 현금의 증감변동을 기록하기 위해서는 현금계정을 설정하고, 매출채권의 증감변동을 기록하기 위해서는 매출채권계정을 설정하게 된다.

2. 계정의 양식

계정의 양식에는 표준식(standard form)과 잔액식(balance form)이 있다.

표준식은 지면을 양쪽으로 똑같이 나누어 왼쪽을 차변, 오른쪽을 대변으로 구분하는 양식으로 명백히 좌우 양쪽이 구분되어 거래의 기록 · 계산의 표시가 용이하다는 장점이 있지만, 거래의 결과인 현재액(잔액)을 알기 위해서는 양쪽의 합계액을 계산하여야 한다는 불편이 있다. 잔액식은 잔액란이 설정되어 있어 언제든지 계정잔액을 알 수 있기 때문에 편리하지만, 거래의 기입시마다 잔액을 계산해야 한다는 단점이 있다.

일반적으로 실무에서는 잔액식을 많이 사용하고 있으며, 표준식은 학습용으로 주로 사용한다.

(1) 표준식(standard form)

(차변) **계 정** (대변)

월	일	적 요	분 면	금 액	월	일	적 요	분 면	금 액

(2) 잔액식(balbance form)

계 정

월	일	적 요	분 면	차 변	대 변	차 또는 대	잔 액

회계실무에서의 계정기입은 잔액식 계정으로 된 장부에 기입하는 것이 일반적이지만 회계를 학습하는 과정에서는 표준식계정을 약식으로 한 T계정을 주로 사용하는데, 영어 알파벳의 'T'자와 유사하므로 T계정이라 부른다.

현 금 계 정

차 변	대 변

계정은 왼쪽과 오른쪽으로 나누어지는데 왼쪽을 차변(debtor; Dr)이라 하고 오른쪽을 대변(creditor; Cr)이라 한다. 그리고 현금과 같이 구체적인 항목별로 계정앞에 붙는 이름(계정이름)을 계정과목(title of account)이라고 한다.

초기의 차변, 대변이라는 용어는 타인과의 사이에 대차관계를 기록하는 인명계정에서 고객별로 상대방을 중심으로 차변은 돈을 빌린 사람(채무자), 대변은 돈을 빌려준 사람(채권자)을 의미하는 것이었으나, 오늘날 이 용어는 특별한 의미를 갖지 않으며 단지 차변은 계정의 왼쪽을 그리고 대변은 계정의 오른쪽을 나타내는 용어로 사용될 뿐이다.

3. 계정의 분류

계정은 자산계정, 부채계정, 자본계정, 수익계정, 비용계정으로 분류된다. 재무상태표에 기재되는 자산, 부채, 자본에 속하는 계정을 재무상태표계정이라 하고, 포괄손익계산서에 기재되는 수익과 비용에 속하는 계정을 포괄손익계산서계정이라고 한다.

계정의 분류

- 계정
  - ↗ 재무상태표계정
    - ↗ 자산계정 : 현금, 매출채권, 상품, 건물, 비품 등
    - → 부채계정 : 매입채무, 차입금 등
    - ↘ 자본계정 : 자본금 등
  - ↘ 포괄손익계산서계정
    - ↗ 수익계정 : 매출액, 이자수익, 임대료 등
    - ↘ 비용계정 : 매출원가, 급여, 임차료, 이자비용 등

4. 계정의 기입방법

거래가 발생하면 기업의 자산, 부채, 자본의 증감 및 수익과 비용이 발생한다. 이러한 재무제표 구성요소의 증감변동은 각 해당계정의 차변과 대변으로 나누어져 기입되는데, 차변과 대변의 어느 쪽에 기입하느냐는 각 재무제표 구성요소에 따라 다르다. 계정의 기입방법을 요약하면 다음과 같다.

(1) 재무상태표계정

재무상태표에 기재되는 자산, 부채, 자본에 속하는 계정들의 계정기입 방법은 재무상태표 양식을 이용하면 쉽게 이해할 수 있다. 즉, 재무상태표 양식을 보면 자산은 재무상태표 차변에 그 잔액이 표시되므로 자산의 증가는 자산계정의 차변에 기입되며, 감소는 대변에 기입된다. 반면에 부채와 자본은 재무상태표 대변에 그 잔액이 표시되므로 부채와 자본의 증가는 해당 계정 대변에 기입되고 감소는 차변에 기입된다. 재무상태표계정의 기입법칙에 따라 자산, 부채, 자본의 증감변동을 계정에 기록하면 자산계정은 언제나 차변합계액이 대변합계액을 초과하여 잔액은 차변에 생기며, 부채계정과 자본계정은 대변합계액이 차변합계액을 초과하여 잔액은 항상 대변에 생긴다.

재무상태표계정의 기입법칙

자산계정

차 변	대 변
증 가	감 소

부채계정

차 변	대 변
감 소	증 가

자본계정

차 변	대 변
감 소	증 가

- 자산계정 : 증가를 차변에, 감소는 대변에 기입한다.
- 부채계정 : 감소를 차변에, 증가는 대변에 기입한다.
- 자본계정 : 감소를 차변에, 증가는 대변에 기입한다.

아래 (예제 3-3)에서 보면 자산계정에 속하는 현금계정과 상품계정은 차변에 그 잔액이 그리고 부채계정과 자본계정에 속하는 차입금계정과 자본금계정은 대변에 그 잔액이 생긴다는 사실을 알 수 있다.

예제 3-3 

[거 래]

1월 1일 현금 ₩100,000을 출자하여 영업을 개시하다.
2월 2일 상품 ₩50,000을 현금으로 구입하다.
3월 3일 현금 ₩10,000을 차입하다.
5월 5일 차입금 ₩5,000을 현금으로 상환하다.

[거래요소의 결합관계]

1월 1일 자산(현금 ₩100,000)의 증가 – 자본(자본금 ₩100,000)의 증가
2월 2일 자산(상품 ₩50,000)의 증가 – 자산(현금 ₩50,000)의 감소
3월 3일 자산(현금 ₩10,000)의 증가 – 부채(차입금 ₩10,000)의 증가
5월 5일 부채(차입금 ₩5,000)의 감소 – 자산(현금 ₩5,000)의 감소

[계정기입]

현 금

1/1	100,000	2/2	50,000
3/3	10,000	5/5	5,000

자 본 금

		1/1	100,000

상 품

2/2	50,000		

차 입 금

5/5	5,000	3/3	10,000

(2) 포괄손익계산서계정

포괄손익계산서 양식을 보면 수익은 대변에 발생금액이 표시되므로 수익의 발생은 대변에, 반면에 비용은 포괄손익계산서 차변에 그 발생금액이 표시되므로 비용의 발생은 차변에 기입한다. 또한 수익의 소멸은 차변에, 비용의 소멸은 대변에 각각 기입한다.

따라서 수익계정은 대변합계액이 차변합계액을 초과하여 잔액은 대변에 생기며, 비용계정은 차변합계액이 대변합계액을 초과하여 잔액은 차변에 생긴다. 따라서 수익은 항상 대변잔액을 가지며, 비용은 항상 차변잔액을 가진다.

포괄손익계산서계정의 기입법칙

비용계정

차 변	대 변
발 생	소 멸

수익계정

차 변	대 변
소 멸	발 생

- 수익계정 : 발생을 대변에, 소멸은 차변에 기입한다.
- 비용계정 : 발생을 차변에, 소멸은 대변에 기입한다.

아래 (예제 3-4)에서 보면 수익계정에 속하는 임대료계정의 잔액은 대변에 잔액이 그리고 비용계정에 속하는 임차료계정의 잔액은 차변에 생긴다는 사실을 알 수 있다.

예제 3-4

[거 래]

6월 30일 1년분 임대료 ₩12,000을 현금으로 수취하다.
7월 31일 임차료 ₩5,000을 현금으로 지급하다.

[거래요소의 결합관계]

6월 30일 자산(현금 ₩12,000)의 증가 – 수익(임대료 ₩12,000)의 발생
7원 31일 비용(임차료 ₩5,000)의 발생 – 자산(현금 ₩5,000)의 감소

[계정기입]

현 금			
6/30	12,000	7/31	5,000

임 대 료			
		6/30	12,000

임 차 료			
7/31	5,000		

제3절 분개와 전기

1. 분개와 분개장

(1) 분 개

회계상의 거래가 발생하면 거래의 이중성에 따른 거래요소의 결합관계를 고려하여 계정기입의 법칙에 따라 각각의 해당계정에 기입한다. 그러나 수많은 복잡한 거래를 직접 계정에 기입하면 기입하는 과정에서 기록의 오류나 누락 또는 중복이 발생하는 경우가 있다. 따라서 거래를 각 계정에 기입하기 전에 그 준비 작업으로서 분개(또는 '회계처리'라고도 한다)라고 하는 절차를 거치게 된다.

분개(journalizing)란 나누어 낀다는 말이다. 즉, 분개란 거래를 각 계정에 기입하기 전에 미리 ① 어느 계정에 기입할 것인가? 즉, 계정과목을 결정하고, ② 그 계정의 차변 또는 대변 어느 쪽에 기입할 것인가? 를 결정하며, ③ 기입할 금액은 얼마인가? 등을 결정하는 절차를 말한다. 모든 거래는 분개를 통해서 이루어지기 때문에 분개는 아주 중요하다.

분개의 법칙

- 자산계정 : 증가는 차변, 감소는 대변
- 부채계정 : 감소는 차변, 증가는 대변
- 자본계정 : 감소는 차변, 증가는 대변
- 수익계정 : 발생은 대변, 소멸은 차변
- 비용계정 : 발생은 차변, 소멸은 대변

분개는 일정한 법칙에 따라 이루어지는데 이를 '분개의 법칙'이라고 한다. 분개의 법칙은 '계정기입의 법칙'과 같다.

예제 3-5

[거 래]

8월 8일 은행으로부터 현금 ₩50,000을 차입하다.

[분개의 절차]

❶ 계정(계정과목)을 결정한다.
현금이라는 자산이 증가하고, 차입금이라는 부채가 증가하였다. 따라서 분개시 기입해야 할 계정은 '현금'이라는 계정과 '차입금'이라는 계정이다.

❷ 계정의 차변과 대변의 결정
분개의 법칙에 따라 차변과 대변 어느 쪽에 기입할 것인가를 결정한다. 즉, 현금은 자산에 속하는 계정이므로 그 증가는 차변에 기입한다. 또한 차입금은 부채에 속하는 계정이므로 그 증가는 대변에 기입한다.

❸ 기입할 금액의 결정
현금계정과 차입금계정 모두 ₩50,000이므로 기입할 금액은 현금 ₩50,000과 차입금 ₩50,000이 된다.

[분 개]

분개의 절차에 따라 거래를 분개하면 다음과 같다.

8월 8일	(차) 현 금	50,000	(대) 차입금	50,000

(2) 분개장

분개는 분개장(journal)이라는 장부에 기입된다. 즉, 거래를 분개하여 기입하는 장부를 분개장이라 한다. 분개장에는 거래의 결과를 일목요연하게 볼 수 있도록 일정한 형식을 갖추어 기입한다. 매 거래마다 분개를 하므로 분개장에는 거래의 발생순서대로 거래가 분개 및 기입된다.

분개장에는 적요란에 분개의 차변계정을 왼쪽 윗편에 기입하고, 분개의 대변계정을 오른쪽 아랫편에 기입한다. 그리고 차변란과 대변란에 금액을 기입하고 마지막으로 적요란의 아랫부분에 간단히 거래내용을 기록하고 밑줄을 긋는다.

분 개 장

일	자	적 요	원 면	차 변	대 변
2	1	(현 금)	1	100,000	
		(자 본 금)	8		100,000
		현금을 출자하여 개업하다			
3	2	(비 품)	4	10,000	
		(현 금)	1		10,000
		사무용 비품을 구입하다			
5	7	(상 품)	3	25,000	
		(현 금)	1		25,000
		상품을 현금으로 매입하다			
6	9	(현 금)	1	75,000	
		(차 입 금)	7		75,000
		은행에서 현금을 차입하다			
7	14	(매출채권) 제 좌	2	90,000	
		(상 품)	3		25,000
		(상품매출이익)	9		65,000
		상품을 외상매출하다			

2. 전 표

(1) 전표의 의의 및 종류

분개는 분개장에 기입하는 것이 원칙이지만, 거래의 분개를 일일이 분개장에 기입하는 것이 매우 불편함으로 인하여 오늘날 기업의 회계실무에서는 회계업무의 편의를 위하여 분개장 대신에 전표를 사용하고 있다. 전표(slip)란 발생한 거래의 내용을 기록하고 그 증거자료로써 보존하기 위한 일정한 양식으로 된 증빙서류이다. 전표를 사용하는 경우에는 하나의 거래마다 한 장의 전표에 분개 기입한 후 이를 거래의 발생순서에 따라 철하여 분개장을 대신하고 있다. 전표의 종류에는 입금전표, 출금전표, 대체전표가 있다.

❶ 입금전표

입금전표는 현금의 수입을 수반하는 거래를 기록하는 전표이다. 현금의 수입거래를 분개할 경우 차변의 계정과목은 항상 현금이 되므로 입금전표에는 현금계정의 기입은 생략된다. 따라서 과목란에는 입금의 원인을 표시하는 상대계정과목인 대변계정과목만을 기입하면 된다. 입금전표는 빨간색으로 인쇄되어 있다.

(빨간색)

계		과장		부장	

입 금 전 표

20x1년 3월 3일

No. 1

과 목	상 품	거 래 처	(주)고 려

적 요	금 액									
A상품, 1,000개를 단가 100원에 판매				₩	1	0	0	0	0	0
합 계				₩	1	0	0	0	0	0

예제 3-6

[거 래] 3월 3일 A상품(1,000개, @100) ₩100,000을 현금으로 판매하다.

[분 개] 3월 3일 (차) 현 금 100,000 (대) 상 품 100,000

❷ 출금전표

출금전표는 현금의 지출을 수반하는 거래를 기록하는 전표이다. 현금의 지출거래를 분개할 경우 대변의 계정과목은 항상 현금이므로 출금전표에는 현금계정의 기입은 생략된다. 따라서 과목란에는 출금의 원인을 표시하는 상대계정과목인 차변 계정과목만을 기입하면 된다. 출금전표는 파란색으로 인쇄되어 있다.

예제 3-7

[거 래] 3월 3일 B상품(200개, @100) ₩20,000을 현금으로 구입하다.

[분 개] 3월 3일 (차) 상 품 20,000 (대) 현 금 20,000

(파란색)

계		과장		부장	

출 금 전 표

20x1년 3월 3일

No. 2

과 목	상 품	거 래 처	(주)고 려							
적 요		금 액								
A상품, 200개를 단가 100원에 구입						₩	2	0	0	0	0
합 계						₩	2	0	0	0	0

❸ 대체전표

대체전표는 현금의 수입과 지출이 수반되지 않는 거래를 기록하는 전표로 검정색으로 인쇄되어 있다. 예를 들어, 상품을 외상으로 구입한 거래는 현금을 수반하지 않는 대체거래이다. 대체전표에는 차변과 대변항목을 모르기 때문에 분개하는 것처럼 차변과 대변에 기입할 사항을 모두 기록한다.

(검정색)

계		과장		부장	

대 체 전 표

20x1년 3월 3일

No. 3

계정과목	차 변								계정과목	대 변							
상 품			₩	5	0	0	0	0	0	매입채무			₩	5	0	0	0	0	0
합 계			₩	5	0	0	0	0	0	합 계			₩	5	0	0	0	0	0
적 요 : c 상품 5,000개를 단가 100원에 외상구입																			

예제 3-8

[거 래] 3월 3일 C상품(5,000개, @100) ₩500,000을 외상으로 구입하다.

[분 개] 3월 3일 (차) 상 품 500,000 (대) 매입채무 500,000

(2) 일계표

기업에서 발생하는 거래는 하루에도 수없이 많아 거래를 전표에 분개한 후 일일이 계정에 기입하면 계정이 너무 방대해지고, 업무량도 많아지기 때문에 일계표를 작성, 집계한 후 계정에는 일계(日計)로 기입한다. 이렇게 하면 아무리 많은 거래가 발생하여도 계정에는 일별 합계금액으로 기입을 할 수 있다. 즉, 입금전표의 합계액을 일계표의 현금계정 차변에 기입하고, 출금전표의 합계액을 일계표의 현금계정 대변에 기입한다. 또한 대체전표의 차변 계정과목과 출금전표 중 같은 계정과목별로 금액을 집계하여 일계표의 해당계정 차변에 기입하고, 대체전표의 대변 계정과목과 입금전표 중 같은 계정과목별로 금액을 집계하여 일계표의 해당계정 대변에 기입하면 대차평균의 원리에 의하여 일계표의 대차금액은 일치하게 된다.

일 계 표

20x1년 3월 3일

차 변	계정과목	대 변
80,000	현 금	
420,000	상 품	
	매 입 채 무	500,000
₩500,000	계	₩500,000

3. 전 기

회계상의 거래가 발생하면 거래를 분석하여 분개장에 분개를 한다. 그러나 분개장은 모든 거래를 발생순서대로 기록하는 일기장의 의미를 갖고 있을 뿐, 각 계정의 변동내역이나 특정 시점의 잔액이 얼마인지를 파악하기는 어려운 장부이다. 따라서 이를 용이하게 파악하기 위하여 분개장의 분개내용을 자산, 부채, 자본 및 수익, 비용의 세부계정으로 옮겨 적는 과정이 필요한데 이를 전기라 한다. 즉, 전기(posting)란 분개장에 분개한 기록을 각 해당 계정에 옮겨 적는 절차를 말하며, 이들 계정이 설정되어 있는 장부를 총계정원장(general ledger) 또는 원장(ledger)이라고 한다. 총계정원장은 자산, 부채, 자본 및 수익, 비용항목을 표시하는 모든 계정과목을 설정하고, 분개한 거래를 전기하여 그 증감을 계산하는 장부이다. 총계정원장이라는 명칭은 재무상태표와 포괄손익계산서의 모든 계정이 포함되어 있는 장부라는 의미이다. 총계정원장에의 전기는 다음과 같은 절차에 의해서 이루어진다.

❶ 분개장에 기록된 분개의 계정과목을 총계정원장에서 찾는다.

❷ 분개장의 차변에 기록된 금액은 총계정원장 해당계정의 차변에 기입하고, 대변에 기록된 금액은 총계정원장 해당계정의 대변에 기입한다.

❸ 금액의 기입과 함께 일자 및 상대의 계정과목을 기입한다. 만약 상대의 계정과목이 2개 이상인 경우에는 계정과목 대신에 '제좌'라고 기입한다. 제좌는 여러 개의 계정이 있다는 의미이다.

[거 래] 1월 1일 현금 ₩1,000,000을 출자하여 영업을 개시하다.

[분 개] 1월 1일 (차) 현　금　1,000,000　(대) 자본금　1,000,000

[전 기]

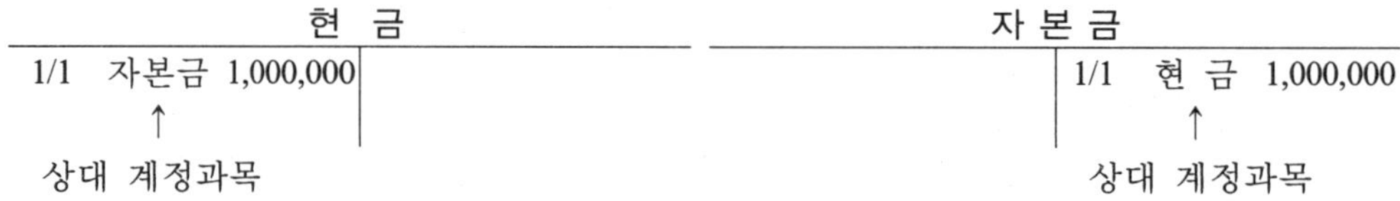

[거 래] 2월 2일 임차료 ₩5,000을 현금으로 지급하다.

[분 개] 2월 2일 (차) 임차료　5,000　(대) 현　금　5,000

[전 기]

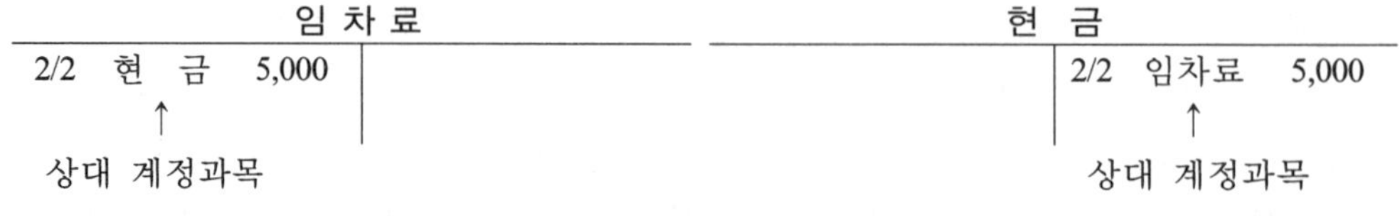

4. 대차평균의 원리

거래의 이중성에 따라 모든 거래는 반드시 어떤 계정의 차변과 다른 계정의 대변에 동일한 금액이 기입되게 된다. 따라서 분개의 법칙에 따라 정확하게 분개가 이루어지고 이를 해당 계정에 올바르게 전기가 이루어졌다면 모든 계정의 차변에 기입된 금액의 총합계는 모든 계정의 대변에 기입된 금액의 총합계와 일치하게 되며 또한 모든 계정의 차변잔액의 총합계와 대변잔액의 총합계는 반드시 일치하게 되는데 이를 '대차평균의 원리'(principle of equilibrium)라고 한다.

대차평균의 원리에 의하여 모든 계정의 차변합계액과 대변합계액을 상호 비교하여 그것의 일치여부로 기록·계산의 정확성 여부를 자동적으로 검증할 수가 있는데 만일 그 합계액이 일치하지 않으면 그 계산이나 기록이 오류가 있다는 것을 암시한다. 이러한 기능을 복식부기의 자기검증기능(self-control function)이라고 하며 복식부기가 가지고 있는 장점 중의 하나이다.

예제 3-10

다음은 맥주도매점인 (주)UT의 20x1년도 거래내용이다. 거래를 분개하고 T계정에 전기하시오.(단위: 원)

2월 1일 현금 ₩100,000을 출자하여 맥주도매점을 개업하다.
3월 2일 책상, 의자를 ₩10,000에 현금으로 구입하다.
5월 7일 상품 ₩25,000을 현금으로 구입하다.
6월 9일 은행에서 현금 ₩75,000을 빌리다.
7월 14일 상품(원가 ₩25,000)을 ₩90,000에 외상으로 판매하다.
8월 24일 업무용 차량 1대를 ₩35,000에 현금으로 구입하다.
9월 12일 상품 ₩40,000을 외상으로 구입하다.
10월 7일 종업원에 대한 급여 ₩25,000을 현금으로 지급하다.
11월 30일 사무실 임차료 ₩25,000을 현금으로 지급하다.
12월 10일 상품 외상판매 대금 ₩15,000을 현금으로 회수하다.
12월 18일 차입금 ₩50,000과 이자 ₩5,000을 현금으로 지급하다.

풀이

[분 개]

2월 1일	(차)	현 금	100,000	(대) 자 본 금	100,000
3월 2일	(차)	비 품	10,000	(대) 현 금	10,000
5월 7일	(차)	상 품	25,000	(대) 현 금	25,000

6월 9일	(차) 현 금	75,000	(대) 차 입 금	75,000
7월 14일	(차) 매출채권	90,000	(대) 상 품	25,000
			상품매출이익	65,000
8월 24일	(차) 차량운반구	35,000	(대) 현 금	35,000
9월 12일	(차) 상 품	40,000	(대) 매입채무	40,000
10월 7일	(차) 급 여	25,000	(대) 현 금	25,000
11월 30일	(차) 임 차 료	25,000	(대) 현 금	25,000
12월 10일	(차) 현 금	15,000	(대) 매출채권	15,000
12월 18일	(차) 차 입 금	50,000	(대) 현 금	55,000
	이자비용	5,000		

[전 기]

현 금

차변			대변		
2/1	자본금	100,000	3/2	비 품	10,000
6/9	차입금	75,000	5/7	상 품	25,000
12/10	매출채권	15,000	8/24	차량운반구	35,000
			10/7	급 여	25,000
			11/30	임차료	25,000
			12/18	제 좌	55,000

매출채권

차변			대변		
7/14	제 좌	90,000	12/10	현 금	15,000

상 품

차변			대변		
5/7	현 금	25,000	7/14	매출채권	25,000
9/12	매입채무	40,000			

비 품

차변			대변		
3/2	현 금	10,000			

차량운반구

차변			대변		
8/24	현 금	35,000			

매입채무

차변			대변		
			9/12	상 품	40,000

차 입 금

차변			대변		
12/18	현 금	50,000	6/9	현 금	75,000

자 본 금

차변			대변		
			2/1	현 금	100,000

상품매출이익

차변			대변		
			7/14	매출채권	65,000

급 여

차변			대변		
10/7	현 금	25,000			

임 차 료

차변			대변		
11/30	현 금	25,000			

이자비용

차변			대변		
12/18	현 금	5,000			

제4절 결 산

1. 결산의 의의

기업은 일정기간마다 기업의 회계정보를 기업외부의 정보이용자에게 전달하여야 한다. 이러한 목적으로 보고기간 동안 발생한 자산, 부채, 자본의 변동내용과 그 변동으로 인한 결과를 종합하여 재무제표를 작성하게 되는데, 이러한 일련의 절차를 결산이라고 한다. 즉, 결산(closing)이란 보고기간이 종료된 후 여러 회계장부들을 정리・마감하여 보고기간 말 현재의 자산, 부채, 자본의 상태, 즉 재무상태 및 보고기간 동안의 경영성과를 파악하기 위해 재무제표를 작성하는 절차를 말한다. 그리고 결산을 행하는 날을 결산일이라고 하는데 12월 결산법인은 12월 31일이 결산일이며, 3월 결산법인은 3월 31일이 결산일이 된다.

2. 시산표의 작성

(1) 시산표의 의의

결산이 시작되면 시산표를 작성한다. 시산표(trial balance; T/B)란 분개장에 기입된 모든 거래의 분개가 총계정원장에 올바르게 전기되었는가를 확인하기 위하여, 총계정원장에 있는 모든 계정을 집계하여 작성한 표, 즉 계정집계표를 말한다.

계정기록의 정확성 여부는 시산표상의 차변 합계액과 대변 합계액의 일치여부로 판단한다. 모든 거래가 정확하게 분개되고 또한 전기가 정확하게 이루어졌다면 대차평균의 원리에 따라 모든 계정의 차변합계와 대변합계는 반드시 일치하게 된다. 만일 시산표에서 차변합계와 대변합계가 일치하지 않으면 계정기록상에 오류가 있는 것으로 판단할 수 있다.

(2) 시산표의 종류

시산표는 총계정원장에 있는 모든 계정의 합계 혹은 잔액을 한 곳에 모아놓은 일종의 계정집계표이다. 따라서 그 작성방법은 총계정원장상의 모든 계정의 차변과 대변의 합계 혹은 잔액을 시산표의 차변과 대변에 옮겨 적으면 된다.

모든 계정의 차변과 대변의 합계를 모아놓은 것을 합계시산표, 잔액을 모아놓은 것을 잔액시산표, 합계와 잔액을 동시에 모아놓은 것을 합계잔액시산표라고 한다. 시산표는 다음과 같은 순서에 따라 작성한다.

첫째, 총계정원장의 각 계정의 차변합계와 대변합계를 구하고, 차변합계와 대변합계를 비교하여 차변 또는 대변의 잔액을 구한다.

둘째, 자산, 부채, 자본 및 수익, 비용 등의 순서로 시산표의 계정과목란에 각 계정과목을 기입한다.

셋째, 총계정원장의 각 계정의 금액을 시산표의 당해 계정의 금액란에 옮겨 적되, 차변금액은 차변금액란에 대변금액은 대변금액란에 옮겨 적는다.

넷째, 시산표상의 모든 계정의 차변란과 대변란의 금액을 합계한다.

❶ 합계시산표

합계시산표는 각 계정의 차변합계액과 대변합계액을 모아서 작성한 것이다. 즉, 총계정원장 각 계정의 차변합계액은 시산표의 차변에 기입하고, 총계정원장 각 계정의 대변합계액은 시산표의 대변에 기입하여 작성한 시산표이다.

합계시산표의 차변합계액과 대변합계액은 대차평균의 원리에 의하여 반드시 일치하여야 한다. 만일 차변합계액과 대변합계액이 일치하지 아니하면 기장오류가 발생한 것이므로 오류를 조사하여 이를 수정하여야 한다.

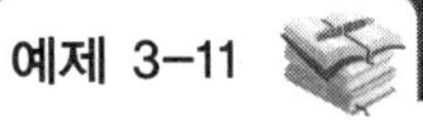

예제 3-11

다음 (주)UT의 총계정원장을 집계하여 합계시산표를 작성하시오.

현 금

일자	계정	금액	일자	계정	금액
2/1	자본금	100,000	3/2	비 품	10,000
6/9	차입금	75,000	5/7	상 품	25,000
12/10	매출채권	15,000	8/24	차량운반구	35,000
			10/7	급 여	25,000
			11/30	임차료	25,000
			12/18	제 좌	55,000

매출채권

일자	계정	금액	일자	계정	금액
7/14	제 좌	90,000	12/10	현 금	15,000

상 품

일자	계정	금액	일자	계정	금액
5/7	현 금	25,000	7/14	매출채권	25,000
9/12	매입채무	40,000			

비 품

일자	계정	금액	일자	계정	금액
3/2	현 금	10,000			

차량운반구	
8/24 현 금 35,000	

매입채무	
	9/12 상 품 40,000

차 입 금	
12/18 현 금 50,000	6/9 현 금 75,000

자 본 금	
	2/1 현 금 100,000

상품매출이익	
	7/14 매출채권 65,000

급 여	
10/7 현 금 25,000	

임 차 료	
11/30 현 금 25,000	

이자비용	
12/18 현 금 5,000	

합 계 시 산 표

(주)UT 20x1. 12. 31

차 변	계정과목	대 변
190,000	현 금	175,000
90,000	매 출 채 권	15,000
65,000	상 품	25,000
35,000	차 량 운 반 구	
10,000	비 품	
	매 입 채 무	40,000
50,000	차 입 금	75,000
	자 본 금	100,000
	상품매출이익	65,000
25,000	급 여	
25,000	임 차 료	
5,000	이 자 비 용	
495,000	계	495,000

❷ 잔액시산표

잔액시산표는 각 계정의 잔액만을 모아서 작성한 것이다. 즉, 총계정원장 각 계정의 차변합계액과 대변합계액의 잔액(차액)을 구하여, 각 계정의 차변잔액(차변합계가 더 큰 경우)은 시산표의 차변에 기입하고, 각 계정의 대변잔액(대변합계가 더 큰 경우)은 시산표의 대변에 기입하여 작성한 시산표이다. 따라서 잔액시산표의 차변에는 자산의 잔액과 비용의 발생액을, 대변에는 부채 및 자본의 잔액과 수익의 발생액을 기록하게 되는데, 잔액시산표의 차변에 기입한 자산, 비용의 합계액과 대변에 기입한 부채, 자본, 수익의 합계액은 반드시 일치한다. 이를 시산표등식(T/B formula)이라 한다.

시산표등식 : 기말자산 + 기중비용 = 기말부채 + 기초자본 + 기중수익

잔 액 시 산 표

기말자산	xxx	기말부채	xxx
총 비 용	xxx	기초자본	xxx
		총 수 익	xxx
	xxx		xxx

예제 3-12

다음 (주)UT의 총계정원장을 토대로 잔액시산표를 작성하시오.

현 금

2/1	자본금	100,000	3/2	비 품	10,000
6/9	차입금	75,000	5/7	상 품	25,000
12/10	매출채권	15,000	8/24	차량운반구	35,000
			10/7	급 여	25,000
			11/30	임 차 료	25,000
			12/18	제 좌	55,000

매출채권

7/14	제 좌	90,000	12/10	현 금	15,000

상 품

5/7	현 금	25,000	7/14	매출채권	25,000
9/12	매입채무	40,000			

비 품

3/2	현 금	10,000			

차량운반구

8/24	현 금	35,000			

매입채무

			9/12	상 품	40,000

차 입 금

12/18	현 금	50,000	6/9	현 금	75,000

자 본 금

			2/1	현 금	100,000

상품매출이익

			7/14	매출채권	65,000

급 여

10/7	현 금	25,000			

임 차 료	
11/30 현 금 25,000	

이자비용	
12/18 현 금 5,000	

잔 액 시 산 표

(주)UT　　　　20x1. 12. 31

차 변	계정과목	대 변
15,000	현 금	
75,000	매 출 채 권	
40,000	상 품	
35,000	차 량 운 반 구	
10,000	비 품	
	매 입 채 무	40,000
	차 입 금	25,000
	자 본 금	100,000
	상품매출이익	65,000
25,000	급 여	
25,000	임 차 료	
5,000	이 자 비 용	
230,000	계	230,000

❸ 합계잔액시산표

합계잔액시산표는 합계시산표와 잔액시산표를 하나의 표로 작성한 것이다. 합계잔액시산표에는 양쪽에 각각 두 개씩의 금액란이 있는데, 이 중 안쪽에 있는 두 개의 금액은 합계시산표를 나타내고, 바깥쪽에 있는 두 개의 금액은 잔액시산표를 나타낸다.

기업실무에서는 합계잔액시산표를 가장 많이 사용하며, 회계교과서에서는 잔액시산표를 많이 사용한다.

(주)UT의 총계정원장을 이용하여 합계잔액시산표를 작성하면 다음과 같다.

합 계 잔 액 시 산 표

(주)UT 20x1. 12. 31.

차변		계정과목	대변	
잔액	합계		합계	잔액
15,000	190,000	현금	175,000	
75,000	90,000	매출채권	15,000	
40,000	65,000	상품	25,000	
35,000	35,000	차량운반구		
10,000	10,000	비품		
		매입채무	40,000	40,000
	50,000	차입금	75,000	25,000
		자본금	100,000	100,000
		상품매출이익	65,000	65,000
25,000	25,000	급여		
25,000	25,000	임차료		
5,000	5,000	이자비용		
230,000	495,000	계	495,000	230,000

3. 계정의 마감

시산표의 작성이 이루어지면 당기의 경영활동에 의한 경영성과와 재무상태를 파악하기 위하여 총계정원장의 각 계정들을 마감한다. 마감(closing)이란 한 보고기간의 기록내용과 다음 보고기간의 기록내용을 구분하기 위하여 이루어지는 결산과정이다. 즉, 마감이란 특정 보고기간의 모든 회계기록을 끝내고 다음 보고기간의 거래를 기록하기 위하여 준비하는 절차라고 할 수 있다.

계정의 마감은 포괄손익계산서에 속하는 수익, 비용계정의 마감과 재무상태표에 속하는 자산, 부채, 자본계정의 마감으로 구분된다.

(1) 포괄손익계산서계정의 마감

포괄손익계산서계정은 잔액이 존재하지 않고 단지 당기의 수익과 비용을 기록하기 위하여 설정되는 계정이므로 명목계정(nominal a/c) 또는 결산기말에 마감되어 차기로 이월되지 않고 그 보고기간에만 일시적으로 존재하는 계정이므로 임시계정(temporary a/c)이라고도 한다. 따라서 수익과 비용계정은 한 보고기간이 끝나면 잔액을 영(0)으로 만들어서 차기의 경영활동에 따른 기록은 영(0)에서 시작하도록 하여야 한다. 그 이유는 보고기간을 마감하면서 당기의 손익 파악을 위해 설정했던 손익계정의 잔액을 영(0)으로 만들어 두어야만 차기에 발생한 수익과 비용을 이들 계정에 다시 기록하여 차기의 손익을 구분 계산할 수 있기 때문이다. 수익, 비용계정은 다음과 같은 방법으로 마감한다.

❶ 수익계정과 비용계정을 마감하기 위하여 총계정원장에 집합손익계정(또는 손익계정이라고도 함)을 새로 설정한다.[5)] 집합손익계정은 한 보고기간의 수익과 비용을 한 곳에 집계하여 당기순손익을 계산할 목적으로 보고기간 말에만 설정되는 임시계정이다.

❷ 수익계정들은 대변에 잔액이 남게 되기 때문에 수익계정의 잔액을 영(0)으로 만들기 위해서는 수익계정의 차변에 대변잔액의 금액만큼을 기입하여 소멸시킨 후(수익계정의 잔액이 0이므로 소멸된 것으로 봄) 집합손익계정의 대변에 대체기입한다. 즉, 수익계정잔액을 집합손익계정의 대변에 대체(transfer)한다.
대체란 어느 한 계정에서 다른 계정으로 금액을 옮기는 것을 말한다.

12월 31일	(차) 수　　익 (수익소멸)	xxx	(대) 집합손익	xxx

❸ 비용계정은 차변에 잔액이 남게 되므로 비용계정의 잔액을 영(0)으로 만들기 위해서는 비용계정의 대변에 차변잔액의 금액만큼을 기입하여 소멸시킨 후(비용계용의 잔액이 0이므로 소멸된 것으로 봄) 집합손익계정의 차변에 대체기입한다.

12월 31일	(차) 집합손익	xxx	(대) 비　　용 (비용소멸)	xxx

❹ 수익과 비용계정을 마감하기 위하여 집합손익계정에 각각의 계정잔액을 대체하였는데, 집합손익계정의 차변에는 당기에 발생한 모든 비용을, 대변에는 당기에 발생한 모든 수익을 기입한다. 따라서 집합손익계정의 차변합계는 당기에 발생한 총비용이 되고, 대변합계는 당기에 발생한 총수익이 된다. 그러므로 집합손익계정의 대변합계가 차변합계보다 클 때에는 그 차액은 당기순이익이 되고, 차변 합계가 대변합계보다 클 때에는 당기순손실이 발생하게 된다.

당기순이익은 개인기업의 경우에는 출자자의 자본에 해당되므로 자본금과 이익잉여금을 구분하지 않고 자본을 자본금계정의 하나로 기입하므로 자본금계정의 대변에 직

5) 총계정원장만으로는 그 기간에 발생한 수익총액과 비용총액을 알 수 없으므로 우선 집합손익계정을 설정하는데, 집합손익계정은 여러 가지 수익계정과 비용계정을 한곳에 집합시키는 장소라는 의미이다.

접 대체하여 자본금을 증가시키고, 당기순손실이 발생하였을 경우에는 자본금계정의 차변에 대체하여 자본금을 감소시킨다. 그러나 주식회사인 경우에는 상법상 자본금이 확정되어 있으므로 자본금계정에 대체할 수 없고, 당기순이익이 발생하면 자본금계정과는 별도로 이익잉여금계정의 대변에 대체한다. 만일, 당기순손실이 발생하는 경우에는 이익잉여금을 감소시키거나 결손금을 계상하여야 한다. 즉, 이익잉여금의 잔액이 있는 경우에는 이익잉여금을 감소시키고, 이익잉여금의 잔액이 없는 경우에는 '결손금'이라는 부(−)의 이익잉여금으로 표시한다.

개인기업	• 당기순이익 발생시 : 12/31 (차) 집합손익 xxx (대) 자본금 xxx • 당기순손실 발생시 : 12/31 (차) 자본금 xxx (대) 집합손익 xxx
주식회사	• 당기순이익 발생시 : 12/31 (차) 집합손익 xxx (대) 이익잉여금 xxx • 당기순손실 발생시 : 12/31 (차) 결손금 xxx (대) 집합손익 xxx (또는 이익잉여금)

수익과 비용계정을 집합손익계정에 대체하고, 집합손익계정의 잔액인 당기순손익을 이익잉여금계정에 대체하기 위하여 분개장에 분개하고 총계정원장에 전기를 하는데, 이 분개를 마감분개(또는 결산분개)라고 한다. 그리고 수익과 비용계정을 마감하기 위하여 집합손익이라는 일시적인 임시계정을 설정하였는데, 집합손익계정 역시 마감분개를 마친 후 다른 수익, 비용계정과 마찬가지로 그 잔액이 영(0)이 되어 소멸하게 된다.

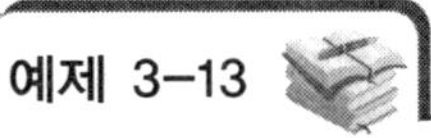

다음 (주)UT의 포괄손익계산서계정을 마감하시오.

상품매출이익

차변	대변
	7/14 매출채권 65,000

급 여

차변	대변
10/7 현 금 25,000	

임 차 료

차변	대변
11/30 현 금 25,000	

이자비용

차변	대변
12/18 현 금 5,000	

풀이

(1) 수익계정잔액을 집합손익계정의 대변에 대체하는 분개

12/31 (차) 상품매출이익 65,000 (대) 집합손익 65,000

(2) 비용계정잔액을 집합손익계정의 차변에 대체하는 분개

12/31	(차) 집합손익	55,000	(대) 급　　여	25,000
			임 차 료	25,000
			이자비용	5,000

(3) 당기순이익을 이익잉여금계정에 대체하는 분개

12/31	(차) 집합손익	10,000	(대) 이익잉여금	10,000

(4) 집합손익계정과 수익, 비용계정의 마감

상품매출이익

12/31	집합손익	65,000	7/14	매출채권	65,000
		65,000			65,000

급　여

10/1	현　　금	25,000	12/31	집합손익	25,000
		25,000			25,000

임 차 료

11/30	현　　금	25,000	12/31	집합손익	25,000
		25,000			25,000

이자비용

12/18	현　　금	5,000	12/31	집합손익	5,000
		5,000			5,000

집합손익계정

12/31	급　　여	25,000	12/31	상품매출이익	65,000
12/31	임 차 료	25,000			
12/31	이자비용	5,000			
12/31	이익잉여금	10,000			
		65,000			65,000

이익잉여금

			12/31	집합손익	10,000

(2) 재무상태표계정의 마감

포괄손익계산서계정을 마감한 후에는 재무상태표계정인 자산, 부채, 자본계정을 마감하여야 한다. 재무상태표계정은 유형, 무형을 불문하고 실제로 존재하는 재화 또는 권리, 의무를 나타내는 계정이므로 실재계정(real a/c)[6]이라 하며, 매 결산기말에 잔액이 남아 차기로 이월되어 영구적으로 존재하므로 영구계정(permanent a/c)이라고도 한다. 따라서 재무상태표계정의 마감은 각 계정의 당기말 잔액을 차기의 기초잔액으로 단순히 이월시키는 절차이므로 마감분개없이 해당 계정내에 표시하면 된다.

자산계정의 경우, 차변에 잔액이 남고 부채와 자본계정은 대변에 잔액이 남게 되므로 그 잔액만큼 대변 혹은 차변에 붉은 글씨로 '차기이월'로 명명하여 기입하고 차변합계와 대변합계를 일치시킨 후 그 밑에 두 줄을 그어 계정을 마감한다. 그리고 차기이월 기입을 한 반대편에 차기 최초의 날짜로 전기로부터 이월된 금액을 붉은 글씨로 '전기

6) 실재계정이란 보고기간이 종료되더라도 잔액이 남아 차기 장부로 이월하여 소멸되지 않고 존재하는 계정으로 자산・부채・자본계정을 말한다.

이월'로 명명하여 기입하면 된다. 자산계정은 대변에 차기이월을 표시하고 차변에 전기이월을 표시하며, 부채와 자본계정은 자산계정과 반대로 표시하면 된다. 이를 도시하면 다음과 같다.

자 산 계 정

증가금액	xxx	감소금액	xxx
		차기이월	xxx
	xxx		xxx

부 채 계 정

감소금액	xxx	증가금액	xxx
차기이월	xxx		
	xxx		xxx

자 본 계 정

감소금액	xxx	증가금액	xxx
차기이월	xxx		
	xxx		xxx

예제 3-14

다음 (주)UT의 재무상태표계정을 마감하시오.

현 금

2/1	자본금	100,000	3/2	비 품	10,000
6/9	차입금	75,000	5/7	상 품	25,000
12/10	매출채권	15,000	8/24	차량운반구	35,000
			10/7	급 여	25,000
			11/30	임차료	25,000
			12/18	제 좌	55,000

매출채권

7/14	제 좌	90,000	12/10	현 금	15,000

상 품

5/7	현 금	25,000	7/14	매출채권	25,000
9/12	매입채무	40,000			

비 품

3/2	현 금	10,000			

차량운반구

8/24	현 금	35,000			

매입채무

			9/12	상 품	40,000

차 입 금

차변			대변		
12/18	현 금	50,000	6/9	현 금	75,000

자 본 금

차변			대변		
			2/1	현 금	100,000

이익잉여금

차변			대변		
			12/31	집합손익	10,000

풀이

현 금

차변			대변		
2/1	자본금	100,000	3/2	비 품	10,000
6/9	차입금	75,000	5/7	상 품	25,000
12/10	매출채권	15,000	8/24	차량운반구	35,000
			10/7	급 여	25,000
			11/30	임차료	25,000
			12/18	제 좌	55,000
			12/31	차기이월	15,000
		190,000			190,000
1/1	전기이월	15,000			

매출채권

차변			대변		
7/14	제 좌	90,000	12/10	현 금	15,000
			12/31	차기이월	75,000
		90,000			90,000
1/1	전기이월	75,000			

상 품

차변			대변		
5/7	현 금	25,000	7/14	매출채권	25,000
9/12	매입채무	40,000	12/31	차기이월	40,000
		65,000			65,000
1/1	전기이월	40,000			

비 품

차변			대변		
3/2	현 금	10,000	12/31	차기이월	10,000
		10,000			10,000
1/1	전기이월	10,000			

차량운반구

차변			대변		
8/24	현 금	35,000	12/31	차기이월	35,000
		35,000			35,000
1/1	전기이월	35,000			

매입채무

차변			대변		
12/31	차기이월	40,000	9/12	상 품	40,000
		40,000			40,000
			1/1	전기이월	40,000

차 입 금

차변			대변		
12/18	현 금	50,000	6/9	현 금	75,000
12/31	차기이월	25,000			
		75,000			75,000
			1/1	전기이월	25,000

자 본 금

차변			대변		
12/31	차기이월	100,000	2/1	현 금	100,000
		100,000			100,000
			1/1	전기이월	100,000

이익잉여금

차변			대변		
12/31	차기이월	10,000	12/31	집합손익	10,000
		10,000			10,000
			1/1	전기이월	10,000

4. 재무제표의 작성

총계정원장의 마감이 끝나면 보고기간의 경영성과와 재무상태를 정보이용자에게 보고하기 위하여 재무제표를 작성하여 공시한다.

(1) 포괄손익계산서의 작성

포괄손익계산서는 수익과 비용에 속하는 각 계정의 잔액을 집계한 집합손익계정을 토대로 하여 작성된다. (주)UT의 총계정원장의 집합손익계정에 의하여 포괄손익계산서를 작성하면 다음과 같다.

포 괄 손 익 계 산 서

(주)UT 20x1.1.1～20x1.12.31 (단위: 원)

급 여	25,000	상품매출이익	65,000
임 차 료	25,000		
이 자 비 용	5,000		
당 기 순 이 익	10,000		
	65,000		65,000

(2) 재무상태표의 작성

재무상태표는 총계정원장의 자산, 부채, 자본에 속하는 계정의 전기이월액을 집계하여 작성된다. (주)UT의 총계정원장의 자료를 이용하여 재무상태표를 작성하면 다음과 같다.

재 무 상 태 표

(주)UT 20x1.12.31 (단위: 원)

현 금	15,000	매 입 채 무	40,000
매 출 채 권	75,000	차 입 금	25,000
상 품	40,000	자 본 금	100,000
차 량 운 반 구	35,000	이 익 잉 여 금	10,000
비 품	10,000		
	175,000		175,000

종합예제

다음은 (주)UT의 20x1년 1월 1일부터 20x1년 12월 31일까지 발생한 거래들이다. (단위: 원)

[거 래]

1월 1일 현금 ₩100,000을 출자하여 영업을 개시하다.
1월 3일 은행에서 현금 ₩50,000을 차입하다.
2월 6일 상품 ₩80,000을 현금으로 구입하다.
3월 4일 용역을 제공하고 ₩50,000을 현금으로 받다.
4월 20일 상품을 ₩100,000(원가 ₩70,000)에 판매하고 대금은 현금으로 받다.
7월 12일 상품 ₩140,000을 외상으로 구입하다.
8월 7일 원가 ₩110,000인 상품을 ₩150,000에 외상으로 판매하다.
9월 30일 매입채무 ₩110,000을 현금으로 지급하다.
10월 5일 매출채권 ₩115,000을 현금으로 받다.
11월 30일 종업원의 급여 ₩95,000과 이자비용 ₩5,000원을 현금으로 지급하다.
12월 31일 토지 ₩60,000과 건물 ₩55,000을 현금으로 구입하다.

01. 거래를 분개하고, T계정에 전기하시오.

❶ 분개

1월 1일 (차) (대)
1월 3일 (차) (대)
2월 6일 (차) (대)
3월 4일 (차) (대)
4월 20일 (차) (대)
(대)
7월 12일 (차) (대)
8월 7일 (차) (대)
(대)

9월 30일 (차) (대)
10월 5일 (차) (대)
11월 30일 (차) (대)
(차)
12월 31일 (차) (대)
(차)

❷ 전기

[자 산]

현 금

상 품

매출채권

토 지

건 물

[부 채]

차 입 금

매입채무

[자 본]

자 본 금

[수 익]

수수료수익

상품매출이익

[비　　용]

급　여	

이자비용	

02. 시산표를 작성하시오.

잔 액 시 산 표

(주)UT　　　　20x1.12.31

계정과목	금액	계정과목	금액
현　　금		매 입 채 무	
매 출 채 권		차　입　금	
상　　품		자　본　금	
토　　지		상품매출이익	
건　　물		수수료수익	
급　　여			
이 자 비 용			

합 계 시 산 표

(주)UT　　　　20x1.12.31

차　변	계정과목	대　변
	현　　금	
	매 출 채 권	
	상　　품	
	토　　지	
	건　　물	
	매 입 채 무	
	차　입　금	
	자　본　금	
	상품매출이익	
	수수료수익	
	급　　여	
	이 자 비 용	
	계	

합 계 잔 액 시 산 표

(주)UT 20x1.12.31

차변		계정과목	대변	
잔액	합계		합계	잔액
		현금		
		매출채권		
		상품		
		토지		
		건물		
		매입채무		
		차입금		
		자본금		
		상품매출이익		
		수수료수익		
		급여		
		이자비용		
		계		

03. 계정을 마감하시오

❶ 포괄손익계산서계정 마감

12월 31일 (차) (대)

12월 31일 (차) (대)

12월 31일 (차) (대)

[수 익]

수수료수익

차변	대변
	3/4 현 금 50,000

상품매출이익

차변	대변
	4/20 현 금 30,000
	8/7 매출채권 40,000

[비 용]

급 여

차변	대변
11/30 현 금 5,000	

이자비용

차변	대변
11/30 현 금 5,000	

[집합손익과 이익잉여금]

집합손익

이익잉여금

❷ 재무상태표계정 마감

[자 산]

현 금

1/1	자본금	100,000	2/6	상 품	80,000
1/3	차입금	50,000	9/30	매입채무	110,000
3/4	수수료 수 익	50,000	11/30	급 여	95,000
4/20	상 품	70,000		이자비용	5,000
	상품매출 이 익	30,000	12/31	토 지	60,000
10/5	매출채권	115,000		건 물	55,000

상 품

2/6	현 금	80,000	4/20	현 금	70,000
7/12	매입채무	140,000	8/7	매출채권	110,000

매출채권

8/7	상 품	110,000	10/5	현 금	115,000
	상 품 매출이익	40,000			

토 지

12/31	현 금	60,000			

건 물

12/31	현 금	55,000			

[부 채]

차입금

			1/3	현 금	50,000

매입채무

9/30	현 금	110,000	7/12	상 품	140,000

[자 본]

자본금

			1/1	현 금	100,000

이익잉여금

			12/31	집합손익	20,000

04. 포괄손익계산서와 재무상태표를 작성하시오

포 괄 손 익 계 산 서

(주)UT	20x1.1.1～20x1.12.31		(단위: 원)
급 여		상품매출이익	
이 자 비 용		수 수 료 수 익	
당 기 순 이 익			

재 무 상 태 표

(주)UT	20x1.12.31		(단위: 원)
현 금		매 입 채 무	
매 출 채 권		차 입 금	
상 품		자 본 금	
토 지		이 익 잉 여 금	
건 물			

풀이

❶ 분 개

날짜		차변	금액		대변	금액
1월 1일	(차)	현 금	100,000	(대)	자 본 금	100,000
1월 3일	(차)	현 금	50,000	(대)	차 입 금	50,000
2월 6일	(차)	상 품	80,000	(대)	현 금	80,000
3월 4일	(차)	현 금	50,000	(대)	수수료수익	50,000
4월 20일	(차)	현 금	100,000	(대)	상 품	70,000
					상품매출이익	30,000
7월 12일	(차)	상 품	140,000	(대)	매입채무	140,000
8월 7일	(차)	매출채권	150,000	(대)	상 품	110,000
					상품매출이익	40,000
9월 30일	(차)	매입채무	110,000	(대)	현 금	110,000
10월 5일	(차)	현 금	115,000	(대)	매출채권	115,000
11월 30일	(차)	급 여	95,000	(대)	현 금	100,000
		이자비용	5,000			
12월 31일	(차)	토 지	60,000	(대)	현 금	115,000
		건 물	55,000			

❷ 전 기

[자 산]

현 금					
1/ 1	자본금	100,000	2/ 6	상 품	80,000
1/ 3	차입금	50,000	9/30	매입채무	110,000
3/ 4	수수료수익	50,000	11/30	급 여	95,000
4/20	상 품	70,000		이자비용	50,000
	상품매출이익	30,000	12/31	토 지	60,000
10/5	매출채권	115,000		건 물	55,000

상 품					
2/ 6	현 금	80,000	4/20	현 금	70,000
7/12	매입채무	140,000	8/ 7	매출채권	110,000

매출채권					
8/ 7	상 품	110,000	10/5	현 금	115,000
	상품매출이익	40,000			

토 지					
12/31	현 금	60,000			

건 물					
12/31	현 금	55,000			

[부 채]

차 입 금					
			1/ 3	현 금	50,000

매입채무					
9/30	현 금	110,000	7/12	상 품	140,000

[자 본]

자 본 금					
			1/ 1	현 금	100,000

[수 익]

수수료수익					
			3/ 4	현 금	50,000

상품매출이익					
			4/20	현 금	30,000
			8/ 7	매출채권	40,000

[비 용]

급 여					
11/30	현 금	95,000			

이자비용					
11/30	현 금	5,000			

❸ 시산표 작성

잔 액 시 산 표

(주)UT　　20x1.12.31　　(단위: 원)

계정과목	금액	계정과목	금액
현금	10,000	매입채무	30,000
매출채권	35,000	차입금	50,000
상품	40,000	자본금	100,000
토지	60,000	상품매출이익	70,000
건물	55,000	수수료수익	50,000
급여	95,000		
이자비용	5,000		
	300,000		300,000

합 계 시 산 표

(주)UT　　20x1.12.31　　(단위: 원)

차변	계정과목	대변
415,000	현금	405,000
150,000	매출채권	115,000
220,000	상품	180,000
60,000	토지	
55,000	건물	
110,000	매입채무	140,000
	차입금	50,000
	자본금	100,000
	상품매출이익	70,000
	수수료수익	50,000
95,000	급여	
5,000	이자비용	
1,110,000	계	1,110,000

합 계 잔 액 시 산 표

(주)UT　　20x1.12.31　　(단위: 원)

차변		계정과목	대변	
잔액	합계		합계	잔액
10,000	415,000	현금	405,000	
35,000	150,000	매출채권	115,000	
40,000	220,000	상품	180,000	
60,000	60,000	토지		
55,000	55,000	건물		
	110,000	매입채무	140,000	30,000
		차입금	50,000	50,000
		자본금	100,000	100,000
		상품매출이익	70,000	70,000
		수수료수익	50,000	50,000
95,000	95,000	급여		
5,000	5,000	이자비용		
300,000	1,110,000	계	1,110,000	300,000

❹ 포괄손익계산서계정 마감

12월 31일	(차) 상품매출이익	70,000	(대)	집합손익	120,000
	수수료수익	50,000			
12월 31일	(차) 집합손익	100,000	(대)	급　　여	95,000
				이자비용	5,000
12월 31일	(차) 집합손익	20,000	(대)	이익잉여금	20,000

[수　익]

수수료수익

12/31	집합손익	50,000	3/4	현　금	50,000

상품매출이익

12/31	집합손익	70,000	4/20	현　금	30,000
			8/ 7	매출채권	40,000
		70,000			70,000

[비　용]

급　여

11/30	현　금	95,000	12/31	집합손익	95,000

이자비용

11/30	현　금	5,000	12/31	집합손익	5,000

[집합손익과 이익잉여금]

집합손익

12/31	급　여	95,000	12/31	상품매출이익	70,000
	이자비용	5,000		수수료수익	50,000
12/31	이익잉여금	20,000			
		120,000			120,000

이익잉여금

			12/31	집합손익	20,000

❺ 재무상태표계정 마감

[자　산]

현　금

1/ 1	자본금	100,000	2/ 6	상　품	80,000
1/ 3	차입금	50,000	9/30	매입채무	110,000
3/ 4	수수료수익	50,000	11/30	급　여	95,000
4/20	상　품	70,000		이자비용	5,000
	상품매출이익	30,000	12/31	토　지	60,000
10/ 5	매출채권	115,000		건　물	55,000
			12/31	차기이월	10,000
		415,000			415,000
1/ 1	전기이월	10,000			

상　품

2/ 6	현　금	80,000	4/20	현　금	70,000
7/12	매입채무	140,000	8/ 7	매출채권	110,000
			12/31	차기이월	40,000
		220,000			220,000
1/ 1	전기이월	40,000			

매출채권

8/ 7	상　품	100,000	10/ 5	현　금	115,000
	상품매출이익	50,000	12/31	차기이월	35,000
		150,000			150,000
1/1	전기이월	35,000			

토　지

12/31	현　금	60,000	12/31	차기이월	60,000
1/ 1	전기이월	60,000			

건 물

12/31	현 금	55,000	12/31	차기이월	55,000
1/ 1	전기이월	55,000			

[부 채]

차 입 금

12/31	현 금	50,000	1/ 3	현 금	50,000
			1/ 1	전기이월	50,000

매입채무

9/30	현 금	110,000	7/12	상 품	140,000
12/31	차기이월	30,000			
		140,000			140,000
			1/ 1	전기이월	30,000

[자 본]

자 본 금

12/31	차기이월	100,000	1 / 1	현 금	100,000
			1 / 1	전기이월	100,000

이익잉여금

12/31	차기이월	20,000	12/31	집합손익	20,000
			1 / 1	전기이월	20,000

❻ 포괄손익계산서 및 재무상태표 작성

포 괄 손 익 계 산 서

(주)UT 20x1.1.1～20x1.12.31 (단위: 원)

급 여	95,000	상품매출이익	70,000
이 자 비 용	5,000	수 수 료 수 익	50,000
당 기 순 이 익	20,000		
	120,000		120,000

재 무 상 태 표

(주)UT 20x1.12.31 (단위: 원)

현 금	10,000	매 입 채 무	30,000
매 출 채 권	35,000	차 입 금	50,000
상 품	40,000	자 본 금	100,000
토 지	60,000	이 익 잉 여 금	20,000
건 물	55,000		
	200,000		200,000

연습문제

01. 다음은 (주)신승의 20x1년 회계연도 중에 발생한 거래들이다. 물음에 답하시오.(단위: 원)

1월 1일	현금 ₩200,000을 출자하여 전자대리점을 개업하다.
2월 6일	상품 ₩50,000을 현금으로 매입하다.
4월 3일	영업용 에어콘을 구입하고, 대금 ₩70,000을 현금으로 지급하다.
6월 4일	은행에서 현금 ₩150,000을 차입하다.
8월 6일	상품 ₩80,000을 외상으로 매입하다.
9월 30일	사무실 임차료 ₩30,000을 현금으로 지급하다.
10월 8일	상품(원가 ₩90,000)을 ₩180,000에 외상매출하다
11월 11일	종업원 급여 ₩45,000을 현금으로 지급하다.
12월 15일	매출채권 ₩60,000을 현금으로 받다.

[물 음]

1. 거래를 분개하고, T계정에 전기하시오.
2. 잔액시산표를 작성하시오.
3. 마감분개를 하고, 포괄손익계산서계정을 마감하시오.
4. 재무상태표계정을 마감하시오.
5. 포괄손익계산서와 재무상태표를 작성하시오.

풀이

❶ 분 개

일자	차변	금액	대변	금액
1월 1일	(차) 현 금	200,000	(대) 자 본 금	200,000
2월 6일	(차) 상 품	50,000	(대) 현 금	50,000
4월 3일	(차) 비 품	70,000	(대) 현 금	70,000
6월 4일	(차) 현 금	150,000	(대) 차 입 금	150,000
8월 6일	(차) 상 품	80,000	(대) 매입채무	80,000
9월 30일	(차) 임 차 료	30,000	(대) 현 금	30,000
10월 8일	(차) 매출채권	180,000	(대) 상 품	90,000
			상품매출이익	90,000
11월 11일	(차) 급 여	45,000	(대) 현 금	45,000
12월 15일	(차) 현 금	60,000	(대) 매출채권	60,000

❷ 전 기

현 금

차변			대변		
1/ 1	자본금	200,000	2/ 6	상 품	50,000
6/ 4	차입금	150,000	4/ 3	비 품	70,000
12/15	매출채권	60,000	9/30	임 차 료	30,000
			11/11	급 여	45,000

자 본 금

차변			대변		
			1/ 4	현 금	200,000

상 품

차변			대변		
2/ 6	현 금	50,000	10/ 8	매입채권	90,000
8/ 6	매입채무	80,000			

매출채권

차변			대변		
10/ 8	제 좌	180,000	12/15	현 금	60,000

차입금

차변			대변		
			6/ 4	현 금	150,000

비 품

차변			대변		
4/ 3	현 금	70,000			

임차료

차변			대변		
9/30	현 금	30,000			

급 여

차변			대변		
11/11	현 금	45,000			

상품매출이익

차변			대변		
			10/ 8	매출채권	90,000

매입채무

차변			대변		
			8/ 6	상 품	80,000

❸ 잔액시산표

잔 액 시 산 표

(주)신승 20x1.12.31

계정	금액	계정	금액
현 금	215,000	매 입 채 무	80,000
매 출 채 권	120,000	차 입 금	150,000
상 품	40,000	자 본 금	200,000
비 품	70,000	상품매출이익	90,000
급 여	45,000		
임 차 료	30,000		
	520,000		520,000

❹ 포괄손익계산서계정의 마감

	차변	금액	대변	금액
12월 31일	(차) 상품매출이익	90,000	(대) 집합손익	90,000
12월 31일	(차) 집합손익	75,000	(대) 급 여	45,000
			임 차 료	30,000
12월 31일	(차) 집합손익	15,000	(대) 이익잉여금	15,000

집합손익

12/31	급 여	45,000	12/31	상품매출이익	90,000
12/31	임차료	30,000			
12/31	이익잉여금	15,000			
		90,000			90,000

상품매출이익

12/31	집합손익	90,000	10/ 8	매출채권	90,000
		90,000			90,000

임차료

9/30	현 금	30,000	12/31	집합손익	30,000
		30,000			30,000

급 여

11/11	현 금	45,000	12/31	집합손익	45,000
		45,000			45,000

❺ 재무상태표계정의 마감

현 금

1/ 1	자본금	100,000	2/ 6	상 품	50,000
6/ 4	차입금	50,000	4/ 3	비 품	70,000
12/15	매출채권	60,000	9/30	임차료	30,000
			11/11	급 여	45,000
			12/31	차기이월	215,000
		410,000			410,000
1/ 1	전기이월	215,000			

자본금

12/31	차기이월	200,000	1/ 4	현 금	200,000
			1/ 1	전기이월	200,000

상 품

2/ 6	현 금	50,000	10/ 8	매출채권	90,000
8/ 6	매입채무	80,000	12/31	차기이월	40,000
		130,000			130,000
1/ 1	전기이월	40,000			

비 품

4/ 3	현 금	70,000	12/31	차기이월	70,000
1/ 1	전기이월	70,000			

차입금

12/31	차기이월	150,000	6/ 4	현 금	150,000
			1/ 1	전기이월	150,000

매입채무

12/31	차기이월	80,000	8/ 6	상 품	80,000
			1/ 1	전기이월	80,000

매출채권

10/ 8	제 좌	180,000	12/15	매출채권	60,000
			12/31	차기이월	120,000
		180,000			180,000
1/ 1	전기이월	120,000			

이익잉여금

12/31	차기이월	15,000	12/31	집합손익	15,000
			1/ 1	전기이월	15,000

❻ 포괄손익계산서와 재무상태표의 작성

포 괄 손 익 계 산 서

(주)신승 20x1.1.1～20x1.12.31 (단위: 원)

급 여	45,000	상품매출이익	90,000
임 차 료	30,000		
당 기 순 이 익	15,000		
	90,000		90,000

재 무 상 태 표

(주)신승	20x1.12.31		(단위: 원)
현 금	215,000	매 입 채 무	80,000
매 출 채 권	120,000	차 입 금	150,000
상 품	40,000	자 본 금	200,000
비 품	70,000	이 익 잉 여 금	15,000
	445,000		445,000

02. 다음은 (주)엔젤의 20x1년 1월 1일부터 20x1년 12월 31일까지 발생한 거래들이다. 물음에 답하시오.(단위: 원)

1월 1일 현금 ₩200,000을 자본으로 하여 의류도매점을 개업하다.
2월 3일 영업용 컴퓨터 1대를 구입하고 대금 ₩6,000을 현금으로 지급하다.
3월 3일 상품 ₩150,000을 구입하고 대금은 현금으로 지급하다.
4월 4일 은행에서 현금 ₩100,000을 빌리다.
5월 5일 상품(원가 ₩90,000)을 ₩115,000에 판매하고 대금은 현금으로 받다.
6월 6일 상품 ₩60,000을 외상으로 매입하다.
7월 7일 상품매매의 중개수수료로 ₩3,000을 현금으로 받다.
8월 8일 상품(원가 ₩70,000)을 ₩88,000에 외상매출하다.
9월 9일 매입채무 ₩40,000을 현금으로 지급하다.
9월 15일 매출채권 ₩65,000을 현금으로 받다.
10월 10일 차입금 ₩50,000과 이자 ₩1,000을 현금으로 지급하다.
11월 11일 종업원 급여 ₩15,000을 현금으로 지급하다.
12월 30일 사무실 임차료 ₩4,000을 현금으로 지급하다.

[물 음]

1. 거래를 분개하고, T계정에 전기하시오.
2. 잔액시산표를 작성하시오.
3. 마감분개를 하고, 포괄손익계산서계정을 마감하시오.
4. 재무상태표계정을 마감하시오.
5. 포괄손익계산서와 재무상태표를 작성하시오.

풀이

❶ 분 개

1월 1일	(차) 현 금	200,000	(대) 자 본 금	200,000
2월 3일	(차) 비 품	6,000	(대) 현 금	6,000
3월 3일	(차) 상 품	150,000	(대) 현 금	150,000
4월 4일	(차) 현 금	100,000	(대) 차 입 금	100,000
5월 5일	(차) 현 금	115,000	(대) 상 품	90,000
			상품매출이익	25,000

6월 6일	(차) 상 품	60,000	(대) 매입채무	60,000
7월 7일	(차) 현 금	3,000	(대) 수수료수익	3,000
8월 8일	(차) 매출채권	88,000	(대) 상 품	70,000
			상품매출이익	18,000
9월 9일	(차) 매입채무	40,000	(대) 현 금	40,000
9월 15일	(차) 현 금	65,000	(대) 매출채권	65,000
10월 10일	(차) 차 입 금	50,000	(대) 현 금	51,000
	이자비용	1,000		
11월 11일	(차) 급 여	15,000	(대) 현 금	15,000
12월 30일	(차) 임 차 료	4,000	(대) 현 금	4,000

❷ 전 기

현 금

1/ 1	자 본 금	200,000	2/ 3	비 품	6,000
4/ 4	차 입 금	100,000	3/ 3	상 품	150,000
5/ 5	제 좌	115,000	9/ 9	매입채무	40,000
7/ 7	수수료수익	3,000	10/10	제 좌	51,000
9/15	매출채권	65,000	11/11	급 여	15,000
			12/30	임 차 료	4,000

매출채권

8/ 8	제 좌	88,000	9/15	현 금	65,000

임차료

12/30	현 금	4,000			

차입금

10/10	현 금	50,000	4/ 4	현 금	100,000

상 품

3/ 3	현 금	150,000	5/ 5	현 금	90,000
6/ 6	매입채무	60,000	8/ 8	매출채권	70,000

비 품

2/ 3	현 금	6,000			

매입채무

9/ 9	현 금	40,000	6/ 6	상 품	60,000

상품매출이익

			5/ 5	현 금	25,000
			8/ 8	매출채권	18,000

자본금

			1/ 1	현 금	200,000

이자비용

10/10	현 금	1,000			

수수료수익

			7/ 7	현 금	3,000

급 여

11/11	현 금	15,000			

❸ 잔액시산표

잔 액 시 산 표

(주)엔젤 20x1.12.31

차 변	계정과목	대 변
217,000	현 금	
23,000	매 출 채 권	
50,000	상 품	

6,000	비 품	
	매 입 채 무	20,000
	차 입 금	50,000
	자 본 금	200,000
	상품매출이익	43,000
	수 수 료 수 익	3,000
15,000	급 여	
4,000	임 차 료	
1,000	이 자 비 용	
316,000	계	316,000

❹ 포괄손익계산서계정의 마감(각자 작성)

12월 31일	(차) 상품매출이익	43,000	(대) 집합손익		46,000
	수수료수익	3,000			
12월 31일	(차) 집합손익	20,000	(대) 급 여		15,000
			임차료		4,000
			이자비용		1,000
12월 31일	(차) 집합손익	26,000	(대) 이익잉여금		26,000

집합손익

12/31	급 여	15,000	12/31	상품매출이익	43,000
12/31	임 차 료	4,000	12/31	수수료수익	3,000
12/31	이자비용	1,000			
12/31	이익잉여금	26,000			
		46,000			46,000

❺ 재무상태표계정의 마감(각자 작성)

이익잉여금

12/31	차기이월	26,000	12/31	집합손익	26,000
			1/ 1	전기이월	26,000

❻ 포괄손익계산서와 재무상태표의 작성

포 괄 손 익 계 산 서

(주)엔젤 20x1.1.1～20x1.12.31 (단위: 원)

급 여	15,000	상품매출이익	43,000
임 차 료	4,000	수 수 료 수 익	3,000
이 자 비 용	1,000		
당 기 순 이 익	26,000		
	46,000		46,000

재 무 상 태 표

(주)엔젤 20x1.12.31 (단위: 원)

차변	금액	대변	금액
현금	217,000	매입채무	20,000
매출채권	23,000	차입금	50,000
상품	50,000	자본금	200,000
비품	6,000	이익잉여금	26,000
	296,000		296,000

03. 다음은 (주)고려의 결산일인 20x1년 12월 31일 현재 총계정원장잔액(차변과 대변의 합계액만 표시)이다.(단위: 백만원)

계정	차변	대변
현금	900,000	520,000
매출채권	250,000	100,000
상품	240,000	140,000
비품	200,000	
매입채무		90,000
차입금		300,000
자본금		500,000
상품매출이익		110,000
급여	150,000	
임차료	20,000	

[물 음]

1. 잔액시산표를 작성하시오.
2. 마감분개를 하고, 포괄손익계산서계정을 마감하시오.
3. 재무상태표계정을 마감하시오.
4. 포괄손익계산서와 재무상태표를 작성하시오.

풀이

❶ 잔액시산표

잔 액 시 산 표

(주)고려	20x1.12.31		(단위: 백만원)
현 금	380,000	매 입 채 무	90,000
매 출 채 권	150,000	차 입 금	300,000
상 품	100,000	자 본 금	500,000
비 품	200,000	상품매출이익	110,000
급 여	150,000		
임 차 료	20,000		
	1,000,000		1,000,000

❷ 포괄손익계산서계정의 마감

12월 31일	(차) 상품매출이익	110,000	(대) 집합손익	110,000
12월 31일	(차) 집합손익	150,000	(대) 급 여	150,000
	집합손익	20,000	(대) 임 차 료	20,000
12월 31일	(차) 결 손 금	60,000	(대) 집합손익	60,000

집합손익

차변		대변	
12/31 급 여	150,000	12/31 상품매출이익	110,000
12/31 임차료	20,000	12/31 결손금	60,000
	170,000		170,000

상품매출이익

차변		대변	
12/31 집합손익	110,000		110,000
	110,000		110,000

급 여

차변		대변	
	150,000	12/31 집합손익	150,000
	150,000		150,000

임차료

차변		대변	
	20,000	12/31 집합손익	20,000
	20,000		20,000

❸ 재무상태표계정의 마감

현 금

차변		대변	
	900,000		520,000
		12/31 차기이월	380,000
	900,000		900,000
1/ 1 전기이월	380,000		90,000

매출채권

차변		대변	
	250,000		100,000
		12/31 차기이월	150,000
	250,000		250,000
1/ 1 전기이월	150,000		

상 품

차변		대변	
	240,000		140,000
		12/31 차기이월	100,000
	240,000		240,000
1/ 1 전기이월	100,000		

비 품

차변		대변	
	200,000	12/31 차기이월	200,000
	200,000		200,000
1/ 1 전기이월	200,000		

매입채무

12/31	차기이월	90,000			90,000
		90,000			90,000
			1/ 1	전기이월	90,000

차 입 금

12/31	차기이월	300,000			300,000
		300,000			300,000
			1/ 1	전기이월	300,000

자 본 금

12/31	차기이월	500,000			500,000
		500,000			500,000
			1/ 1	전기이월	500,000

결 손 금

12/31	집합손익	60,000	12/31	차기이월	60,000
		60,000			60,000
1/ 1	전기이월	60,000			

❹ 포괄손익계산서와 재무상태표의 작성

포 괄 손 익 계 산 서

(주)고려 20x1.1.1～20x1.12.31 (단위: 백만원)

급 여	150,000	상품매출이익	110,000
임 차 료	20,000	당 기 순 손 실	60,000
	170,000		170,000

재 무 상 태 표

(주)고려 20x1.12.31 (단위: 백만원)

현 금	380,000	매 입 채 무	90,000
매 출 채 권	150,000	차 입 금	300,000
상 품	100,000	자 본 금	500,000
비 품	200,000	결 손 금	(60,000)
	830,000		830,000

제 4 장

재무제표의 이해

제4장 | 재무제표의 이해

재무제표는 회계순환과정의 최종산물이다. 이러한 재무제표는 재무보고의 중심적인 수단으로써 이를 통하여 기업실체에 관한 회계정보를 외부의 정보이용자들에게 전달하게 된다.

K-IFRS에 의한 재무제표는 재무상태표, 포괄손익계산서, 자본변동표, 현금흐름표 그리고 주석으로 구성된다.

제1절 | 재무상태표

재무상태표(statement of financial position)는 기업의 특정시점에서의 재무상태를 나타내는 재무제표로써, 일정시점 현재 기업이 보유하고 있는 경제적 자원인 자산과 경제적 의무인 부채 그리고 자본에 관한 정보를 제공한다.

따라서 재무상태표의 구성요소는 자산, 부채 및 자본이며, 이러한 재무상태표의 3가지 구성요소는 항상 일정한 관계를 가지게 되는데 이를 재무상태표등식(자산=부채+자본)이라 한다.

재무상태표 { 자 산 / 부 채 / 자 본

1. 재무상태표의 구성요소

(1) 자 산

자산(assets)이란 기업이 소유하고 있는 현금, 상품, 토지, 건물, 기계장치, 차량운반구, 비품 등의 재화와 매출채권, 대여금, 미수금 등의 채권 및 특허권과 같은 법률상의 권리를 의미하는 것으로, 과거의 거래나 사건의 결과로써 현재 기업실체에 의해 지배되고 미래 경제적효익(future economic benefits)을 창출할 것으로 기대되는 자원을 말한다. 여기서 미래 경제적효익이란 미래에 현금유입을 증가시키거나 현금유출을 감소시키는 능력을 말한다.

K-IFRS에서는 원칙적으로 자산을 유동자산과 비유동자산으로 구분하여 표시하도록 규정하고 있다.

자 산	유동자산 비유동자산

① 유동자산

자산은 다음의 경우에 유동자산으로 분류한다.

㉠ 기업의 정상영업주기[7] 내에 실현될 것으로 예상하거나, 정상영업주기 내에 판매하거나 소비할 의도가 있다.
㉡ 주로 단기매매 목적으로 보유하고 있다.
㉢ 보고기간 후 12개월 이내에 실현될 것으로 예상한다.
㉣ 현금이나 현금성자산으로서, 교환이나 부채 상환목적으로의 사용에 대한 제한기간이 보고기간 후 12개월 이상이 아니다.

유동자산에 속하는 항목으로는 현금및현금성자산, 단기금융상품, 당기손익인식금융자산, 매출채권, 단기대여금, 미수금, 미수수익, 선급금, 선급비용, 재고자산 등이 있다.

---

7) 정상영업주기는 영업활동을 위한 자산의 취득시점부터 그 자산이 현금이나 현금성자산으로 실현되는 시점까지 소요되는 기간을 말한다. 상품매매기업의 경우 상품을 매입하고 판매한 후에 그 매출채권이 회수되기까지 소요된 기간을 의미한다. 정상영업주기를 명확히 식별할 수 없는 경우에는 그 기간이 12개월인 것으로 가정한다. 따라서 재고자산 및 매출채권과 같이 정상영업주기의 일부로서 판매, 소비 또는 실현되는 자산인 경우 보고기간 후 12개월을 초과하여 실현되는 경우에도 유동자산으로 분류될 수 있다

㉠ 현금및현금성자산 : 통화 및 통화대용증권과 요구불예금 및 현금성자산

㉡ 단기금융상품 : 금융기관이 취급하는 금융상품(정기적금, 정기예금 등)으로써, 만기가 재무상태표일로부터 12개월 이내에 도래하는 것

㉢ 당기손익인식금융자산 : 즉시 또는 단기간 내에 매각할 의도가 있는 금융자산과 최초 인식시점에 당기손익인식항목으로 지정한 금융자산

㉣ 매출채권 : 상품을 외상으로 판매한 경우에 발생한 채권으로써, 재무상태표일로부터 12개월 이내에 회수되는 것

㉤ 단기대여금 : 타인에게 현금을 대여한 경우에 발생한 채권으로써, 재무상태표일로부터 12개월 이내에 회수되는 것

㉥ 미수금 : 상품 이외의 자산을 외상으로 매각한 경우에 발생한 채권으로써, 재무상태표일로부터 12개월 이내에 회수되는 것

㉦ 미수수익 : 당기에 발생한 수익(이자수익, 임대료 등)으로써, 재무상태표일로부터 12개월 이내에 회수하기로 약정한 것

㉧ 선급금 : 상품 등을 인수하기 전에 매입대금의 전부 또는 일부를 지급한 것으로써, 재무상태표일로부터 12개월 이내에 상품 등을 인수하기로 약정한 것

㉨ 선급비용 : 당기에 현금으로 지출한 비용(임차료, 보험료 등) 중 다음 보고기간에 속하는 것

㉩ 재고자산 : 상품 등 기업의 정상적인 영업활동과정에서 판매를 목적으로 보유하고 있는 자산

② 비유동자산

비유동자산은 유동자산 이외의 자산을 말하며, 비유동자산에 속하는 항목으로는 장기금융상품, 매도가능금융자산, 만기보유금융자산, 투자부동산, 유형자산, 무형자산, 임차보증금, 장기매출채권, 장기대여금, 장기미수금 등이 있다.

㉠ 장기금융상품 : 금융기관이 취급하는 금융상품(정기적금, 정기예금 등)으로써, 만기가 재무상태표일로부터 12개월 이후에 도래하는 것

㉡ 매도가능금융자산 : 당기손익인식금융자산이나 만기보유금융자산으로 분류되지 아니한 금융자산

㉢ 만기보유금융자산 : 만기가 고정되었고 지급금액이 확정되었거나 확정될 수 있는 금융자산으로써, 만기까지 보유할 적극적인 의도와 능력이 있는 경우의 금융자산

㉣ 투자부동산 : 임대수익이나 시세차익을 얻기 위하여 보유하고 있는 부동산

㉤ 유형자산 : 토지, 건물, 구축물, 기계장치, 차량운반구, 비품, 건설중인자산 등

판매목적이 아닌 기업이 경영활동에 장기간 사용할 목적으로 보유하고 있는 물리적 형태가 있는 자산

ⓑ 무형자산 : 영업권, 산업재산권(특허권, 상표권 등), 개발비, 저작권 등 기업이 경영활동에 장기간 사용할 목적으로 보유하고 있는 물리적 형태가 없는 자산

ⓢ 임차보증금 : 토지나 건물 등의 부동산을 일정기간 임차하여 사용할 경우 지급하는 보증금

ⓞ 장기매출채권 : 상품을 외상으로 판매한 경우에 발생한 채권으로써, 재무상태표일로부터 12개월 이후에 회수되는 것

ⓙ 장기대여금 : 타인에게 현금을 대여한 경우에 발생한 채권으로써, 재무상태표일로부터 12개월 이후에 회수되는 것

ⓒ 장기미수금 : 상품 이외의 자산을 외상으로 매각한 경우에 발생한 채권으로써, 재무상태표일로부터 12개월 이후에 회수되는 것

(2) 부 채

부채(liabilities)란 기업이 미래에 일정한 금액을 갚아야 할 채무를 의미하는 것으로, 과거의 거래나 사건의 결과로써 현재 기업실체가 부담하고 그 이행에 자원의 유출이 예상되는 의무를 말한다. 즉, 부채는 기업이 미래의 어느 시점에서 제3자에게 현금을 지급하거나 기타 재화나 용역을 제공해야 할 의무이다.

K-IFRS에서는 원칙적으로 부채를 유동부채과 비유동부채로 구분하여 표시하도록 규정하고 있다.

부 채 { 유동부채 / 비유동부채

① 유동부채

부채는 다음의 경우에 유동부채로 분류한다.

㉠ 정상영업주기 내에 결제될 것으로 예상하고 있다.

㉡ 주로 단기매매 목적으로 보유하고 있다.

㉢ 보고기간 후 12개월 이내에 결제하기로 되어 있다.

㉣ 보고기간 후 12개월 이상 부채의 결제를 연기할 수 있는 무조건의 권리를 가지고 있지 않다.

유동부채에 속하는 항목으로는 매입채무, 단기차입금, 미지급금, 미지급비용, 선수수익, 선수금, 예수금, 미지급법인세, 유동성장기부채 등이 있다.

㉠ 매입채무 : 상품을 외상으로 매입한 경우에 발생한 채무로써, 재무상태표일로부터 12개월 이내에 지급하는 것

㉡ 단기차입금 : 금융기관 등 타인으로부터 현금을 차용한 경우에 발생한 채무로써, 만기가 재무상태표일로부터 12개월 이내에 도래하는 것

㉢ 미지급금 : 상품 이외의 자산을 외상으로 구입한 경우에 발생한 채무로써, 재무상태표일로부터 12개월 이내에 지급하는 것

㉣ 미지급비용 : 당기에 발생한 비용(급여, 이자비용 등)으로써, 재무상태표일로부터 12개월 이내에 지급하기로 약정한 것

㉤ 선수수익 : 당기에 현금으로 수취한 수익(임대료, 이자수익 등) 중 다음 보고기간에 속하는 것

㉥ 선수금 : 상품 등을 인도하기 전에 판매대금의 전부 또는 일부를 수취한 것으로써, 재무상태표일로부터 12개월 이내에 상품 등을 인도하기로 약정한 것

㉦ 예수금 : 제3자에게 지급해야할 금액을 기업이 일시적으로 보관하고 있는 것

㉧ 미지급법인세 : 당기에 발생한 이익에 대한 법인세부담액 중 아직 납부하지 못한 것

㉨ 유동성장기부채 : 비유동부채 중 1년 내에 상환될 부채

② 비유동부채

비유동부채란 유동부채 이외의 부채를 말하며 비유동부채에 속하는 항목으로는 사채, 장기차입금, 충당부채, 퇴직급여부채, 장기매입채무, 장기미지급금, 장기선수금, 장기미지급비용, 장기선수수익, 임대보증금 등이 있다.

㉠ 사채 : 주식회사가 일반대중으로부터 장기간에 걸쳐 거액의 자금을 조달하기 위하여 회사의 채무임을 표시한 증권을 발행하고, 계약에 따라 일정액의 이자를 지급함과 동시에 일정기간 후에 원금을 상환할 것을 계약하고 차입한 채무

㉡ 장기차입금 : 금융기관 등 타인으로부터 현금을 차용한 경우에 발생한 채무로써, 만기가 재무상태표일로부터 12개월 이후에 도래하는 것

㉢ 충당부채 : 과거사건의 결과 발생한 현재의무로써 지출의 시기 또는 금액이 불확실한 부채

㉣ 퇴직급여부채 : 미래에 임직원이 퇴직할 경우 지급하여야 할 미래의 퇴직급여

㉤ 장기매입채무 : 상품을 외상으로 매입한 경우에 발생한 채무로써, 재무상태표일로부터 12개월 이후에 지급하는 것

ⓑ 장기미지급금 : 상품 이외의 자산을 외상으로 구입한 경우에 발생한 채무로써, 재무상태표일로부터 12개월 이후에 지급하는 것

ⓢ 장기선수금 : 상품 등을 인도하기 전에 판매대금의 전부 또는 일부를 수취한 것으로써, 재무상태표일로부터 12개월 이후에 상품 등을 인도 하기로 약정한 것

ⓞ 장기미지급비용 : 당기에 발생한 비용(급여, 이자비용 등)으로써, 재무상태표일로부터 12개월 이후에 지급하기로 약정한 것

ⓙ 장기선수수익 : 당기에 현금으로 수취한 수익(임대료, 이자수익 등) 중 재무상태표일로부터 12개월 이후의 보고기간에 속하는 것

ⓒ 임대보증금 : 토지나 건물 등의 부동산을 일정기간 동안 빌려주고 사용하게 할 경우 임차인에게서 수취한 보증금

(3) 자 본

자본(capital)이란 자산총액에서 부채총액을 차감한 잔여액 또는 순자산으로서, 기업의 자산에 대한 소유주의 지분 또는 주주지분을 말한다. K-IFRS에서는 자본을 납입자본, 기타자본구성요소 및 이익잉여금으로 분류하고 있다.

자 본	납입자본 기타자본구성요소 이익잉여금

① 납입자본

납입자본이란 주주로부터 조달한 자본 즉, 주주와의 자본거래[8]에서 주주가 회사에 납입한 자본금액을 말하는 것으로 자본금과 자본잉여금으로 구분할 수 있다.

㉠ 자 본 금

자본금이란 기업이 발행한 주식의 액면가 총액으로, 1주당 액면금액에 실제 발행주식총수를 곱하여 계산된 금액이다.

자본금 = 주당 액면금액 × 발행주식총수

㉡ 자본잉여금

자본잉여금이란 증자나 감자[9] 또는 주주와의 다른 자본거래에 의하여 자본을

8) 자본거래(capital transaction)란 회사와 회사의 현재 또는 잠재적인 주주와의 거래를 말하며, 주주와의 자본거래를 제외한 나머지의 모든 거래를 손익거래(income transaction)라고 한다.

9) 증자(increase of capital)란 주식을 발행하여 자본금을 증가시키는 가장 대표적인 자본거래이며, 감자(decrease of capital)란 주식을 소각하여 자본금을 감소시키는 자본거래이다.

증가시키는 잉여금을 말한다. 자본잉여금은 주식발행초과금과 기타자본잉여금으로 구분할 수 있다.

② 기타자본구성요소

기타자본구성요소란 자본 중 납입자본과 이익잉여금으로 분류되지 않는 자본항목들을 말하는 것으로 자본조정과 기타포괄손익누계액으로 구분할 수 있다.

㉠ 자본조정

자본조정이란 자본에 대해 가감하는 방식으로 이를 조정하는 항목을 말한다. 즉, 자본조정은 당해 항목의 성격으로 보아 주주와의 자본거래에 해당하나, 최종적으로 납입된 자본으로 볼 수 없거나 자본의 가감 성격으로 자본금이나 자본잉여금으로 분류할 수 없는 항목을 말하며, 자기주식을 대표적인 예로 들 수 있다.

㉡ 기타포괄손익누계액

기타포괄손익누계액이란 수익과 비용 중 당기손익이 아닌 기타포괄손익으로 분류되는 금액의 누계액으로 매도가능금융자산평가손익, 재평가잉여금 등을 그 대표적인 예로 들 수 있다.

③ 이익잉여금

이익잉여금은 경영활동에서 발생한 이익 중 주주에 대한 배당 등을 통하여 처분된 금액을 차감한 후에 사내에 유보되어 누적된 금액을 말한다. 즉, 기업이 설립된 시점에서부터 영업을 통해 벌어들인 순이익 중 주주에게 배당금으로 지급되거나 다른 형태의 자본으로 전환되지 않은 부분의 누적액이다. 이익잉여금은 법정적립금, 임의적립금 및 미처분이익잉여금으로 분류된다

㉠ 법정적립금 : 상법 등의 법률에 따라 기업 내부에 의무적으로 적립한 이익잉여금을 말한다.

㉡ 임의적립금 : 정관의 규정 또는 주주총회의 결의에 따라 기업이 임의적으로 적립한 이익잉여금을 말한다.

㉢ 미처분이익잉여금 : 결산기말 현재 처분하지 않고 차기에 이월된 이익잉여금에 당기순이익을 합한 금액을 말한다.

2. 재무상태표의 양식

재무상태표의 양식에는 계정식과 보고식의 두 가지가 있다. 계정식은 재무상태표를 차변과 대변으로 구분하여 자산계정은 차변, 부채계정과 자본계정은 대변에 기입하여 작성하는 양식을 말하며, 보고식은 자산계정 · 부채계정 및 자본계정을 구분하지 아니하고 재무상태표를 위에 자산계정을, 가운데에 부채계정을, 그 다음에 자본계정을 차례로 배열하여 작성하는 양식을 말한다.

K-IFRS에 의한 재무상태표를 이분법(유동성/비유동성 구분법)에 의하여 계정식과 보고식으로 예시하면 다음과 같다.

[계정식]

재 무 상 태 표

○○회사 20xx년 x월 x일 (단위: 원)

자 산			부 채		
유동자산		xxx	유동부채		xxx
.	xx		.	xx	
.	xx		.	xx	
.	xx		비유동부채		xxx
.	xx		.	xx	
.	xx		부채총계		xxx
.	xx				
.	xx		자 본[10]		
.	xx				
비유동자산		xxx	자본금	xx	
.	xx		자본잉여금	xx	
.	xx		자본조정	xx	
.	xx		기타포괄손익누계액	xx	
.	xx		이익잉여금	xx	
.	xx		자본총계		xxx
자산총계		xxx	부채와자본총계		xxx

10) 자본을 납입자본, 기타자본구성요소, 이익잉여금으로 분류하여 표시할 수도 있다.

[보고식]

재 무 상 태 표

○○회사	20xx년 x월 x일	(단위: 원)
자 산		
유동자산		xxx
·	xx	
비유동자산		xxx
·	xx	
자산총계		xxx
부 채		
유동부채		xxx
·	xx	
비유동부채		xxx
·	xx	
부채총계		xxx
자 본		
자본금	xx	
자본잉여금	xx	
자본조정	xx	
기타포괄손익누계액	xx	
이익잉여금	xx	
자본총계		xxx
부채와자본총계		xxx

3. K-IFRS에 의한 재무상태표

(1) 재무상태표에의 표시정보

① K-IFRS에서는 재무상태표 내에 항목의 표시 순서를 정하고 있지 않다. 따라서 K-IFRS에 따라 작성한 재무상태표에서 자산과 부채를 유동과 비유동으로 구분하더라도 반드시 유동성이 큰 항목부터 배열하지 않을 수 있다. 즉, K-IFRS를 적용한 재무상태표에서 유동성이 작은 항목부터 유동성이 큰 항목 순으로 배열할 수도 있다.

실제 K-IFRS를 적용하여 회계처리를 한 회사들을 살펴보면 재무상태표에서 자산-자본-부채, 비유동-유동 순으로 항목을 표시하기도 하고, 자산-부채-자본, 유동-비유동 순으로 표시하기도 하였다. 재무상태표의 표시 순서가 정해져 있지 않기 때문에 회사의 선택에 따라 재무상태표의 항목이 다른 방식으로 기재된 것이다.

② K-IFRS에서는 재무제표 본문에 표시해야 하는 최소한의 항목을 대분류 수준에서만 예시[11)]하고 있으며, 재무상태표의 형식이나 계정과목 순서에 대해서는 특별히 강제규정을 두고 있지 않기 때문에 기업의 재무상태를 이해하기 위해 구분표시가 필요한 경우 그러한 항목은 추가로 재무상태표에 구분하여 인식할 수 있다. 따라서 기업 간 재무상태표의 표시방식이 달라질 수 있다.

국제회계기준(IFRS)의 가장 큰 특징 중의 하나는 규정중심이 아니라 원칙중심의 회계기준이라는 점이다. 원칙중심의 회계기준이란, 구체적이고 상세한 회계 처리 방법을 제시해 주기보다 거래의 경제적 실질에 근거하여 합리적으로 회계 처리를 할 수 있도록 기본원칙과 방법론을 제시해 주는 것이다. 따라서 재무제표의 작성자에게 많은 부분에 있어서 회계처리의 자율성을 인정해 주고 있다. 그러므로 재무제표의 작성자는 국제회계기준의 규정을 일탈하지 않는 범위 내에서 회계정책을 개발하여 회계실무에 적용하여야 하며, 재무제표의 양식 또한 그러하다.

③ 재무상태표에 특정한 항목을 인식하는 경우, 유사한 항목은 중요성 분류에 따라 재무제표에 구분하여 표시한다. 또한 상이한 성격이나 기능을 가진 항목의 경우에도 원칙적으로 구분하여 표시한다. 다만 중요하지 않은 항목은 성격이나 기능

---

11) [K-IFRS에서 재무상태표에 구분 표시를 요구하는 최소한의 항목]
재무상태표에는 적어도 다음에 해당하는 금액을 나타내는 항목을 표시한다.
(1) 유형자산
(2) 투자부동산
(3) 무형자산
(4) 금융자산(단, (5), (8) 및 (9)는 제외)
(5) 지분법에 따라 회계처리하는 투자자산
(6) 생물자산
(7) 재고자산
(8) 매출채권 및 기타채권
(9) 현금및현금성자산
(10) 기업회계기준서 제1105호 '매각예정비유동자산과 중단영업'에 따라 매각예정으분류된 자산과 매각예정으로 분류된 처분자산집단에 포함된 자산의 총계
(11) 매입채무 및 기타채무
(12) 충당부채
(13) 금융부채(단, (11)과 (12)는 제외)
(14) 기업회계기준서 제1012호 '법인세'에서 정의된 당기 법인세와 관련한 부채와 자산
(15) 기업회계기준서 제1012호에서 정의된 이연법인세부채 및 이연법인세자산
(16) 기업회계기준서 제1105호에 따라 매각예정으로 분류된 처분자산집단에 포함된 부채
(17) 자본에 표시된 비지배지분
(18) 지배기업의 소유주에게 귀속되는 납입자본과 적립금

이 유사한 항목과 통합하여 표시할 수 있으며, 통합할 적절한 항목이 없는 경우에는 기타항목으로 통합할 수 있다. 예를 들어, 광고선전비, 접대비, 홍보비 등이 모두 마케팅 활동을 위해 지출되고 있는 경비라면 이들 지출의 성격이 유사하므로 '마케팅비용' 이라는 계정으로 통합될 수 있다. 이때 '마케팅비용'을 재무제표에 단일계정으로 구분 표시할지 혹은 여타 중요하지 않은 비용과 함께 '기타비용'으로 통합표시 할지는 '마케팅비용'이 중요한지 여부를 고려하여 결정한다.

(2) K-IFRS에 의한 재무상태표 작성사례

다음은 (주)DPT의 20x0년 12월 31일 현재 총계정원장 기말잔액의 자료를 이용하여 K-IFRS에 의해 재무상태표를 계정식으로 작성한 실제사례이다.

재 무 상 태 표

(주)DPT 20x0.12.31 (단위: 원)

자 산		부 채	
유동자산	71,351,820,077	유동부채	36,698,335,042
현금및현금성자산	4,390,999,800	매입채무및기타채무	31,378,629,786
단기금융상품	18,027,951,723	단기차입금	3,156,066,061
단기매매금융자산	6,207,010,513	미지급법인세	2,163,639,195
매출채권및기타채권	34,050,680,531	비유동부채	9,167,000,000
기타유동자산	4,999,515,474	장기차입금	8,417,000,000
재고자산	3,675,662,036	매입채무및기타채무	750,000,000
		확정급여채무	–
비유동자산	42,580,620,132	부채총계	45,865,335,042
장기금융상품	601,500,000	자 본	
매도가능금융자산	500,000,000	자본금	8,828,030,000
만기보유금융자산	–	자본잉여금	9,251,452,604
유형자산	39,962,540,298	자본조정	(4,474,075,428)
투자부동산	375,998,218	이익잉여금	54,461,697,991
무형자산	50,375,219	자본총계	68,067,105,167
기타비유동자산	844,234,293		
이연법인세자산	245,972,104		
자산총계	113,932,440,209	부채와자본총계	113,932,440,209

☞ (주)DPT의 재무상태표에 표시된 요소별 내역은 부록의 주석을 참조하기 바람.

제2절 포괄손익계산서

포괄손익계산서(statement of comprehensive income; I/S)는 일정기간 동안의 기업의 경영성과에 대한 정보를 보고하는 재무제표이다.

K-IFRS에서는 경영성과를 보고하는 재무제표로 포괄손익계산서를 주요 재무제표로 공시할 것을 규정하고, 포괄손익계산서에 당기순손익 뿐만 아니라 당기에 변동된 기타포괄손익도 성과평가에 유용한 정보라는 관점에서 이를 포괄손익계산서에 포함하여 총포괄손익을 표시하도록 규정하고 있다. 총포괄손익은 수익에서 비용을 차감한 당기순손익과 기타포괄손익의 합계액을 말하며, 당기순손익과 총포괄손익의 계산과정을 나타내면 다음과 같다.

당기순손익과 총포괄손익의 계산과정

	수 익
−	비 용
=	당기순손익
±	기타포괄손익
=	총포괄손익

1. 포괄손익계산서의 구성요소

(1) 수 익

수익(revenue)이란 일정기간 동안 기업의 영업활동을 통하여 고객에게 재화나 용역(서비스)을 제공하고 그 대가로 획득한 금액을 말한다. K-IFRS에서는 수익을 포괄손익계산서에 매출액과 기타수익으로 구분하여 표시하도록 규정하고 있다.

① 매출액

매출액은 기업의 주된 영업활동인 재화의 판매 또는 용역의 제공에 의하여 발생한 수익으로서, 상품매매기업의 경우 상품의 총매출액에서 매출할인, 매출환입, 매출에누리 등을 차감한 금액을 말한다. 매출액은 후술하는 기타수익과 구별하기 위해 수익이라는 계정과목을 사용하여 표시할 수도 있다.

② 기타수익

기타수익은 기업의 주된 영업활동이 아닌 활동으로부터 발생한 수익으로서 임대료, 이자수익, 배당금수익, 수수료수익, 잡이익, 단기매매금융자산평가이익, 단기매매금융자산처분이익, 매도가능금융자산처분이익, 대손충당금환입, 유형자산처분이익 등이 있다.

(2) 비 용

비용(expense)이란 기업이 일정기간 동안 수익을 얻기 위하여 유출 또는 소비된 경제적 자원을 말한다. K-IFRS에서는 포괄손익계산서에 비용을 표시하는 방법으로 기능별 분류와 성격별 분류방법을 제시하고 있다. 그리고 각 방법이 상이한 유형의 기업별로 장점이 있기 때문에 K-IFRS에서는 신뢰성 있고 보다 목적적합한 표시방법을 경영진이 선택하여 포괄손익계산서를 작성하도록 하고 있다.

① 기능별 비용분류법

기능별 비용분류법은 비용을 매출원가, 물류원가, 관리활동원가 등과 같이 기능별로 분류하여 표시하는 방법으로, 비용 중 '매출원가'를 별도로 표시하므로 '매출원가법'이라고도 한다. 즉, 기능별 비용분류법은 매출원가를 표시하고 기타비용은 기능별로 분류하는 방법을 말한다.[12] 비용의 기능별 분류의 예는 <표>와 같다.

K-IFRS에 따른 비용 분류

성격별 분류			기능별 분류(매출원가법)	
수 익		x	수 익	x
기타수익		x	매출원가[13]	(x)
제품과 재공품의 변동	x		매출총이익	x
원재료와 소모품의 사용액	x		기타수익	x
종업원급여비용	x		물류원가[14]	(x)
감가상가비와 기타 상각비	x		관리비	(x)
기타비용	x		기타비용[15]	(x)
총 비용		(x)	금융원가[16]	(x)
법인세비용차감전순이익		x	법인세비용차감전순이익	x

12) 실무적으로는 많은 기업들이 기능별 비용분류법으로 포괄손익계산서를 작성하고 있다.

13) 매출원가는 매출액에 대응되는 원가로서 상품매매기업의 경우 판매된 상품에 대한 매입원가를 말하며 대표적인 비용이다. 매출원가의 산출과정은 본문에 표시하거나 주석으로 기재한다.

14) 물류원가는 상품이나 용역의 판매활동 중 물류원가에 해당하는 비용을 말하며, 관리비는 기업의 관리와 유지에서 발생하는 비용을 말한다. 물류원가 · 관리비는 통합하여 판매관리비라고도 할 수

② 성격별 비용분류법

성격별 비용분류법은 비용을 그 성격(예: 감가상각비, 원재료구입, 운송비, 종업원 급여와 광고비)별로 분류하여 표시하는 방법이다. 즉, 성격별 비용분류법은 매출원가를 별도로 표시하지 아니하고 모든 비용을 성격별로 분류하는 방법을 말한다. 비용의 성격별 분류의 예는 <표>와 같다.

▶ 포괄손익계산서에 비용을 표시하는 방법 중 기능별과 성격별이라는 의미

'기능별'과 '성격별'의 의미는 포괄손익계산서에 비용을 어떻게 표시하느냐에 대한 것이다. 예를 들어, A라는 기업이 물류팀, 영업팀, 총무팀의 세 팀으로만 구성되어 있으며, 물류팀의 종업원급여가 ₩100, 영업팀의 종업원급여가 ₩200, 총무팀의 종업원급여가 ₩300 발생하였다고 가정하면, 여기서 물류팀은 A기업의 물건을 운반하는 '물류기능'을 담당하는 것이고, 영업팀은 A기업의 물건을 판매하기 위한 '마케팅기능'을 담당하며, 총무팀은 A기업의 '일반관리기능'을 담당하는 것이다. 즉, 종업원급여라는 비용을 각 기능별로 구분한 것이다.

한편, 종업원급여는 A기업에서 발생한 종업원의 근로의 대가라는 비용의 성격을 나타내는 것이다. 따라서 포괄손익계산서를 기능별로 표시할 때는 A기업에서 발생한 종업원급여 ₩600을 물류비 ₩100, 마케팅비 ₩200, 일반관리비 ₩300으로 구분하여 표시하는 것이며, 성격별로 표시할 때는 포괄손익계산서에 종업원급여 ₩600으로 표시하는 것이다.

(3) 기타포괄손익

기타포괄손익(other comprehensive income)은 당기손익으로 인식하지 않은 수익과 비용 항목으로 모두 장기 미실현보유손익에 해당하는 것을 말한다. 즉, 기타포괄손익은 포괄이익에는 반영하지만, 장기 미실현보유손익에 해당하므로 당기순손익에는 반영하지 않는 항목을 말한다. 기타포괄손익의 사례는 ① 유형자산과 무형자산의 재평가잉여금의 변동, ② 매도가능금융자산의 재측정 손익 등이 있다.

있다. 급여, 퇴직급여, 복리후생비, 여비교통비, 보험료, 운반비, 통신비, 수도광열비, 수선비, 차량유지비, 임차료, 접대비, 감가상각비, 무형자산상각비, 세금과공과, 광고선전비, 경상개발비, 대손상각비, 사무용품비, 잡비 등 매출원가에 속하지 아니하는 모든 영업비용을 포함하며, 당해 비용을 표시하는 적절한 항목으로 구분한다.

15) 기타비용은 기업의 주된 영업활동이 아닌 활동으로부터 발생한 비용으로서 유형자산처분손실, 기부금, 잡손실 등이 있다.

16) 금융원가는 외부의 자금조달로 인하여 발생하는 비용을 말하며 이자비용, 지급보증료 등이 있다.

2. 포괄손익계산서의 양식과 표시방법

(1) 포괄손익계산서의 양식

포괄손익계산서의 양식에도 계정식과 보고식의 두 가지가 있다. 계정식은 포괄손익계산서를 차변과 대변으로 구분하여 비용은 차변, 수익은 대변에 기입하여 당기순손익을 표시하는 양식을 말하며, 보고식은 포괄손익계산서를 상하 배열하는 형식으로 구분별 수익에서 대응되는 비용을 차례로 차감하여 당기순손익을 표시하는 양식을 말한다. 일반적으로 포괄손익계산서는 보고식으로 작성하고 있다. 보고식 포괄손익계산서(기능별)를 예시하면 다음과 같다.

포 괄 손 익 계 산 서

(주)○○	20xx.1.1～20xx.12.31	(단위: 원)
매출액		xxx
매출원가[17]		xxx
기초상품재고액	xxx	
당기상품매입액	xxx	
기말상품재고액	(xx)	
매출총손익		xxx
기타수익		xx
물류원가		(xx)
관리비		(xx)
기타비용		(xx)
금융원가		(xx)
법인세비용차감전순손익		xxx
법인세비용		(xx)
당기순손익		xxx
기타포괄손익		xx
총포괄손익		xxx

(2) 포괄손익계산서의 표시방법

K-IFRS에서는 특정 회계기간에 인식한 모든 수익과 비용 항목을 다음 중 한 가지 방법으로 표시하도록 규정하고 있다.

17) 매출원가의 산출과정은 포괄손익계산서 본문에 표시하거나 주석으로 기재한다.

① 단일 포괄손익계산서

② 두 개의 보고서 : 당기순손익의 구성요소를 표시하는 보고서(별개의 손익계산서)와 당기순손익에서 시작하여 기타포괄손익의 구성요소를 표시하는 보고서(포괄손익계산서)

즉, 당기순손익과 기타포괄손익을 하나의 보고서에 표시하는 포괄손익계산서를 작성(단일 보고서 방식)할 수도 있고, 당기순손익의 구성요소만 표시하는 손익계산서와 당기순손익에서 시작하여 기타포괄손익의 구성요소를 표시하는 포괄손익계산서를 작성(두 개의 보고서 방식)할 수도 있다.

① 단일 포괄손익계산서

수익과 비용 및 기타포괄손익의 변동을 다음과 같이 하나의 포괄손익계산서(기능별)에 표시한다.

포 괄 손 익 계 산 서

(주) xx	20xx.1.1～20xx.12.31	(단위: 원)
매 출 액		xxx
매출원가		(xxx)
매출총이익		xxx
기타수익		xx
물류원가		(xx)
관 리 비		(xx)
기타비용		(xx)
금융원가		(xx)
법인세비용차감전순이익		xxx
법인세비용		xx
당기순이익		xxx
기타포괄이익		xx
매도가능금융자산평가손익	xx	
유형자산재평가이익	xx	
기타포괄손익의 법인세비용	(xx)	
총포괄이익		xxx

② 두 개의 보고서

당기순손익의 구성요소를 표시하는 손익계산서와 당기순손익에서 시작하여 기타 포괄손익의 구성요소를 표시하는 포괄손익계산서를 별도로 작성한다.

손 익 계 산 서

(주) xx	20xx.1.1～20xx.12.31	(단위: 원)
매 출 액		xxx
매출원가		(xxx)
매출총이익		xxx
기타수익		xx
물류원가		(xx)
관리비		(xx)
기타비용		(xx)
금융원가		(xx)
법인세비용차감전순이익		xx
법인세비용		xx
당기순이익		xx

포 괄 손 익 계 산 서

(주) xx	20xx.1.1～20xx.12.31	(단위: 원)
당기순이익		xxx
기타포괄이익		xx
매도가능금융자산평가손익	xx	
유형자산재평가이익	xx	
기타포괄손익의 법인세비용	(xx)	
총포괄이익		xxx

3. K－IFRS에 의한 포괄손익계산서

(1) 포괄손익계산서에의 표시정보

① K-IFRS에서는 재무상태표와 마찬가지로 포괄손익계산서의 형식도 상세하게 규정하고 있지 않다. 대신 포괄손익계산서에 구분하여 표시되어야 할 최소한의 항목만을 대분류 수준에서만 제시하고 있다.[18] 따라서 기업의 경영성과를 이해하는

18) [K－IFRS에서 포괄손익계산서에 구분 표시를 요구하는 최소한의 항목]
포괄손익계산서에는 적어도 당해 기간의 다음 금액을 표시하는 항목을 포함한다.
(1) 수익
(2) 금융원가
(3) 지분법 적용대상인 관계기업과 조인트벤처의 당기순손익에 대한 지분

데 목적적합한 경우에는 포괄손익계산서와 별개의 손익계산서(표시하는 경우)에 항목, 제목 및 중간합계(예: 매출총이익, 법인세비용차감전순이익 등)를 추가하여 표시할 수 있다. 그러므로 기업 간 포괄손익계산서의 표시 방식이 달라질 수 있다.

② K-IFRS에서는 영업손익의 정의나 별도표시에 대한 규정이 존재하지 않는다. 다만, '영업활동의 결과(results of operating activities)'를 공시하는 것을 선택할 수도 있다는 것을 인정하고 있다. 따라서 영업손익의 구분표시 여부는 기업의 재량에 따른다. 즉, K-IFRS에서는 영업손익과 영업외손익의 구분 표시를 요구하지 않기 때문에 K-IFRS에 따라 작성된 포괄손익계산서에는 영업손익과 영업외손익이 별도로 구분되어 있지 않을 수도 있다. 그리고 영업손익과 영업외손익을 구분하여 표시한 경우에도 해당 손익을 구성하는 항목들은 각 기업의 판단에 따라 기업마다 상이할 수 있다.

(2) K-IFRS에 의한 포괄손익계산서 작성사례

다음은 (주)DPT의 20x0년 1월 1일부터 20x0년 12월 31일까지 발생한 수익과 비용에 대한 자료를 이용하여 K-IFRS에 의해 포괄손익계산서(기능별)를 보고식으로 작성한 실제사례이다.

---

(4) 법인세비용
(5) 다음의 (가)와 (나)를 합한 금액
  (가) 세후 중단영업손익
  (나) 중단영업에 포함된 자산이나 처분자산집단을 순공정가치로 측정하거나 처분함에 따른 세후수익
(6) 당기순손익
(7) 성격별로 분류되는 기타포괄손익의 각 구성요소((8)의 금액은 제외)
(8) 지분법 적용대상인 관계기업과 조인트벤처의 기타포괄손익에 대한 지분
(9) 총포괄손익

포괄손익계산서

(주) DPT	20x0.1.1～20x0.12.31	(단위: 원)
매　　출		171,873,018,263
매출원가		155,738,649,462
매출총이익		16,134,368,801
기타수익		8,642,331,886
물 류 비		344,912,435
판매관리비		4,361,409,704
기타비용		6,786,248,990
영업이익		13,284,129,558
금융수익		1,227,292,627
금융비용		585,274,221
법인세비용차감전순이익		13,926,147,964
법인세비용		3,621,872,590
당기순이익		10,304,275,374
기타포괄이익		−
총포괄이익		10,304,275,374

☞ (주)DPT의 포괄손익계산서에 표시된 요소별 내역은 부록의 주석을 참조하기 바람.

제3절 기타 재무제표

기타 재무제표에는 자본변동표와 현금흐름표가 있다.19)

1. 자본변동표

자본변동표(statement of changes in owner’s equity)는 자본의 크기와 그 변동에 관한 정보, 즉 납입자본, 기타자본구성요소 그리고 이익잉여금 등 자본의 구성요소의 변동에 대한 포괄적인 정보를 제공하는 재무제표이다. 따라서 자본변동표는 자본을 구성하고 있는 납입자본, 기타자본구성요소 그리고 이익잉여금의 각 항목별로 기초잔액, 당기변동사항, 기말잔액을 체계적으로 보여준다.

19) 자본변동표와 현금흐름표에 대한 구체적인 작성방법은 중급회계 교재를 참조하기 바람.

2. 현금흐름표

현금흐름표(cash flow statement)는 회계기간 동안 발생한 현금의 유입과 유출에 대한 정보를 제공하는 재무제표이다. 현금흐름표는 회계기간 동안 발생한 현금흐름(현금및현금성자산의 유입과 유출)을 영업활동, 투자활동 및 재무활동[20]으로 분류하여 보고한다. 따라서 현금흐름표는 기업의 현금및현금성자산 창출 능력과 현금흐름의 용도를 평가할 때 유용한 기초 정보를 제공한다.

제4절 주 석

주석(foot note)은 재무제표상의 해당 계정과목이나 금액에 번호를 붙이고 난외 또는 별지에 동일한 번호를 표시하여 그 내용을 설명하는 것을 말한다.

주석은 재무상태표, 포괄손익계산서, 별개의 손익계산서(표시하는 경우), 자본변동표 및 현금흐름표에 표시하는 정보에 추가하여 제공된 정보로서, 상기 재무제표에 표시된 항목을 구체적으로 설명하거나 세분화하며, 상기 재무제표 인식요건을 충족하지 못하는 항목에 대한 정보를 제공한다.

주석은 다음의 정보를 제공한다.

(1) 재무제표 작성 근거와 구체적인 회계정책에 대한 정보
(2) 한국채택국제회계기준에서 요구하는 정보이지만 재무제표 어느 곳에도 표시되지 않는 정보
(3) 재무제표 어느 곳에도 표시되지 않지만 재무제표를 이해하는 데 목적 적합한 정보

주석은 실무적으로 적용 가능한 한 체계적인 방법으로 표시한다. 재무상태표, 포괄손익계산서, 별개의 손익계산서(표시하는 경우), 자본변동표 및 현금흐름표에 표시된 개별 항목은 주석의 관련 정보와 상호 연결시켜 표시한다.

---

20) 영업활동이란 기업의 주요 수익창출활동, 그리고 투자활동이나 재무활동이 아닌 기타의 활동을 말하며, 투자활동은 장기성 자산 및 현금성자산에 속하지 않는 기타 투자자산의 취득과 처분활동 그리고 재무활동은 기업의 납입자본과 차입금의 크기 및 구성내용에 변동을 가져오는 활동을 말한다.

제2부

재무제표요소의 인식과 측정

제 5 장

재고자산

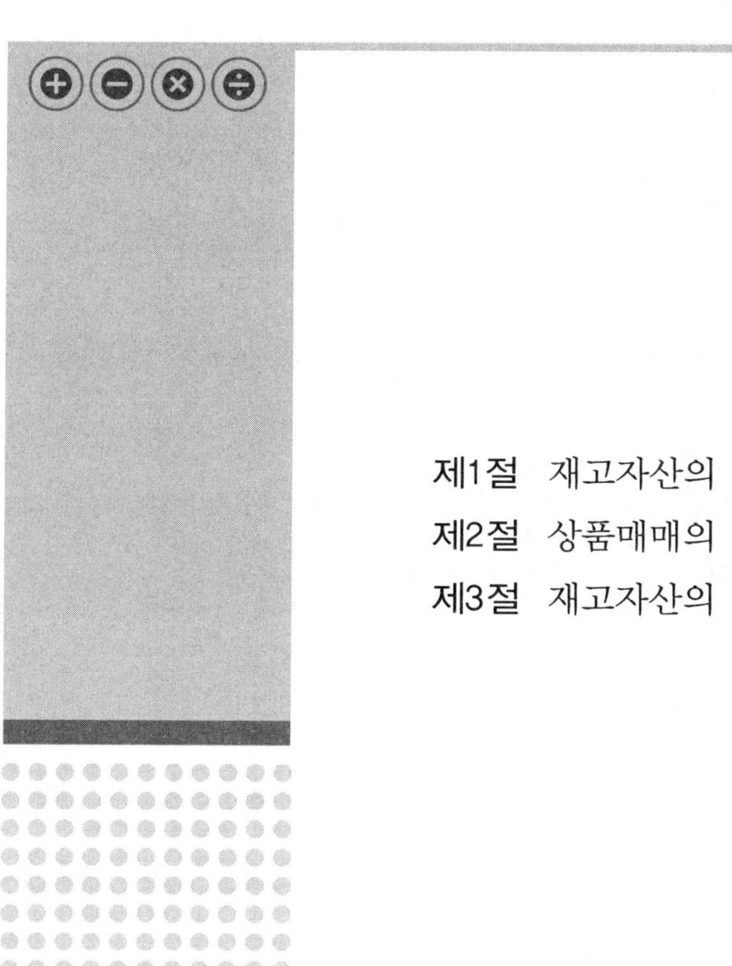

제5장 | 재고자산

제1절 | 재고자산의 의의

재고자산(inventory)이란 정상적인 영업과정에서 판매를 위하여 보유하는 상품과 제품, 판매를 위하여 생산과정에 있는 자산인 재공품(제조과정에 있는 제품) 및 생산 또는 용역 제공과정에 투입될 원재료나 소모품(내용연수가 1년 미만인 예비부품과 수선용구를 말함)의 형태로 존재하는 자산을 말한다.

기업이 보유하는 재고자산의 종류는 기업의 특성에 따라 다르다. 상품매매기업의 경우 상품이 주요 재고자산이며, 제조업의 경우에는 제품, 재공품, 원재료 등의 재고자산이 존재한다.

상품매매기업의 경우 재고자산은 기업의 영업활동과정 중에서 판매목적으로 보유하는 자산이라는 점에서, 영업활동과정 중에서 사용목적으로 보유하는 유형자산과 구분할 수 있고, 영업활동과 무관하게 투자목적으로 보유하는 자산과 구분할 수 있다. 따라서 동일한 자산도 기업의 주요 영업활동에 따라, 즉 재고자산의 보유목적에 따라 과목의 분류가 달라진다. 예를 들어, 토지와 건물 등은 일반 업종인 경우에는 사용할 목적으로 보유하므로 유형자산에, 투자목적으로 보유하면 투자부동산에 해당되지만, 부동산매매업인 경우에는 사용할 목적이 아니라 판매할 목적으로 보유하기 때문에 재고자산(상품)에 해당되며, 차량운반구는 일반 업종인 경우에는 사용할 목적으로 보유하므로 유형자산에 해당되지만, 차량판매회사는 차량판매를 주업으로 하기 때문에 재고자산(상품)에 해당된다. 마찬가지로, 주식이나 사채 등은 일반 업종인 경우에는 유가증권에 해당되지만, 증권업인 경우에는 판매를 주업으로 하기 때문에 재고자산(상품)에 해당된다.

제2절 상품매매의 회계처리

기업은 그 주요 영업활동에 따라 용역의 제공을 주요 영업목적으로 하는 용역제공기업(회계법인, 법무법인, 병원, 호텔 등)과 도매상, 소매상과 같이 상품매매를 주요 영업목적으로 하는 상품매매기업(할인점이나 완구점 등의 도·소매상) 그리고 원재료를 가공하여 제품을 생산, 판매하는 제조기업 등으로 분류할 수 있으나, 재무회계는 상품매매기업을 중심으로 기업의 주요 영업활동의 회계처리를 설명하고 있으므로 여기서는 상품매매기업의 주요한 재고자산인 상품에 대해서 살펴보도록 한다.

1. 상품의 의의

상품매매기업의 가장 중요한 영업활동은 상품을 매입하고, 매입한 상품을 판매하는 활동이다. 상품이란 기업의 주된 영업활동과정에서 판매를 목적으로 구입한 것으로서 미착상품[1], 위탁품(적송품)[2], 시송품[3] 등을 포함한다.

상품의 판매는 매출액이라는 상품매매기업의 주된 수익의 창출과 함께 매출원가라는 주된 비용의 발생을 수반하게 되는데, 매출액과 매출원가는 상품매매기업에서 중요한 수익과 비용이기 때문에 포괄손익계산서에 다른 수익 및 비용과는 분리되어 보고된다.

2. 상품계정의 분할

상품계정은 상품의 매매거래를 기입하는 계정이다. 즉, 상품의 매입과 매출로 인하여 발생하는 상품의 증감변화를 기록하는 계정이다.

상품의 매매거래로 인한 상품의 증감변화를 기록하는 방법에는 상품의 매입과 매출을 모두 상품계정 하나에 기입하는 방법과 여러 개의 계정을 사용하여 기입하는 방법

---

1) 미착상품은 상품을 주문하였으나 운송 중에 있어 아직 도착하지 않은 상품을 말한다.

2) 위탁품은 위탁판매를 위하여 발송한 상품 중 아직 판매되지 않은 상품을 말한다.

3) 주문을 받지 않은 상태에서 상품을 고객에게 인도하여 고객이 시험적으로 그 상품을 사용한 후 매입의사표시를 하면 거래가 성립되는 판매방식을 시용판매라 하고, 이 때 고객에게 인도한 상품을 시송품이라 한다.

이 있다. 전자를 단일상품계정으로 기장하는 방법이라 하고 후자를 상품계정을 분할하여 기장하는 방법이라 한다.

단일상품계정으로 기장하는 방법을 사용하면 포괄손익계산서에 상품매출이익만 기록할 뿐, 상품매출액과 매출원가를 알 수 없게 되며 또한 상품을 판매할 때마다 판매된 상품의 원가를 일일이 확인해야 하는 불편한 점이 있다.

• **상품 매입시** :	(차) 상　　품	xxx	(대) 현　　금	xxx
• **상품 매출시** :	(차) 현　　금	xxx	(대) 상　　품	xxx
			상품매출이익	xxx

포 괄 손 익 계 산 서

	상품매출이익	xxx

물론, 상품매매의 빈도수가 많지 않은 부동산이나 귀금속 등은 그렇게 할 수도 있으나, 상품의 종류가 많고 매매건수가 빈번한 경우에는 매출할 때마다 상품매출이익을 계산한다면 너무나 번거롭고 필요 이상의 시간과 노력이 소요된다. 따라서 상품의 매출액과 매출원가를 알 수 있도록 기록하고, 상품의 매매손익을 기말결산시에 일괄해서 처리하기 위해서는 상품계정을 분할하여 기장하는 방법이 가장 바람직한 회계처리 방법이라 할 수 있다.

상품계정을 분할하여 회계처리하기 위해서는 우선 상품계정을 여러 계정으로 분할하여야 하는데 상품계정을 몇 개로 분할하느냐에 따라 3분법, 5분법, 7분법, 9분법 등 여러 가지가 있으나 이 중에서 3분법이 일반적으로 많이 사용되고 있다.

3분법은 상품계정을 상품계정, 매입계정, 매출계정의 3계정으로 분할하여 상품매매를 기장하는 방법이다. 상품계정(자산계정)은 기초상품재고액(전기에 이월된 상품액)과 기말상품재고액(차기로 이월되는 상품액)을 기입하고, 매입계정(비용계정)에는 당기상품매입액을, 매출계정(수익계정)에는 당기상품매출액을 기입한다. 따라서 상품 매입시에는 매입계정 차변에 기입하며, 상품 매출시에는 매출계정 대변에 기입한다. 매입계정은 결산시 잔액을 매출원가계정으로 대체되어 매출원가라는 비용으로, 매출계정은 결산시 잔액을 포괄손익계산서에 매출액이라는 수익으로 표시한다.

[상품매입시 회계처리]

(차) 매　　입	xxx	(대) 외상매입금 (또는 현금)	xxx

상품을 매입하는 경우의 회계처리는 매입계정 차변에, 외상매입금(또는 매입채무)이나 현금계정 대변에 기록한다. 따라서 매입계정 차변 합계액은 당기의 상품총매입액을 나타낸다.

[상품매출시 회계처리]

(차) 외상매출금 (또는 현금)	xxx	(대) 매 출	xxx

상품을 매출하는 경우의 회계처리는 매출계정 대변에, 외상매출금(또는 매출채권)이나 현금계정 차변에 기록한다. 따라서 매출계정 대변 합계액은 당기의 상품총매출액을 나타낸다.

예제 5-1 

다음 거래를 회계처리 하시오.

1월 2일 상품 100개를 @₩100에 현금으로 매입하다.
2월 3일 상품 100개를 @₩120에 판매하고, 대금은 외상으로 하다.
3월 3일 상품 100개를 @₩110에 매입하고, 대금은 외상으로 하다.
4월 4일 상품 100개를 @₩150에 현금으로 판매하다.

풀이

1월 2일	(차) 매 입	10,000	(대) 현 금	10,000
2월 3일	(차) 외상매출금	12,000	(대) 매 출	12,000
3월 3일	(차) 매 입	11,000	(대) 외상매입금	11,000
4월 4일	(차) 현 금	15,000	(대) 매 출	15,000

3. 상품의 취득원가

상품의 취득원가는 매입원가 및 상품을 현재의 장소에 현재의 상태로 이르게 하는 데 발생한 기타원가를 모두 포함한다.

매입원가(cost of purchase)는 매입가격에 제세금, 매입운임, 하역료 등 상품의 취득과정에 직접 관련된 기타원가를 가산하고 매입과 관련된 매입할인, 매입에누리, 매입환출, 리베이트 및 이와 유사한 항목은 차감한 금액을 말한다. 기타원가(other cost)는 상품을 현재의 장소에 현재의 상태로 이르게 하는 데 발생한 원가(예: 디자인 원가)를 말한다.

예제 5-2 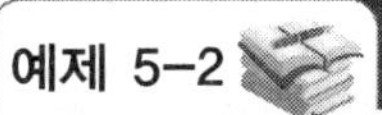

5월 5일 상품 ₩1,000,000을 외상으로 매입하고, 운반비 ₩5,000은 현금으로 지급하다.

풀이

5월 5일 (차) 매 입	1,005,000	(대) 외상매입금	1,000,000
		현 금	5,000

반면, 상품의 판매자 입장에서는 상품판매와 관련하여 지출한 금액(판매자가 부담하는 경우)은 판매시점에 당기비용으로 처리한다. 판매자는 판매시점에 매출을 인식하였으므로 그 수익에 대응하는 비용을 당기비용으로 인식한다.

예제 5-3

6월 5일 상품 500,000을 외상으로 매출하고, 운반비 5,000은 현금으로 지급하다.

풀이

6월 5일 (차) 외상매출금	500,000	(대) 매 출	500,000
운 반 비	5,000	현 금	5,000

4. 매출 · 매입계정의 수정

(1) 매출에누리, 매출환입 및 매출할인

판매된 상품에 파손이나 결함 등 하자가 있어 값을 깎아 주는 것을 매출에누리라고 하며, 판매된 상품에 파손이나 결함 등 하자가 있어 상품이 반환되는 것을 매출환입이라고 한다. 그리고 상품을 외상으로 판매한 경우 상품의 구매자가 판매대금을 조기에 지급하는 경우에 판매대금의 일부를 깎아 주는 것을 매출할인이라고 한다.

(차) 매 출 (또는 매출에누리와환입)	xxx	(대) 외상매출금	xxx
(차) 현 금 매출(또는 매출할인)	xxx xx	(대) 외상매출금	xxx

매출에누리와 매출환입 및 매출할인이 발생하면 매출액(수익)이 감소된 것이므로 매출계정의 차변에 기입하여 직접 차감할 수도 있으며, 매출에누리와환입계정이나 매출할인계정을 설정하여 처리할 수도 있다. 그러나 이 경우 결산시 포괄손익계산서의 당기 상품매출액은 총매출액에서 매출에누리와 매출환입 및 매출할인을 차감한 순매출액으로 표시하여야 한다.

예제 5-4

다음 거래를 회계처리 하시오.

3월 3일 상품 100개를 @₩100에 외상으로 판매하다.
3월 4일 상품 10개가 하자가 있어 ₩500을 깎아 주었다.
3월 7일 상품 10개가 하자가 있어 반품되었다.
3월 9일 상품대금 ₩5,000이 조기 회수되어 ₩100을 깎아 주었다.

풀이

3월 3일	(차) 외상매출금	10,000	(대) 매　　출	10,000
3월 4일	(차) 매　　출 (또는 매출에누리와환입)	500	(대) 외상매출금	500
3월 7일	(차) 매　　출 (또는 매출에누리와환입)	1,000	(대) 외상매출금	1,000
3월 9일	(차) 현　　금 매 출(또는 매출할인)	4,900 100	(대) 외상매출금	5,000

(2) 매입에누리, 매입환출 및 매입할인

구입한 상품에 파손이나 결함 등 하자가 있어 판매자가 값을 깎아주는 것을 매입에누리라고 하며, 구입한 상품에 파손이나 결함 등 하자가 있어 구입한 상품을 반환하는 것을 매입환출이라고 한다. 그리고 상품을 외상으로 매입한 경우 상품의 구입대금을 약정된 기일 전에 조기에 지급함으로써 판매자가 대금의 일부를 깎아주는 것을 매입할인이라고 한다.

매입할인은 상품판매시점의 거래조건에 표시하며 2/10, n/30으로 나타낸다. 이는 상품대금의 지급기한은 구입시점 이후 30일이며, 만약 10일 이내에 대금을 현금으로 지급하면 총금액의 2%를 할인하여 준다는 것을 의미한다.

(차) 외상매입금	xxx	(대) 매　　입 (또는 매입에누리와환출)	xxx
(차) 외상매입금	xxx	(대) 현　　금 매　　입 (또는 매입할인)	xxx xx

매입에누리와 매입환출 및 매입할인이 발생하면 매입액이 감소된 것이므로 매입계정의 대변에 기입하여 직접 차감할 수도 있으며, 매입에누리와환출계정이나 매입할인계정을 설정하여 처리할 수도 있다. 그러나 이 경우 결산시 포괄손익계산서의 당기상품매입액은 당기상품총매입액에서 매입에누리와 매입환출 및 매입할인을 차감한 당기상품순매입액을 표시하여야 한다.

예제 5-5

다음 거래를 회계처리 하시오.

3월 3일 상품 100개를 @₩100에 외상으로 매입하다.
3월 4일 상품 10개가 하자가 있어 판매자가 ₩500을 깎아 주었다.
3월 7일 상품 10개가 하자가 있어 반품하였다.
3월 9일 상품대금 ₩5,000을 조기 지급하여 판매자가 ₩100을 깎아 주었다.

풀이

3월 3일	(차) 매　　입	10,000	(대) 외상매입금	10,000
3월 4일	(차) 외상매입금	500	(대) 매　　입 (또는 매입에누리와환출)	500
3월 7일	(차) 외상매입금	1,000	(대) 매　　입 (또는 매입에누리와환출)	1,000
3월 9일	(차) 외상매입금	5,000	(대) 현　　금 매 입(또는 매입할인)	4,900 100

5. 상품매출손익의 계산

상품의 매매활동과 관련된 상품매출손익은 다음과 같은 과정을 통하여 계산된다.

• 상품매출손익 = 매출액 − 매출원가

이 때 매출액이 매출원가보다 큰 경우에는 매출총이익이 발생하며, 매출액이 매출원가보다 작은 경우에는 매출총손실이 발생한다.

매출액은 일정기간 동안 소비자에게 판매한 상품가격 총계인 총매출액에서 매출에누리와 매출환입 및 매출할인을 차감하여 계산하며, 매출원가는 일정기간 동안에 소비자에게 판매한 상품의 취득원가로서 다음과 같이 계산한다.

• 매출액 = 총매출액 − 매출에누리와 매출환입 − 매출할인
• 매출원가 = 기초상품재고액 + 당기상품매입액 − 기말상품재고액
(전기이월액) (차기이월액)

매출원가는 기초상품재고액에 당기상품매입액을 가산한 금액에서 기말상품재고액을 차감하여 구하는데, 기초상품재고액에 당기상품매입액을 가산한 금액을 당기판매가능상품원가라고 한다.

당기상품매입액은 당기상품총매입액에서 매입에누리와 매입환출 및 매입할인을 차감하여 계산한다.

• 당기상품매입액 = 당기상품총매입액 − 매입에누리와 매입환출 − 매입할인

매출원가는 기초상품재고액에 당기상품매입액을 가산한 금액에서 기말상품재고액을 차감하여 구하므로, 기말결산시점에 재고조사를 통하여 기말상품재고액을 파악한 후 기초상품재고액에 당기상품매입액을 가산하고 기말상품재고액을 차감하여 산출한다.

(전환)
기초상품재고액 + 당기상품매입액 → 매출원가 + 기말상품재고액

기말결산시점에 매출원가계정을 설정하여 매출원가를 산출하는 결산정리분개는 다음과 같다.

[결산정리분개]

12월 31일	(차) 매출원가	xxx	(대) 상품(기초)	xxx
	☞ 기초상품재고액을 매출원가계정에 대체하는 분개			
12월 31일	(차) 매출원가	xxx	(대) 매　　입	xxx
	☞ 당기상품매입액을 매출원가계정에 대체하는 분개			
12월 31일	(차) 상품(기말)	xxx	(대) 매출원가	xxx
	☞ 매출원가계정에서 기말상품재고액을 차감하는 분개			

따라서 이 결산정리분개를 하고 난 뒤의 매출원가계정 잔액은 기초상품재고액에 당기상품매입액을 합한 금액에서 기말상품재고액을 차감한 것이므로 당기매출원가를 나타낸다. 결산정리분개사항을 총계정원장에 전기하면 다음과 같다.

매출원가

12/31 상품(기초)	xxx	12/31 상품(기말)	xxx
12/31 매 입 (당기매입)	xxx		

매 입

	xxx	12/31 매출원가	xxx

상 품

1/ 1 전기이월 (기초상품)	xxx	12/31 매출원가 (기초상품)	xxx
12/31 매출원가 (기말상품)	xxx		

상품계정의 잔액은 기말상품재고액을, 매출원가계정의 잔액은 당기상품 매출원가를 의미하며 매입계정은 소멸된다. 이를 토대로 재무상태표와 포괄손익계산서를 작성하면 포괄손익계산서에는 당기상품매출액과 매출원가가 표시되어 상품매출이익만을 표시할 때보다 훨씬 유용한 포괄손익계산서가 된다.

재무상태표

재고자산	xxx		

포괄손익계산서

매출원가	xxx	매 출	xxx

예제 5-6

다음은 20x1년 (주)UT의 상품매매와 관련된 자료이다. 이 자료를 이용하여 20x1년 (주)UT의 당기 매출액, 매출원가 및 매출총손익을 계산하시오.

총매출액	₩10,000,000	매출운반비	₩20,000
매출에누리	150,000	매출할인	80,000
기초상품재고액	1,300,000	기말상품재고액	1,500,000
당기상품총매입액	6,400,000	매입운반비	30,000
매입환출	120,000	매입할인	130,000

풀이

▶ 매출액 = 총매출액 − 매출에누리 − 매출환입 − 매출할인
= ₩10,000,000 − ₩150,000 − ₩80,000
= ₩9,770,000(매출운반비는 당기비용으로 처리함)

▶ 당기상품매입액 = 당기상품총매입액 + 매입운반비 − 매입에누리 − 매입환출 − 매입할인
= ₩6,400,000 + ₩30,000 − ₩120,000 − ₩130,000
= ₩6,180,000

▶ 매출원가 = 기초상품재고액 + 당기상품매입액 − 기말상품재고액
= ₩1,300,000 + ₩6,180,000 − ₩1,500,000
= ₩5,980,000

▶ 매출총이익 = 매출액 − 매출원가
= ₩9,770,000 − ₩5,980,000
= ₩3,790,000

예제 5-7

(주)UT의 20x1년 12월 31일에 있어서의 상품, 매입, 매출계정의 기입내용이다. 결산정리분개를 하시오(단위: 원). 단, 기말상품재고액은 ₩294,000이다.

상 품

차변		대변
1/1 전기이월	160,000	

매 입

차변	대변
382,000	

매 출

차변	대변
	285,500

풀이

일자	차변	금액	대변	금액
12/31	(차) 매출원가	160,000	(대) 상품(기초)	160,000
12/31	(차) 매출원가	382,000	(대) 매 입	382,000
12/31	(차) 상품(기말)	294,000	(대) 매출원가	294,000
12/31	(차) 집합손익	248,000	(대) 매출원가	248,000
12/31	(차) 매 출	285,500	(대) 집합손익	285,500

상 품

일자	적요	금액	일자	적요	금액
1/ 1	전기이월	160,000	12/31	매출원가	160,000
12/31	매출원가	294,000	12/31	차기이월	294,000

매출원가

일자	적요	금액	일자	적요	금액
12/31	상품(기초)	160,000	12/31	상품(기말)	294,000
12/31	매 입	382,000	12/31	집합손익	248,000
		542,000			542,000

매 입

일자	적요	금액	일자	적요	금액
		382,000	12/31	매출원가	382,000

집합손익

일자	적요	금액	일자	적요	금액
12/31	매출원가	248,000	12/31	매 출	285,500

매 출

일자	적요	금액	일자	적요	금액
12/31	집합손익	285,500			285,500

(주)UT의 상품매매에 따른 매입, 매출의 인식 및 측정결과를 약식으로 포괄손익계산서에 기능별 표시방법으로 나타내 보면 다음과 같다.

포 괄 손 익 계 산 서

(주)UT	20x1년 1월 1일 ~ 20x1년 12월 31일		(단위: 원)
	매 출 액		285,500
	매출원가		248,000
	기초상품재고액	160,000	
	당기상품매입액	382,000	
	기말상품재고액	294,000	
	매출총이익		37,500
	기타수익		
	·		
	·		

▶ 매입계정을 이용한 결산정리분개

상품계정에 대한 기말 결산정리분개는 위와 같은 매출원가계정을 사용하지 않고 매입계정을 이용하여 행할 수도 있다. 이때 매입계정의 잔액은 당기상품 매출원가를 나타낸다. 이를 설명하면 다음과 같다.

① 기초상품재고액(전기이월액)을 상품계정에서 매입계정의 차변으로 대체한다.

* (기초상품재고액 + 당기상품매입액)의 계산과정

(차) 매　입	xxx	(대) 상　품	xxx

② 기말상품재고액(차기이월액)을 매입계정에서 차감하여 상품계정의 차변에 대체한다.

* (기초상품재고액 + 당기상품매입액 − 기말상품재고액)의 계산과정

(차) 상　품	xxx	(대) 매　입	xxx

①, ②의 대체분개에 의하여 매입계정에서 매출원가가 계산되었다. 따라서 집합손익계정의 차변으로 매출원가를 대체시키고, 매출계정에서 매출액을 집합손익계정의 대변에 대체시키면 상품매출이익이 계산된다.

③ 매입계정에서 계산된 매출원가, 즉 매입계정의 차변잔액을 집합손익계정의 차변으로 대체시킨다.

(차) 집합손익	xxx	(대) 매　입	xxx

④ 매출계정에서 계산된 매출액, 즉 매출계정의 대변잔액을 집합손익계정의 대변으로 대체시킨다.

(차) 매　출　xxx　(대) 집합손익　xxx

이상과 같이 분개기장하면 집합손익계정에서 매출액과 매출원가의 차액이 상품매출이익이 된다. 예를 들어, (주)UT의 20x1년 12월 31일에 있어서의 상품, 매입, 매출계정의 기입내용이 다음과 같을 경우 매입계정을 이용하여 결산정리분개를 하면 다음과 같다. 단, 기말상품재고액은 ₩294,000이다.

상　품

차변			대변
1/1	전기이월	160,000	

매　입

차변	대변
382,000	

매　출

차변	대변
	285,500

일자	차변	금액	대변	금액
12/31	(차) 매　입	160,000	(대) 상　품	160,000
12/31	(차) 상　품	294,000	(대) 매　입	294,000
12/31	(차) 집합손익	248,000	(대) 매　입	248,000
12/31	(차) 매　출	285,500	(대) 집합손익	285,500

상　품

일자	적요	금액	일자	적요	금액
1/ 1	전기이월	160,000	12/31	매　입	160,000
12/31	매　입	294,000	12/31	차기이월	294,000

매　입

일자	적요	금액	일자	적요	금액
		382,000	12/31	상　품	294,000
12/31	상　품	160,000	12/31	집합손익	248,000
		542,000			542,000

매　출

일자	적요	금액	일자	적요	금액
12/31	집합손익	285,500			285,500

집합손익

일자	적요	금액	일자	적요	금액
12/31	매　입	248,000	12/31	매　출	285,500

(주)UT의 상품매매에 따른 매입, 매출의 인식 및 측정결과를 약식으로 포괄손익계산서에 기능별 표시방법으로 나타내 보면 다음과 같다.

포 괄 손 익 계 산 서

(주)UT　20x1년 1월 1일 ~ 20x1년 12월 31일　(단위: 원)

매 출 액		285,500
매출원가		248,000
기초상품재고액	160,000	
당기상품매입액	382,000	
기말상품재고액	294,000	
매출총이익		37,500
기타수익		
·		
·		
·		

제3절 재고상품의 평가

결산시에 매출원가를 산출하기 위해서는 상품의 기말재고액을 파악하여야 하며, 이를 위해 당기의 판매가능상품원가를 판매분과 미판매분으로 배분하여야 한다. 여기에서 판매분은 당기 중에 판매된 상품의 원가, 즉 매출원가가 되며 미판매분은 기말상품재고액이 된다.

기초상품재고액 ↘ ↗ 판매분 → 매출원가(비용)
당기판매가능상품원가
당기상품매입액 ↗ ↘ 미판매분 → 기말상품재고액(자산)

당기의 판매가능상품원가를 매출원가와 기말상품재고액으로 배분하기 위하여 상품재고장을 이용한다. 상품재고장은 상품의 입고와 출고를 기록하여 상품의 증감변동 및 잔액을 표시하는 보조장부이다. 기말상품재고액은 수량 × 단가로 결정된다.

1. 수량의 결정방법

재고상품의 수량을 결정하는 방법에는 계속기록법과 실지재고조사법(실사법) 및 혼합법이 있다.

① 계속기록법

계속기록법(perpetual inventory system)이란 상품이 입고, 출고될 때마다 상품재고장에 수량을 계속하여 기록하는 방법으로, 상품재고장의 재고수량을 기말재고수량으로 결정하는 방법이다. 계속기록법에 의하면 다음과 같은 방법으로 기말재고수량이 결정된다.

• 기초재고수량 + 당기매입수량 − 당기판매수량 = 기말재고수량

계속기록법은 장부상으로 재고수량을 파악하기 때문에 도난이나 파손, 분실 등으로 인하여 실제의 재고수량과 일치하지 않을 수 있다. 따라서 기말재고수량이 과대계상될 염려가 있고, 그 결과 당기순이익도 과대계상될 수 있다는 단점이 있다.

② 실지재고조사법(실사법)

실지재고조사법(periodic inventory system)이란 기말에 재고조사를 실시하여 보유하고 있는 재고수량을 실지로 파악하는 방법이다. 즉, 실지재고조사법은 상품재고장에 입고할 때만 수량을 기록하고 출고수량은 기록하지 않고 있다가 결산시 실지재고보유수량을 파악하여 기말재고수량을 결정하는 방법이다. 실지재고조사법에 의하면 다음과 같은 방법으로 당기판매수량이 결정된다.

• 기초재고수량 + 당기매입수량 − 실지재고수량 = 당기판매수량

실지재고조사법은 실지재고조사에 의하여 기말재고수량을 파악하기 때문에 도난이나 파손, 분실 등으로 인하여 없어진 수량이 당기판매수량에 포함하게 된다. 따라서 매출원가가 과대계상될 염려가 있고, 그 결과 당기순이익이 과소계상될 수 있다는 단점이 있다.

③ 혼합법

계속기록법과 실지재고조사법은 재고감모수량이 파악되지 않기 때문에 재고수량을 파악하는 방법으로는 혼합법을 사용하여야 한다.

혼합법(modified perpetual inventory system)이란 계속기록법과 실지재고조사법을 함께 사용하는 방법이다. 혼합법에서는 실사를 통해 파악한 기말재고수량과 계속기록법에 의해 기록된 기말장부수량을 비교하여 감모수량을 파악한다.

예제 5-8

(주)UT의 20x1년 상품에 대한 자료는 다음과 같다. 계속기록법, 실지재고조사법, 혼합법에 따른 수량을 파악하시오.

적 요	수 량
기초재고수량	100
당기매입수량	1,000
당기판매수량	800
기말실지재고수량	250

풀이

▶ 계속기록법 = 기초재고수량(100) + 당기매입수량(1,000) − 당기판매수량(800)
= 기말재고수량(300)

▶ 실지재고조사법 = 기초재고수량(100) + 당기매입수량(1,000) − 기말실지재고수량(250)
= 당기판매수량(850)

▶ 혼합법 = 기초재고수량(100) + 당기매입수량(1,000) − 당기판매수량(800)
= 재고감모수량(50) + 기말재고수량(250)

2. 단가의 결정방법

기초상품재고액과 당기상품매입액의 합계액인 당기 판매가능상품원가 중 판매된 부분은 포괄손익계산서의 매출원가로 배분되며, 기말 현재 미판매된 부분은 재무상태표의 기말상품재고액으로 배분된다.

보고기간 동안 상품의 취득가격에 변동이 없다면 당기의 판매된 수량과 미판매된 수량에 상품의 취득단가만 적용하면 상품의 원가배분이 어렵지 않게 해결된다. 그러나 보고기간 동안 상품의 가격이 변동하는 상황에서는 동일한 품목의 상품이라도 서로 다른 가격으로 취득하게 된다. 이 경우 판매된 상품과 미판매된 상품에 각각의 개별 취득단가를 적용하면 가장 이상적인 상품의 원가배분법이 될 수 있으나, 상품의 구입과 판매가 빈번하게 발생하는 경우에는 현실적으로 이 방법을 수행하기 어렵다. 따라서 상품의 실제물량흐름(physical flow)과 상관없이 일정한 가정을 통하여 판매된 상품과 미판매된 상품에 적용할 취득단가를 산정하는데 이를 원가흐름의 가정(cost flow assumption)이라고 한다.

원가배분을 위한 단가결정방법에는 개별법, 선입선출법, 후입선출법, 가중평균법 등이 있다. 단가결정방법에 따라 기말상품재고액과 매출원가가 달라져서 당기순이익도 달라진다. 기업은 K-IFRS에서 인정하는 어느 방법을 선택하여도 무방하지만, 일단 선택한 방법은 특별한 사유가 없는 한 그 방법을 일관성 있게 적용하여 보고기간 간 재무제표의 비교가능성을 높여야 한다.

(1) 개별법

개별법(specific identification method)은 식별되는 상품별로 특정한 원가를 부여하는 방법이다. 즉, 각각의 상품에 가격표 등의 번호표를 붙여 재고로 남아있는 것과 판매된 것을 구분하여 매출원가와 기말상품재고액으로 구분하는 방법이다. 통상적으로 상호교환될 수 없는 재고자산 항목의 원가 결정에 사용하는 방법이다.

이 방법은 실물흐름과 원가흐름이 완전히 일치하므로 이론상 가장 이상적인 방법이지만, 상품의 종류와 수량이 많고 거래가 빈번한 경우에는 실무적으로 사용이 곤란하다는 단점이 있다.

(2) 선입선출법

선입선출법(first-in first-out method; FIFO)은 실제 물량흐름과는 관계없이 먼저 매입된 상품이 먼저 판매되고 결과적으로 기말에 재고로 남아 있는 상품은 가장 최근에 매입된 상품이라고 가정하여 매출원가와 기말상품재고액을 구분하는 방법이다. 따라서 매출원가는 오래전에 구입한 상품의 원가로 구성되고, 기말상품재고액은 최근에 구입한 상품의 원가로 구성된다.

선입선출법에 의하면 인플레이션 하에서 기말상품재고액은 시가에 가까운 가액으로 계산되고, 매출원가는 낮은 단가로 계산되므로 매출이익이 과대계상되는 결과를 가져온다.

(3) 후입선출법

후입선출법(last-in first-out method; LIFO)은 실제 물량흐름과는 관계없이 가장 최근에 매입된 상품이 가장 먼저 판매되고, 가장 오래전에 매입된 상품이 기말상품재고액으로 남아 있는 것으로 가정하여 매출원가와 기말상품재고액을 구분하는 방법이다. 따라서 매출원가는 최근에 매입한 상품의 원가로 구성되고, 기말상품재고액은 오래전에 구입한 상품의 원가로 구성된다.

후입선출법에 의하면 인플레이션 하에서 기말상품재고액은 낮은 단가로 계산되고, 매출원가는 시가에 가까운 가액으로 계산되므로 매출이익이 과소계상되는 결과를 가져온다.

▶ K-IFRS – 후입선출법 폐지

K-IFRS에 의하면 통상적으로 상호 교환될 수 없는 재고자산항목의 원가와 특정 프로젝트별로 생산되고 분리되는 재화 또는 용역의 원가는 개별법을 사용하여 결정하며, 개별법을 적용할 수 없는 재고자산의 단위원가는 선입선출법이나 가중평균법을 사용하여 결정하여야 한다고 규정하고 있다.

원가흐름의 가정 중에서 후입선출법은 재무상태표일 현재의 재고자산 가액이 과거의 원가로 계상되어 있어 시가를 반영하지 못하며, 이를 이용한 경영자의 손익왜곡 가능성이 있을 수 있다는 단점이 있다. 또한 일반적으로 실물흐름과도 일치하지 않기 때문에 표현의 충실성이 저하된다. 따라서 K-IFRS에서는 재고자산의 단위원가를 결정하는 방법으로 개별법, 선입선출법, 가중평균법을 사용하도록 하고, 후입선출법은 재고자산의 단위원가를 결정방법으로 허용하지 않고 있다.

(4) 가중평균법

가중평균법(average cost method)은 기초재고상품과 보고기간 중에 매입한 상품의 원가를 가중평균하여 기말상품재고액의 단가를 결정하는 방법이다. 이 경우 상품을 매입할 때마다 계속기록법을 적용한 평균법을 이동평균법(moving average method)이라고 하며, 실지재고조사법을 적용한 평균법을 총평균법(weighted average method)이라고 한다.

이동평균법은 상품을 구입할 때마다 보유중인 상품에 가산하여 이동평균단가(상품이 구입될 때마다 금번 매입액과 직전 잔고금액을 합산하여 그 시점의 매입원가 총액을 구한 다음, 이 금액을 금번 매입량과 직전 잔고수량의 합계수량으로 나눈 단가)를 구하고, 상품이 판매될 때마다 해당시점의 평균단가를 계속적으로 적용하여 이를 매출원가와 기말상품재고액에 배분하는 방법이다.

이동평균법은 장부를 계속적으로 기록해 나가는 방법이므로 계속기록법에서만 사용가능하고 실지재고조사법에서는 적용할 수 없다.

한편, 총평균법은 보고기간 말에 가서 일정기간 동안의 판매가능상품원가(기초상품재고액+당기상품매입액)을 판매가능상품의 수량으로 나누어 총평균단가를 구하고, 이 평균단가를 이용하여 매출원가와 기말상품재고액을 구하는 방법이다. 따라서 기말에 가서야 평균단가를 구할 수 있으므로 실지재고조사법만 사용가능하고 계속기록법은 적용할 수 없다.

예제 5-9

다음은 20x1년 (주)UT의 상품거래에 관한 자료이다. 이 자료를 이용하여 계속기록법과 실지재고조사법에 따라 개별법, 선입선출법, 가중평균법에 의한 매출원가와 기말상품재고액을 구하시오. 단, 기말 실사결과 재고자산의 수량은 300개이다.

		수 량	단 가	금 액
1월 1일	기초재고	200	₩10	₩2,000
5월 15일	매 출	100		
6월 10일	매 입	300	₩12	₩3,600
10월 20일	매 출	200 (6/10 매입분)		
11월 5일	매 입	500	₩15	₩7,500
12월 3일	매 출	400 (100개 : 6/10 매입분) (300개 : 11/5 매입분)		

1. 개별법

① 계속기록법에 의한 매출원가와 기말상품재고액

일자	적요	입 고			출 고			잔 액		
		수 량	단가	금 액	수 량	단가	금 액	수 량	단가	금 액
1/1	전기이월	200	10	2,000				200	10	2,000
5/15	매출				100	10	1,000	100	10	1,000
6/10	매입	300	12	3,600				100 300	10 12	1,000 3,600
10/20	매출				200	12	2,400	100 100	10 12	1,000 1,200
11/5	매입	500	15	7,500				100 100 500	10 12 15	1,000 1,200 7,500
12/3	매출				100 300	12 15	1,200 4,500	100 200	10 15	1,000 3,000
12/31		판매가능상품원가 1,000개, ₩13,100			매출원가 700개, ₩9,100			기말상품재고액 300개, ₩4,000		

↗ 매출원가(700개) ₩9,100

▶ 판매가능상품원가(1,000개) ₩13,100

↘ 기말상품재고액(300개) ₩4,000

② 실지재고조사법에 의한 매출원가와 기말상품재고액

실지재고조사법은 창고를 실제 조사하여 기말재고상품을 개별적으로 파악하므로 기말상품재고액을 먼저 계산한 후, 매출원가는 판매가능상품액에서 기말상품재고액를 차감하여 구한다.

▶ 기말상품재고액 = ₩4,000(100 × ₩10 + 200 × ₩15)

▶ 매출원가 = 판매가능상품원가(₩13,100) − 기말상품재고액
= ₩13,100 − ₩4,000 = ₩9,100

2. 선입선출법

① 계속기록법에 의한 매출원가와 기말상품재고액

일자	적요	입 고			출 고			잔 액		
		수 량	단가	금 액	수 량	단가	금 액	수 량	단가	금 액
1/1	전기이월	200	10	2,000				200	10	2,000
5/15	매출				100	10	1,000	100	10	1,000

6/10	매입	300	12	3,600				100 300	10 12	1,000 3,600
10/20	매출				100 100	10 12	1,000 1,200	200	12	2,400
11/5	매입	500	15	7,500				200 500	12 15	2,400 7,500
12/3	매출				200 200	12 15	2,400 3,000	300	15	4,500
12/31		판매가능상품원가 1,000개, ₩13,100			매출원가 700개, ₩8,600			기말상품재고액 300개, ₩4,500		

↗ 매출원가(700개) ₩8,600

▶ 판매가능상품원가(1,000개) ₩13,100

↘ 기말상품재고액(300개) ₩4,500

② 실지재고조사법에 의한 매출원가와 기말상품재고액

실지재고조사법은 단가를 출고시마다 기록하지 않고 기말에 일괄하여 산정한다. 따라서 기말상품재고액(300개 × ₩15 = ₩4,500)은 가장 최근에 구입한 상품으로 구성된다. 그리고 매출원가는 판매가능상품원가(기초상품재고액 + 당기상품매입액)에서 기말상품재고액을 차감하여 계산한다(₩13,100 − ₩4,500 = ₩8,600).

3. 가중평균법

(1) 이동평균법

① 계속기록법에 의한 매출원가와 기말상품재고액

일자	적요	입 고			출 고			잔 액		
		수 량	단가	금 액	수 량	단가	금 액	수 량	단가	금 액
1/1	전기 이월	200	10	2,000				200	10	2,000
5/15	매출				100	10	1,000	100	10	1,000
6/10	매입	300	12	3,600				400	11.5*	4,600
10/20	매출				200	11.5	2,300	200	11.5	2,300
11/5	매입	500	15	7,500				700	14**	9,800
12/3	매출				400	14	5,600	300	14	4,200
12/31		판매가능상품원가 1,000개, ₩13,100			매출원가 700개, ₩8,900			기말상품재고액 300개, ₩4,200		

* (₩1,000 + ₩3,600) ÷ 400개 = ₩11.5

** (₩2,300 + ₩7,500) ÷ 700개 = ₩14

↗ 매출원가(700개) ₩8,900
▶ 판매가능상품원가(1,000개) ₩13,100
↘ 기말상품재고액(300개) ₩4,200

② 실지재고조사법에 의한 매출원가와 기말상품재고액
이동평균법은 장부를 계속적으로 기록해 나가는 방법이므로 계속기록법에서만 사용가능하고 실지재고조사법에서는 적용할 수 없다.

(2) 총평균법

① 계속기록법에 의한 매출원가와 기말상품재고액
총평균법은 기말에 가서야 평균단가를 구할 수 있으므로 실지재고조사법만 사용가능하고 계속기록법은 적용할 수 없다.

② 실지재고조사법에 의한 매출원가와 기말상품재고액

▶ 총평균단가 = 판매가능상품원가 ÷ 판매가능상품의 수량
= ₩13,100 ÷ 1,000개
= ₩13.1/개

▶ 판매가능상품원가 = ₩13,100

▶ 기말상품재고액 = 300개 × ₩13.1 = ₩3,930

▶ 매출원가 = 700개 × ₩13.1 = ₩9,170

제 6 장

금융자산

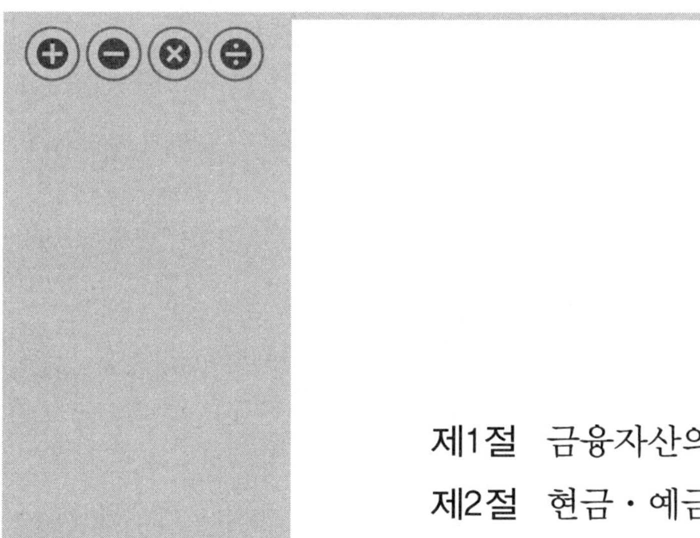

제6장 | 금융자산

제1절 금융자산의 의의

K-IFRS에서는 금융자산을 재무상태표에 표시해야 할 항목으로 규정하고 있다. 금융자산(financial asset)이란 미래에 현금이나 다른 금융자산을 수취할 계약상 권리(contractual right)를 말하며, K-IFRS에서 정의하는 금융자산이란 현금 및 금융상품(financial instrument)을 말한다. 여기서 말하는 금융상품은 금융기관이 취급하는 금융상품 뿐만 아니라 수취채권 및 유가증권 등을 포함한다.

금융상품

- **금융기관이 취급하는 금융상품** : 보통예금, 당좌예금, 정기적금, 정기예금 등
- **수취채권** : 매출채권, 대여금, 미수금, 미수수익, 임차보증금 등
- **유가증권** : 지분상품인 주식, 채무상품인 사채 등

현금은 교환의 수단이며, 재무제표에 모든 거래를 인식하고 측정하는 기준이 되므로 금융자산이다.

여기에서 인식(recognition)이란 특정 거래가 발생하였을 때 계정명칭 및 화폐금액을 기술하고 그 금액을 재무제표에 계상하는 과정을 의미한다. 예를 들어, 재무상태표 본문에 '유형자산 ₩1,000'이라고 계상하는 것이 인식이다. 그리고 재무상태표와 포괄손익계산서에 인식되고 평가되어야 할 재무제표 요소의 화폐금액을 결정하는 과정을 측정(measurement)이라고 한다.

금융자산과 비금융자산

구 분	자 산
금융자산	현 금
	금융기관이 취급하는 금융상품: 보통예금, 당좌예금, 정기적금, 정기예금 등
	수취채권 : 매출채권, 대여금, 미수금, 미수수익, 임차보증금 등
	유가증권 : 지분상품인 주식, 채무상품인 사채 등
비금융자산	재고자산, 유형자산, 무형자산, 선급금, 선급비용, 투자부동산 등

금융기관이 취급하는 금융상품은 당해 금융기관에서 현금을 인출하거나 금융부채를 지급하기 위하여 예치된 잔액에 대해 채권자를 수취인으로 하여 수표 등을 발행할 수 있는 계약상 권리를 나타내므로 금융자산이다.

매출채권, 대여금, 미수금, 미수수익, 임차보증금 및 다른 기업의 채무상품[4]은 미래에 현금을 수취할 계약상 권리에 해당되므로 금융자산으로 분류하며, 다른 기업의 지분상품[5]은 지분상품을 발행한 기업에 대하여 현금배당 등을 요구할 수 있는 계약상의 권리가 있으므로 금융자산으로 분류한다. 그러나 실물자산(예: 재고자산, 유형자산)과 무형자산(예: 특허권, 상표권)은 금융자산이 아니다. 이러한 실물자산이나 무형자산에 대한 통제는 현금 등 금융자산이 유입될 기회를 제공하지만, 현금 등 금융자산을 수취할 현재의 권리를 발생시키지 않으므로 금융자산이 아니다. 또한 선급금이나 선급비용과 같이 현금 등 금융자산을 수취할 권리가 아니라 재화나 용역을 수취할 자산은 금융자산이 아니다.

제2절 현금 · 예금 및 현금성자산

1. 현 금

(1) 현금의 의의

자산의 환금성(cash convertibility), 즉 자산을 현금으로 전환할 수 있는 용이성을 유동성(liquidity)이라고 한다. 현금(cash)은 기업이 가지고 있는 자산 중에서 가장 유동성

4) 채무상품이란 국채, 공채, 회사채 등 일정한 액면금액과 이자율에 의하여 원금 또는 이자 지급시기에 현금 등을 지급하도록 한 금융상품을 의미한다.

5) 지분상품이란 기업의 자산에서 모든 부채를 차감한 후의 잔여지분을 나타내는 모든 계약을 말하며 주식을 그 예로 들 수 있다.

회계상 현금

- **통화** : 한국은행이 발행한 지폐, 주화 등의 화폐
- **통화대용증권** : 통화는 아니지만 통화와 같은 효력으로 사용되는 것, 즉 언제든지 통화와 교환할 수 있는 것으로서 타인발행수표(다른 회사가 발행한 당좌수표, 은행이 발행한 자기앞수표 등), 우체국에서 발행하는 우편환증서, 공·사채이자표, 배당금지급통지서 등

이 높은 자산이다.

현금은 구매력이나 지불수단으로 즉시 이용할 수 있기 때문에 재화나 용역과 용이하게 교환될 수 있다. 따라서 회계상 현금은 교환의 매개로 사용할 수 있는 주화나 지폐 등 통화뿐만 아니라 언제든지 통화와 교환해서 쓸 수 있는 통화대용증권도 포함한다.

타인발행수표는 거래처에서 발행한 당좌수표와 은행이 발행한 은행자기앞수표 등을 포함하는 용어이다. 당좌수표는 은행에 당좌예금계좌를 가진 사람이 그 은행을 지급인으로 하여 발행한 수표이고, 은행자기앞수표는 은행이 당해 은행을 지급인으로 하여 발행한 수표이다. 타인발행수표는 수표의 수취인이나 소지인이 발행일 이후 언제든지 지급인에게 제시하면, 지급인은 즉시 통화로 지급하여야 한다. 이러한 속성 때문에 타인발행수표는 현금에 포함된다.

우편환증서도 타인발행수표와 마찬가지로 우체국에 제시하는 즉시 통화로 전환되므로 현금의 범주에 포함한다. 공사채 이자표는 이자표의 일자가 도래하면, 배당금지급통지서는 배당지급이 결의되면 현금으로 분류한다.

그러나 타인발행어음이나 선일자수표(post-dated check : 실제 발행일보다 수표권면상의 발행일이 미래인 경우의 수표)는 현금이 아닌 채권으로 분류하여야 하며, 우표나 수입인지는 교환수단으로 볼 수 없고 미래의 용역을 제공받을 목적으로 미리 지급한 비용이므로 원칙적으로 구입시 비용으로 처리한다. 또한 차용증서는 채권을 증명하는 문서이므로 현금이 아닌 대여금으로 분류한다.

예제 6-1

(주)UT는 결산시 금고를 실사한 결과 다음과 같은 자산을 확인하였다. (주)UT의 결산일 현재 현금잔액은 얼마인가?

(1) 통 화	₩342,500
(2) 타인발행 당좌수표	100,000
(3) 우 표	34,000
(4) 거래처발행 약속어음	500,000
(5) 만기가 된 사채이자표	75,000

(6) 배당금지급통지서	45,000
(7) 종업원에 대한 대여금 각서	460,000
(8) 은행자기앞수표	100,000
(9) 거래처발행 선일자수표	200,000
(10) 수입인지	30,000

풀이

회계상 현금은 교환의 매개로 사용할 수 있는 주화나 지폐 등 통화뿐만 아니라 언제든지 통화와 교환해서 쓸 수 있는 통화대용증권도 포함한다. 따라서 (주)UT의 결산일 현재 현금잔액은 ₩662,500 이다.

(1) 통 화	₩342,500
(2) 타인발행 당좌수표	100,000
(5) 만기가 된 사채이자표	75,000
(6) 배당금지급통지서	45,000
(8) 은행자기앞수표	100,000
	₩662,500

기업의 경영활동에 의해서 발생된 현금의 증감은 현금계정에 기입한다. 통화 및 통화대용증권의 수입은 현금계정의 차변에, 지출은 현금계정의 대변에 기입한다. 따라서 현금계정의 잔액은 항상 차변에 생기며, 이는 현금계정 현재 잔액을 나타낸다.

현	금
현금의 증가	현금의 감소
	} 현금 잔액

예제 6-2

다음 거래를 회계처리하고, 현금계정에 전기하시오.

1월 3일 상품 ₩100,000을 판매하고, 대금은 당좌수표로 받다.
3월 3일 상품 ₩50,000을 구입하고, 대금은 은행발행 자기앞수표로 지급하다.

풀이

1월 3일	(차) 현 금	100,000	(대) 매 출	100,000
3월 3일	(차) 매 입	50,000	(대) 현 금	50,000

현		금	
1/3 매 출	100,000	3/3 매 입	50,000

(2) 현금과부족

현금을 취급할 경우 기장상의 오류, 도난, 분실 등의 원인으로 현금시재액이 장부잔액과 일치하지 않을 경우가 많다. 이러한 경우에는 그 원인이 밝혀질 때까지 현금과부족(cash short or over)이라는 임시계정을 설정하여 처리한다.

장부잔액이 현금시재액보다 크면, 그 차이를 현금계정의 대변에 기입하여 장부상의 현금을 감소시키고 현금과부족계정의 차변에 기입한다. 그 반대로 현금시재액이 장부잔액보다 크면 현금계정의 차변에 기입하여 장부상의 현금을 증가시키고 현금과부족계정의 대변에 기입한다. 그리고 현금과부족의 원인을 조사하여 그 원인이 판명되면 해당 계정으로 대체해야 한다. 현금과부족계정은 일시적으로 발생하는 경과계정으로 재무상태표에 표시되지 않는다. 따라서 결산시까지 현금과부족의 원인이 밝혀지지 않으면 부족액은 잡손실로, 초과액은 잡이익으로 대체하여 당기손익으로 인식한다.

예제 6-3

다음 거래를 회계처리 하시오.

6월 5일 현금의 실제 잔액이 장부잔액보다 ₩50,000 부족함이 발견되었다.
6월 6일 원인을 조사한 결과 교통비 ₩40,000의 기장 누락이 발견되었다.
12월 31일 나머지 부족액에 대한 원인은 결산기까지 밝히지 못하다.

풀이

6월 5일	(차) 현금과부족	50,000	(대) 현 금	50,000
6월 6일	(차) 여비교통비	40,000	(대) 현금과부족	40,000
12월 31일	(차) 잡 손 실	10,000	(대) 현금과부족	10,000

예제 6-4

다음 거래를 회계처리 하시오.

6월 5일 현금을 실사한 바 시재액이 장부잔액보다 ₩10,000 초과하였다.
6월 6일 원인을 조사한 결과 이자수익 ₩6,000의 기장 누락이 발견되었다.
12월 31일 나머지 ₩4,000에 대한 원인은 밝히지 못하다.

풀이

6월 5일	(차) 현 금	10,000	(대) 현금과부족	10,000
6월 6일	(차) 현금과부족	6,000	(대) 이 자 수 익	6,000
12월 31일	(차) 현금과부족	4,000	(대) 잡 이 익	4,000

2. 예 금

(1) 예금의 의의 및 분류

예금(예치금: deposit of cash)이란 이자수익 및 금융서비스를 받기 위해 은행이나 기타 금융기관에 예치해 놓은 현금을 말하며 요구불예금과 저축성예금으로 분류할 수 있다.

요구불예금은 보통예금, 당좌예금 등과 같이 이자수익을 얻기보다는 보유중인 현금의 보호와 통제를 위하여 은행에 일시적으로 예치하는 예금으로서 제한 없이 필요한 자금을 수시로 인출할 수 있기 때문에 일반지급수단인 현금과 동일하다고 할 수 있다. 저축성예금은 정기예금, 정기적금 등과 같이 요구불예금과는 달리 이자수익을 얻을 목적으로 일정기간 동안 예치하는 예금이다.

금융기관이 불특정 다수의 고객을 상대로 개발한 정형화된 금융상품인 정기예금, 정기적금, 양도성예금증서(CD: certificate of deposit), 기업어음(CP: commercial paper), 환매조건부채권(RP: repurchase agreements), 초단기수익증권 등은 기업이 단기적인 자금운용목적으로 소유하거나 재무상태표일을 기준으로 12개월 이내에 기한이 도래하는 경우 단기금융상품(또는 단기금융자산, 금융기관예치금이나 기타금융자산)으로 분류하여 유동자산으로 공시하고, 12개월을 초과하는 경우 장기금융상품(또는 장기금융자산, 금융기관예치금이나 기타금융자산)으로 분류하여 비유동자산으로 공시한다.

예제 6-5 

다음 거래를 회계처리 하시오.

- 4월 1일 그린은행에 만기 6개월인 정기예금에 가입하고 현금 ₩500,000을 예입하다.
- 9월 30일 그린은행에 가입한 정기예금이 만기도래하여 이자 ₩20,000를 포함하여 현금으로 받다.
- 11월 11일 그린은행에서 양도성예금증서(만기 120일)를 구입하고 ₩1,000,000을 현금으로 지급하다.
- 12월 10일 그린은행에서 정기적금(만기 24개월)에 가입하고 1회분 ₩200,000을 현금으로 예입하다.

풀이

4월 1일	(차) 정기예금	500,000	(대) 현 금	500,000
9월 30일	(차) 현 금	520,000	(대) 정기예금	500,000
			이자수익	20,000

11월 11일 (차) 양도성예금증서 1,000,000 (대) 현 금 1,000,000
12월 10일 (차) 정기적금 200,000 (대) 현 금 200,000

※ 결산시 양도성예금증서는 단기금융상품으로 분류하고, 정기적금은 장기금융상품으로 분류한다. 회계기간 중에는 구체적인 명칭으로 관리하다가 결산시점에 정확한 계정과목으로 통합하여 표시한다.

(2) 당좌예금과 당좌차월

① 당좌예금

예금에는 보통예금, 당좌예금, 정기예금, 정기적금 등 여러 종류의 예금이 있으나 일반적으로 대부분의 기업들은 은행에 당좌예금계좌를 개설하여 현금의 유출입을 처리하고 있다. 당좌예금이란 기업이 거래은행과 당좌거래 계약을 체결하고 은행에 예입된 예금액의 범위 내에서 당좌수표를 발행하고, 그 대금의 지급을 은행에 위임하는 형식의 요구불예금을 말한다. 당좌예금은 상품거래대금 등의 지급에 수표를 사용함으로써 현금의 도난이나 분실을 방지할 수 있다.

당좌예금에의 예입은 현금 및 타인발행수표 등으로 할 수 있으나, 당좌예금의 인출은 반드시 수표의 발행을 통해서만 가능하다. 현금 및 타인발행수표 등을 예입하면 당좌예금계정의 차변에 기입하고, 당좌수표를 발행하면 대변에 기입한다. 따라서 당좌예금계정의 잔액은 차변에 생기며, 이는 당좌예금의 잔액을 나타낸다.

당좌예금

차변	대변
전기이월액	인 출 액
예 입 액	} 예금잔액

예제 6-6

다음 거래를 회계처리 하시오.

1월 4일 그린은행에 당좌예금계좌를 개설하고 당좌개설보증금 ₩1,000,000을 예입하다.
1월 11일 상품을 ₩500,000에 판매하고 대금은 거래처발행 당좌수표를 받아 은행에 예입하다.
1월 22일 ₩100,000의 상품을 판매하고 대금은 거래처발행 당좌수표를 받다.

풀이

1월 4일 (차) 당좌개설보증금[6] 1,000,000 (대) 현 금 1,000,000

6) 당좌거래를 개설하려면 당좌개설보증금을 예치하여야 하는데, 당좌개설보증금은 당좌예금을 해지하기 전까지는 인출할 수 없으므로 결산시 장기금융상품(비유동자산)으로 처리한다.

1월 11일	(차) 당좌예금	500,000	(대) 매 출	500,000
1월 22일	(차) 현 금	100,000	(대) 매 출	100,000

② 당좌차월

당좌수표의 발행금액은 당좌예금 잔액의 범위 내에서 이루어져야 하며, 만일 잔액을 초과하여 수표를 발행하면 그 수표는 은행으로부터 지급이 거절되어 소위 부도수표가 된다. 그러나 사전에 은행과 당좌차월계약을 체결하여 인출한도액을 정해 놓으면 예금잔액을 초과하여도 그 한도액까지는 수표를 계속 발행할 수 있다.

당좌차월(bank overdraft)이란 은행과 당좌차월에 대한 약정이 있을 때 당좌예금 잔액을 초과하여 수표를 발행하는 것을 말한다. 즉, 당좌예금 잔액을 초과하여 수표를 발행한 금액을 당좌차월이라 한다.

당좌예금 잔액을 초과하여 당좌수표를 발행한 경우에는 당좌수표의 발행액 중 당좌예금 한도액까지만 당좌예금계정의 대변에 기록하고, 당좌예금 초과액은 당좌차월계정을 설정하여 그 대변에 기입한다.[7)]

당좌차월은 은행으로부터 단기적으로 빌린 금액이므로 결산일 현재 당좌차월잔액은 단기차입금에 통합하여 유동부채로 분류한다.

예제 6-7

다음 거래를 회계처리하고, 전기하시오.

5월 5일 (주)UT는 상품 ₩400,000을 매입하고 대금은 당좌수표를 발행하여 지급하다. 단, 예금잔액은 ₩300,000이며, 당좌차월한도액 ₩200,000이 설정되어 있다.

풀이

5월 5일	(차) 매 입	400,000	(대) 당좌예금	300,000
			당좌차월	100,000

당좌예금

차변	대변
300,000	5/5 매 입 300,000

당좌차월

차변	대변
	5/5 매 입 100,000

7) 보고기간 중에는 당좌차월계정을 별도로 설정하지 않고 당좌예금계정으로만 처리하다가 결산시점에서 당좌예금계정 잔액이 차변잔액이면 유동자산으로 분류하고, 대변잔액이면 유동부채로 분류할 수도 있다.

3. 재무상태표의 표시

기업은 현금에 대하여는 현금계정을, 당좌예금에 대해서는 당좌예금계정을, 기타예금에 대해서는 보통예금, 정기예금, 정기적금계정을 각각 설정하여 현금과 예금의 거래를 기록하는데, 이들 현금과 예금을 재무상태표에 표시할 때에는 현금과 요구불예금 및 현금성자산은 현금및현금성자산이라는 계정과목으로 통합하여 표시한다.

현금및현금성자산은 기업의 유동성 판단에 중요한 정보이므로 별도 항목으로 구분하여 표시한다.

현금및현금성자산

• 현금및현금성자산 = 현금(통화 및 통화대용증권)+
요구불예금(당좌예금, 보통예금)+
현금성자산

현금성자산(cash equivalents)이란 큰 거래비용 없이 현금으로 전환이 용이하고, 이자율 변동에 따른 가치변동의 위험이 중요하지 않은 단기금융상품으로써, 취득 당시 만기일 또는 상환일이 3개월 이내인 것을 말한다.

현금성자산으로 계상되는 단기금융상품으로는 취득 당시 만기가 3개월 이내에 도래하는 양도성예금증서, 가입당시 상환일이 3개월 이내인 환매체, 가입당시 만기일이 3개월 이내인 저축성예금 등의 단기금융상품이 이에 해당된다. 이들 단기금융상품은 언제든지 현금으로 전환이 가능하므로 현금과 거의 다름이 없다고 보아 현금의 범주에 포함시킨다. 지분상품은 단기적인 가치변동의 위험이 중요해 질수도 있기 때문에 현금성자산에서 제외한다.

현금 · 예금의 공시

내 용	재무상태표의 표시
현금(통화 및 통화대용증권)+요구불예금(당좌예금, 보통예금)+현금성자산(취득 당시 만기일 또는 상환일이 3개월 이내인 단기금융상품)	유동자산 현금및현금성자산
금융기관이 취급하는 금융상품으로써, 재무상태표일로부터 12개월 이내에 만기가 도래하는 금융상품	단기금융상품
금융기관이 취급하는 금융상품으로써, 재무상태표일로부터 12개월 이후에 만기가 도래하는 금융상품	비유동자산 장기금융상품

예를 들어, 20x2년 1월 31일이 만기인 양도성예금증서를 20x1년 11월 1일에 취득한 경우에는 취득 당시부터 만기가 3개월 이내이므로 현금성자산으로 분류하지만, 만일 20x1년 10월 1일에 취득한 경우라면 재무상태표일(20x1년 12월 31일)로부터 만기가 3개월 이내에 도래하지만 취득 당시 만기가 3개월을 초과하므로 현금성자산이 아닌 단기금융상품으로 분류하여야 한다.

예제 6-8

다음은 (주)UT의 20x1년 12월 31일 현재 자료이다. 20x1년 12월 31일 기말재무상태표에 보고될 현금및현금성자산, 단기금융상품, 장기금융상품 및 단기차입금은 각각 얼마인가(단위: 원)?

구 분	금 액	취득일	만기일
현 금	₩25,000		
보 통 예 금	75,000	20x1. 5. 2	
당 좌 예 금	70,000	20x1. 6. 3	
정 기 적 금	100,000	20x1. 10. 1	20x3. 9. 30
정 기 예 금	200,000	20x1. 9. 1	20x2. 8. 31
당 좌 차 월	50,000	20x1. 5. 1	
양도성예금증서	70,000	20x1. 11. 1	20x2. 1. 31
당좌개설보증금	20,000	20x1. 5. 2	
계	₩610,000		

풀이

구 분	현금및현금성자산	단기금융상품	장기금융상품	단기차입금
현 금	₩25,000			
보 통 예 금	75,000			
당 좌 예 금	70,000			
정 기 적 금			₩100,000	
정 기 예 금		₩200,000		
당 좌 차 월				₩50,000
양도성예금증서	70,000			
당좌개설보증금			20,000	
계	₩240,000	₩200,000	₩120,000	₩50,000

- 정기적금과 정기예금은 가입 당시 만기가 3개월 이내에 도래하는 것은 현금및현금성 자산으로 분류하고, 만기가 1년 이내에 도래하는 것은 단기금융상품으로 분류하며, 만기가 1년 이후에 도래하는 것은 장기금융상품으로 분류한다.

- 양도성예금증서는 취득 당시 만기가 3개월 이내이므로 현금및현금성자산으로 분류한다.
- 당좌차월은 단기차입금으로 처리한다.
- 당좌개설보증금은 당좌예금을 해지하기 전까지는 인출할 수 없으므로 장기금융상품으로 처리한다.
- 20x1년 12월 31일 현재 상기 자료만을 포함한 (주)UT의 부분재무상태표를 작성해보면 다음과 같다.

재 무 상 태 표

(주)UT	20x1년 12월 31일		(단위: 원)
자 산		부 채	
유동자산		유동부채	
현금및현금성자산	240,000	단기차입금	50,000
단기금융상품	200,000	.	
.		.	
비유동자산		비유동부채	
장기금융상품	120,000	.	
.		.	
.		.	

제3절 수취채권

1. 수취채권의 의의와 분류

수취채권(receivables)은 기업이 영업활동을 수행하는 과정에서 재화나 용역을 신용으로 판매하거나 자금을 대여하는 대가로 미래에 현금을 수취할 권리를 획득하거나 어음 등을 수취하는 경우에 발생하는 채권을 통칭하는 개념으로, 일반적 상거래(상품의 매매 등 기업 고유의 영업활동)에서의 발생유무에 따라 매출채권과 기타채권으로 분류한다.

매출채권(trade receivables)은 기업의 주된 영업활동과 관련하여 상품을 매출하거나 용역을 제공하는 과정, 즉 일반적 상거래에서 발생한 채권을 말하며 외상매출금과 받을어음으로 구분된다. 실무상으로는 외상매출금계정과 받을어음계정을 총계정원장에 별도로 구분하여 외상거래와 어음거래를 각각의 계정에 기록하고 있으나, 재무상태표에 표시할 때에는 "매출채권"이라는 단일 계정과목으로 외상매출금계정과 받을어음계정의 금액을 합산하여 표시하여야 한다.

• 매출채권 = 외상매출금 + 받을어음

기타채권(nontrade receivables)은 기타 영업활동에서 발생한 채권, 즉 매출 이외의 거래에서 발생한 채권으로써 외부와의 거래에서 기인한 대여금, 미수금, 임차보증금 등과 내부적으로 계상한 미수수익 등이 있다.

수취채권의 분류

수취채권	매출채권	외상매출금, 받을어음 등 일반적 상거래에서 발생한 채권
	기타채권	대여금, 미수금, 임차보증금, 미수수익 등 기타 영업활동에서 발생한 채권

수취채권 중에서 재무상태표일로부터 12개월 이내에 회수되는 것은 유동자산으로, 12개월 이후에 회수되는 것은 비유동자산으로 분류하여 재무상태표에 표시한다.

2. 매출채권 및 기타채권

(1) 매출채권

① 외상매출금

외상매출금(accounts receivable)은 일반적 상거래에서 발생한 채권으로써 어음상의 채권이 아닌 것을 말한다. 상품을 신용으로 판매함으로써 매출채권이 발생하면 이를 외상매출금계정 차변에 기록하고, 대금 회수시에는 대변에 기록한다. 따라서 외상매출금계정의 잔액은 차변에 나타나며 이는 외상매출금의 미회수액을 의미한다.

예제 6-9

다음 거래를 회계처리 하시오.

1월 3일 상품 ₩1,000,000을 A사에 외상으로 판매하다.
3월 3일 A사에 대한 외상판매대금 중 ₩500,000을 현금으로 회수하다.

풀이

1월 3일	(차) 외상매출금	1,000,000	(대) 매　　출	1,000,000
3월 3일	(차) 현　　금	500,000	(대) 외상매출금	500,000

② 받을어음

받을어음(notes receivable)은 일반적 상거래에서 발생한 어음상의 채권을 말한다. 어음(note)이란 일정 금액을 약정한 기일에 미리 정한 장소에서 지급하기로 약속한 증서를 말한다. 상법상 어음의 종류에는 약속어음과 환어음의 두 가지가 있는데, 기업실무에서는 대부분 약속어음을 사용하며 환어음은 무역거래 등 제한적인 용도로만 사용한다.

약속어음(promissory note)이란 발행인이 수취인에게 일정한 금액을 일정한 기일과 장소에서 지급할 것을 약속하는 증권으로서, 발행인은 어음상의 채무가 생기고 수취인은 어음상의 채권이 생기므로 이 때 발행인을 어음상 채무자라 하고 수취인을 어음상 채권자라고 한다.

상품을 판매하고 판매대금으로 약속어음을 수취한 경우에는 받을어음계정 차변에 기록하고 이를 현금으로 회수하면 대변에 기록한다. 따라서 받을어음계정은 자산계정으로서 잔액은 언제나 차변에 표시되어 현재의 어음상의 채권 미수액을 나타낸다.

예제 6-10 

다음 거래를 회계처리 하시오.

5월 5일 S사에 상품 ₩200,000을 판매하고 대금은 S사 발행(만기일 6월 5일, 지급장소 : 그린은행 XX지점) 약속어음을 받다.

6월 5일 S사에 대한 받을어음의 만기가 도래하여 당좌예입하다.

풀이

5월 5일	(차) 받을어음	200,000	(대) 매　　출	200,000
6월 5일	(차) 당좌예금	200,000	(대) 받을어음	200,000

▶ 상업어음과 금융어음

어음은 발행목적에 따라 상업어음과 금융어음으로 구분된다. 상업어음이란 일반적 상거래와 관련하여 발행되는 어음으로, 어음 본래의 취지에 맞게 발행되기 때문에 '진실한 어음'이란 뜻으로 진성어음이라고도 하며, 금융어음이란 자금조달 및 융통을 위하여 발행되는 어음으로써 융통어음이라고도 한다.

상업어음의 채권과 채무는 받을어음계정의 차변과 지급어음계정의 대변에 각각 기입하나, 금융어음의 채권과 채무는 대여금계정의 차변과 차입금계정의 대변에 각각 기입한다.

그리고 상품 이외의 자산(토지나 건물 등)을 어음을 받고 매각하는 경우에는 미수금계정의 차변에 기입하고, 어음을 발행하고 취득하는 경우에는 미지급금계정의 대변에 기입한다.

상업어음과 금융어음은 성격이 다르기 때문에 구분하여 회계처리 한다. 즉, 어음상의 채권, 채무라 할지라도 일반적 상거래에서 발생한 어음상의 채권, 채무만이 받을어음과 지급어음이라는 계정과목을 사용할 수 있음에 주의하여야 한다.

어음거래의 계정분류

- 일반적 상거래에서 발생한 어음 : 받을어음계정, 지급어음계정
- 자금융통거래에서 발생한 어음 : 대여금계정, 차입금계정
- 기타 거래에서 발생한 어음 : 미수금계정, 미지급금계정

(2) 기타채권

① 대여금

대여금은 차용증서나 어음 등을 받고 현금을 대여하는 경우 발생하는 채권으로써 재무상태표일로부터 12개월 이내에 회수하는 것은 단기대여금으로 하여 유동자산으로 분류하고, 12개월 이후에 회수하는 것은 장기대여금으로 하여 비유동자산으로 분류한다.

예제 6-11

다음 거래를 회계처리 하시오.

8월 1일 S사에 현금 ₩200,000을 대여하고 일주일 후에 받기로 하다.
8월 8일 S사로부터 대여금과 이자 ₩5,000을 현금으로 받다.

풀이

8월 1일	(차) 단기대여금	200,000	(대)	현　　금	200,000
8월 8일	(차) 현　　금	205,000	(대)	단기대여금	200,000
				이 자 수 익	5,000

② 미수금

미수금은 일반적 상거래 이외에서 발생한 채권, 즉 토지, 건물, 기계장치, 차량운반구, 비품 등을 외상으로 매각한 경우에 발생한 채권을 말하며, 재무상태표일로부터 12개월 이내에 회수하는 것은 미수금으로 하여 유동자산으로 분류하고, 12개월 이후에 회수하는 것은 장기미수금으로 하여 비유동자산으로 분류한다.

예제 6-12

다음 거래를 회계처리 하시오.

12월 1일 토지를 1대 ₩200,000(취득원가 : ₩200,000)에 매각하고 대금은 월말에 받기로 하다.
12월 31일 토지 매각대금 ₩200,000을 당좌수표로 받다.

풀이

12월 1일	(차) 미 수 금	200,000	(대) 토 지	200,000
12월 31일	(차) 현 금	200,000	(대) 미 수 금	200,000

③ 미수수익

미수수익은 당기에 발생한 수익(이자수익, 임대료 등)으로써 아직 현금으로 회수하지 못한 수익을 말한다. 즉, 미수수익은 보고기간 말 현재 수익은 이미 실현되었으나 현금의 수취는 이루어지지 않은 수익을 말한다. 이것은 실현된 수익이기 때문에 당기의 수익으로 인식하여야 한다. 따라서 결산일에 미수수익은 당해 수익계정 대변에 기입함과 동시에 미수수익이라는 자산계정을 설정하여 그 계정 차변에 기입하기 위한 결산정리분개를 하여야 한다.

미수수익에 대한 자세한 회계처리는 제11장 결산정리에서 살펴보도록 한다.

예제 6-13

(주)UT는 20x1년 4월 1일 현금 ₩1,000,000을 연이자율 6%, 1년 후 원금 및 이자지급조건으로 대여하다. 결산정리분개를 하시오.

풀이

20x1. 4. 1	(차) 단기대여금	1,000,000	(대) 현 금	1,000,000

※ 20x2년 3월 31일에 대여금에 대한 이자 ₩60,000을 수취하게 되지만, ₩60,000 중 ₩45,000은 20x1년에 발생한 이자이므로 결산시 ₩45,000을 20x1년의 이자수익으로 계상하고 동액만큼을 미수수익(또는 미수이자)으로 처리하여야 한다. 이러한 미수수익에는 미수이자 이외에도 미수임대료, 미수수수료 등이 있다.

20x1.12.31	(차) 미수수익	45,000	(대) 이자수익	45,000

※ ₩1,000,000 × 6% × 9/12 = ₩45,000

④ 임차보증금

임차보증금은 토지나 건물 등의 부동산을 일정기간 임차하여 사용할 경우 지급하는 보증금을 말하며, 재무상태표일로부터 12개월 이내에 회수하는 것은 유동자산으로 분류하고, 12개월 이후에 회수하는 것은 비유동자산으로 분류한다.

예제 6-14

(주)UT는 건물을 20x1년 1월 1일부터 2년 동안 임차하기로 계약을 체결하고 보증금 ₩100,000,000을 현금으로 지급하다(임차료는 매년 말 ₩12,000,000 지급).

풀이

20x1년 1월 1일	(차) 임차보증금	100,000,000	(대) 현 금	100,000,000
20x1년 12월 31일	(차) 임 차 료	12,000,000	(대) 현 금	12,000,000
20x2년 12월 31일	(차) 임 차 료	12,000,000	(대) 현 금	12,000,000
	(차) 현 금	100,000,000	(대) 임차보증금	100,000,000

예제 6-15

다음 거래를 회계처리 하시오.

4월 9일 A사에 상품 ₩100,000을 판매하고 대금은 월말에 받기로 하다.
5월 5일 S사에 상품 ₩200,000을 판매하고 대금은 S사 발행(만기일 6월 5일, 지급장소: 그린은행 XX지점) 약속어음을 받다.
5월 8일 M사로부터 상품₩100,000을 매입하고 대금은 약속어음(만기일 6월 9일, 지급장소: 그린은행 XX지점)을 발행하여 지급하다.
7월 1일 Q사에 현금 ₩1,000,000을 대여하고 동사발행 약속어음(만기일 10월 1일, 지급장소: 그린은행 XX지점)을 받다.
8월 1일 H사에서 현금 ₩2,000,000을 차입하고 동액의 약속어음(만기일 10월 1일, 지급장소: 그린은행 XX지점)을 발행하다.
8월 4일 업무용 차량 1대를 구입하고 구입대금 ₩5,000,000을 약속어음(만기일 9월 4일, 지급장소: 그린은행 XX지점)을 발행하여 지급하다.
9월 4일 토지를 ₩3,000,000(취득원가 : ₩3,000,000)에 처분하고 대금은 약속어음(만기일 12월 5일, 지급장소: 그린은행 XX지점)으로 받다.

풀이

4월 9일	(차) 외상매출금	100,000	(대) 매 출	100,000
5월 5일	(차) 받 을 어 음	200,000	(대) 매 출	200,000
5월 8일	(차) 매 입	100,000	(대) 지 급 어 음	100,000

7월 1일	(차) 단기대여금	1,000,000	(대) 현　　　금	1,000,000
8월 1일	(차) 현　　　금	2,000,000	(대) 단기차입금	2,000,000
8월 4일	(차) 차량운반구	5,000,000	(대) 미 지 급 금	5,000,000
9월 4일	(차) 미　수　금	3,000,000	(대) 토　　　지	3,000,000

▶ 수취채권의 계정분류

수취채권 중 원칙적으로 매출채권, 대여금, 미수금, 미수수익, 임차보증금과 같은 금융자산은 재무상태표일로부터 12개월 이내에 회수되는 것은 '매출채권및기타채권'으로 하여 유동자산으로 분류하고, 12개월 이후에 회수되는 것은 '장기매출채권및기타채권'으로 하여 비유동자산으로 분류한다. 물론 금액적으로 다른 수취채권과 구분하여 표시할 필요성이 있을 정도로 중요성이 있고 큰 금액이라면 별도로 분리하여 표시한다.

그러나 다른 계정과목에 비하여 상대적으로 중요성이 떨어지는 수취채권들은 '기타유동자산', '기타비유동자산'으로 각각 통합하여 표시할 수 있다. 예를 들어, 미수수익은 금융자산의 정의상 금융자산에 해당하므로 원칙적으로 재무상태표일로부터 12개월 이내에 회수되는 것은 '매출채권및기타채권'으로 하여 유동자산으로 분류하여야 하나, 상품매매기업에서 일반적으로 미수수익이 금융자산에 포함할 정도로 크게 발생하는 경우는 드문 경우이고 또한 금액적으로도 큰 금액이 아니라면 '기타유동자산'으로 통합하여 표시할 수 있다. 또한 임차보증금이나 장기대여금 등도 금융자산이므로 원칙적으로 '장기매출채권및기타채권'으로 하여 비유동자산으로 분류하여야 하나, 금액적으로 큰 금액이 아니라면 '기타비유동자산'으로 통합하여 표시할 수 있다.

3. 수취채권의 대손

(1) 대손의 의의

수취채권이 채무자의 파산이나 사망 등으로 인해 회수불가능하게 된 경우가 있다. 이러한 과정에서 발생한 회수불능채권을 대손(bad debt) 또는 금융자산의 손상이라고 한다. 대손에 해당하는 금액은 미래 경제적효익의 유입가능성이 불확실하므로 자산의 인식요건을 충족하지 아니한다. 따라서 수취채권은 대손의 발생가능성이 높고 이에 대한 객관적인 증거가 있는 경우 예상되는 경제적효익의 감소를 대손상각비(손상차손[8]))의 과목으로 하여 당기비용으로 인식하고 수취채권에서 차감하여야 한다.

8) 손상차손(impairment loss)은 금융자산의 가치하락이 확정적이고 회복가능성이 없다고 판단되는 경우의 손실을 해당기간의 손익으로 인식하는 것이다. 즉, 손상차손은 신용위험으로 인한 회복불가능한 가치하락(자산의 근본적인 가치감소)을 의미한다.

▶ 손상발생에 대한 객관적인 증거

K-IFRS는 수취채권 등에 대해 손상발생에 대한 객관적인 증거가 있는지를 매 보고기간 말에 평가하도록 하고 있다. 그리고 아래와 같은 증거가 있고 그에 따라 미래현금흐름에 영향을 미치는 경우에는 대손상각비를 인식하도록 하고 있다.

① 거래처의 유의적인 재무적 어려움이 발생한 경우(예: 부도발생)
② 매입채무의 지급기일에 매입대금 상환의 불이행이나 지연과 같은 계약위반
③ 거래처의 재무적 어려움과 관련된 경제적, 법률적 이유로 인한 신용조건의 완화
④ 거래처의 파산이나 기타 재무구조 조정의 가능성이 높은 상태가 된 경우
⑤ 채무불이행과 상관관계가 있는 국가나 지역의 경제상황의 악화 등

대손상각비(판매관리비로 보고함)는 외상매출금이나 받을어음과 같은 매출채권이 대손되었을 때 사용되는 계정이며, 대여금이나 미수금 등의 기타채권이 대손되었을 때는 기타의대손상각비(기타비용으로 보고함)라는 계정을 사용한다.

모든 종류의 수취채권에서 대손이 발생할 수 있지만 일반적으로 대손은 매출채권에서 많이 나타나며, 기타채권의 경우에는 발생 빈도수가 그리 많지 않기 때문에 대손되는 경우가 적다.

(2) 대손의 회계처리 방법

대손의 회계처리 방법에는 직접상각법과 충당금설정법이 있다.

1) 직접상각법

직접상각법(direct write-off method)은 손상차손금액을 대손상각비로 인식함과 동시에 해당 수취채권을 직접 차감하는 방법을 말한다.

K-IFRS에서는 직접상각법과 충당금설정법 두 가지 방법 모두를 인정하고 있으나, 실무적으로는 많은 기업들이 충당금설정법을 사용하여 대손에 관한 회계처리를 하고 있다.

2) 충당금설정법

충당금설정법(allowance method)은 기말 현재 수취채권 잔액으로부터 대손에 대한 객관적인 증거가 있는 경우 대손예상액(손상차손금액)을 추정하여 대손충당금을 설정하고 이를 같은 보고기간의 비용으로 인식하는 방법이다. 즉, 충당금설정법은 수취채권이 발생한 기간에 해당 수취채권으로부터 발생할 것으로 예상되는 대손액을 추정하여 이를 당해 기간의 비용으로 처리함과 동시에 수취채권계정에 대한 대손충당금계정을

설정하는 방법이다. 그리고 실제로 대손이 발생하는 시점에서는 수취채권을 제거하고 대손충당금을 제거한다.

• **보고기간 말** : (차) 대손상각비	xxx	(대) 대손충당금	xxx
(기타의대손상각비	xxx)		
• **대손발생시** : (차) 대손충당금	xxx	(대) 매출채권	xxx
		(기타채권	xxx)

대손충당금계정은 수취채권의 회수가능액을 나타내기 위한 수취채권의 차감적 평가계정이다. 대손충당금계정을 사용하는 이유는 아직은 대손이 확정된 것이 아니고 단지 발생할 것이라고 추정될 뿐이므로 해당 수취채권에서 직접 차감하지는 않고 이를 일단 수취채권의 평가계정인 대손충당금계정을 사용하는 것이다.

① 보고기간말

매 보고기간 말에 수취채권의 대손발생에 대한 객관적인 증거를 검토한 후, 그러한 증거가 있는 경우 대손예상액을 추정한 후 해당 금액을 대손충당금으로 설정하고 동 금액을 대손상각비로 처리한다.

(차) 대손상각비	xxx	(대) 대손충당금	xxx
(기타의대손상각비	xxx)		

▶ 대손의 추정방법

보고기간 말에 대손을 추정하는 방법에는 손익계산서접근법과 재무상태표접근법이 있다. 손익계산서접근법은 매출액을 기준으로 대손추정액을 산정하여 동 금액을 대손상각비로 처리하는 방법이며, 재무상태표접근법은 매출채권의 기말잔액을 기준으로 대손예상액을 추정하여 동 금액을 대손충당금 기말잔액으로 계상하는 방법이다.

K-IFRS에서는 보고기간 말마다 매출채권의 회수가능성을 검토하도록 규정하고 있다. 따라서 K-IFRS에서는 매출채권의 대손회계처리에 대해 매출채권을 기준으로 하여 대손충당금을 설정하는 재무상태표접근법을 원칙으로 하고 있다. 재무상태표접근법에는 채권잔액비율법과 연령분석법이 있다.

① 채권잔액비율법

채권잔액비율법은 기말 채권잔액의 예상 미래현금흐름을 추정하여 대손률을 산출하고 이를 기말의 채권잔액에 곱하여 대손예상액을 추정하는 방법이다.

예 제 20x1년 (주)UT의 기말 외상매출금잔액은 ₩500,000이다. 보고기간 말 외상매출금잔액의 5%가 회수불가능한 것으로 추정된다.

풀 이 12월 31일 (차) 대손상각비 25,000 (대) 대손충당금 25,000

▶ ₩500,000 × 5% = ₩25,000

② 연령분석법

연령분석법은 모든 채권에 대하여 동일한 대손가능비율을 적용하는 것이 아니라, 기말 채권잔액을 채권이 발생한 경과일수에 따라 몇 개의 집단으로 분류하고, 각 집단별로 채권의 예상 미래현금흐름을 추정하여 각각의 대손률을 산출하고 이를 연령별 채권에 곱하여 대손예상액을 추정하는 방법이다. 따라서 채권의 경과일수에 따라 서로 상이한 대손추정률이 적용된다.

예 제 (주)UT의 20x1년 12월 31일 현재 외상매출금잔액은 ₩350,000이다. 이를 경과일수에 따라 미래현금흐름의 회수가능성을 분석한 내용은 다음과 같다.

	외상매출금액	대손추정률
10일 이내	₩180,000	1%
11 ~ 30일 이내	₩100,000	2%
31 ~ 60일 이내	₩50,000	5%
61 ~ 120일 이내	₩15,000	10%
121일 이상	₩5,000	20%

풀 이 대손예상액 = ₩180,000 × 1% + ₩100,000 × 2% + ₩50,000 × 5% + ₩15,000 × 10% + ₩5,000 × 20% = ₩8,800

12월 31일 (차) 대손상각비 8,800 (대) 대손충당금 8,800

만약, 보고기간 말에 대손충당금을 설정하고자 할 때 잔액시산표상에 전기말에 설정된 대손충당금의 잔액이 남아 있다면, 그 잔액을 차감한 금액(부족금액)만을 당기의 대손상각비로 처리하여 추가로 설정하고, 반대로 대손충당금의 잔액이 설정하고자 하는 금액(대손예상액)보다도 많은 경우에는 그 초과액을 대손충당금환입으로 하여 환입한다.

대손충당금환입은 포괄손익계산서에 기타수익으로 보고한다.

- 기말대손충당금 추정액 > 잔액시산표상 대손충당금잔액

(차) 대손상각비 (부족금액) xxx (대) 대손충당금 xxx

- 기말대손충당금 추정액 < 잔액시산표상 대손충당금잔액

(차) 대손충당금 xxx (대) 대손충당금환입 (초과금액) xxx

예제 6-16

(주)UT의 20x1년 12월 31일 현재의 외상매출금잔액은 ₩200,000이며 미래현금흐름의 회수가능성을 검토한 결과, 외상매출금잔액의 2%가 회수불확실한 것으로 추정된다. 잔액시산표상 대손충당금잔액이 다음과 같을 때 대손예상액을 추정하고 회계처리 하시오.

(1) 대손충당금잔액이 없는 경우
(2) 대손충당금잔액이 ₩4,000 있는 경우
(3) 대손충당금잔액이 ₩2,000 있는 경우
(4) 대손충당금잔액이 ₩5,000 있는 경우

풀이

(1) 12월 31일 (차) 대손상각비 4,000 (대) 대손충당금 4,000
▶ ₩200,000 × 2% = ₩4,000
(2) 분개없음
(3) 12월 31일 (차) 대손상각비 2,000 (대) 대손충당금 2,000
▶ ₩200,000 × 2% − ₩2,000 = ₩2,000
(4) 12월 31일 (차) 대손충당금 1,000 (대) 대손충당금환입 1,000
▶ ₩5,000 − ₩200,000 × 2% = ₩1,000

예제 6-17

(주)UT의 20x1년 12월 31일 현재의 외상매출금잔액은 ₩350,000이며 이를 경과 일수별로 미래현금흐름의 회수가능성을 검토한 자료는 다음과 같다. 대손충당금잔액이 ₩3,800일 때 대손예상액을 추정하고 회계처리하시오.

	외상매출금액	대손추정률
10일 이내	₩180,000	1%
11 ~ 30일 이내	₩100,000	2%
31 ~ 60일 이내	₩50,000	5%
61 ~ 120일 이내	₩15,000	10%
121일 이상	₩5,000	20%

풀이

※ 대손예상액 = ₩180,000 × 1% + ₩100,000 × 2% + ₩50,000 × 5% + ₩15,000 × 10% + ₩5,000 × 20% − ₩3,800 = ₩5,000

12월 31일 (차) 대손상각비 5,000 (대) 대손충당금 5,000

② 대손발생시

특정한 수취채권의 회수가 실제로 불가능하게 된 경우를 대손이 발생 또는 확정되었다고 한다. 대손이 발생한 경우에는 당기에 발생한 채권이든 당기 이전에 발생한 채권이든 상관없이 수취채권과 대손충당금을 상계시킨다.

(차) 대손충당금	xxx	(대) 해당 수취채권	xxx

그러나 만약 대손충당금잔액이 대손된 수취채권 잔액보다 적은 경우에는 그 초과액은 대손상각비로 처리하여 당기비용으로 인식한다.

(차) 대손충당금	xxx	(대) 해당 수취채권	xxx
대손상각비 (초과금액)	xxx		

예제 6-18

다음 거래를 회계처리 하시오.

4월 14일 장군상사에 대한 외상매출금 ₩300,000이 대손발생하였다. 현재 대손충당금계정에는 ₩450,000의 잔액이 남아 있다.

5월 22일 명군상사의 도산으로 외상매출금 ₩200,000의 회수가 불가능하게 되었다.

풀이

4월 14일	(차) 대손충당금	300,000	(대) 외상매출금	300,000
5월 22일	(차) 대손충당금	150,000	(대) 외상매출금	200,000
	대손상각비	50,000[9]		

③ 대손회복시

실제로 대손이 발생하여 이에 대한 회계처리를 하였는데 후일에 다시 회수되는 경우가 있다. 이렇게 대손처리된 수취채권이 회수된 경우에는 당기에 대손처리한 수취채권이 현금으로 회수된 경우이든 또는 당기 이전에 대손처리한 수취채권을 당기에 회수한 경우이든 회수액 만큼 대손충당금을 증가시키는 회계처리를 한다

(차) 현　　　금	xxx	(대) 대손충당금	xxx

9) 4월 14일의 거래로 대손충당금계정의 잔액이 ₩150,000이 되었는데, 5월 22일에 또 다시 ₩200,000의 대손이 발생하였기 때문에 대손충당금의 현재잔액을 초과하는 ₩50,000은 대손상각비로 처리한다.

예제 6-19

다음 거래를 회계처리 하시오.

(주)UT의 기초시점 현재 대손충당금 잔액은 ₩50,000이며, 당기 중 발생한 거래는 다음과 같다.

2월 14일 전기에 발생한 외상매출금 ₩15,000이 회수불능으로 확인되다.
4월 14일 당기에 발생한 외상매출금 ₩47,000이 대손처리되다.
6월 14일 당기 2월 14일 대손처리하였던 외상매출금이 현금으로 회수되었다.
8월 14일 전기에 대손처리 하였던 외상매출금 ₩8,000이 현금으로 회수되었다.
12월 31일 결산일 현재 외상매출금 잔액 ₩3,000,000의 2%가 회수불확실한 것으로 추정된다.

풀이

2월 14일	(차) 대손충당금	15,000	(대) 외상매출금	15,000
4월 14일	(차) 대손충당금	35,000	(대) 외상매출금	47,000
	대손상각비	12,000		
6월 14일	(차) 현　　금	15,000	(대) 대손충당금	15,000
8월 14일	(차) 현　　금	8,000	(대) 대손충당금	8,000
12월 31일	(차) 대손상각비	37,000	(대) 대손충당금	37,000

▶ ₩3,000,000 × 2% − ₩23,000 = ₩37,000

※ 각 시점 현재 대손충당금 잔액 여부에 따라 회계처리가 달라지므로 대손충당금계정을 항상 검토하여야 한다. 위의 예제에서 대손충당금의 변동은 다음과 같다.

대손충당금

2/14 외상매출금	15,000	1/ 1 전기이월	50,000
4/14 외상매출금	35,000	6/14 현　　금	15,000
12/31 차 기 이 월	60,000	8/14 현　　금	8,000
		12/31 대손상각비	37,000
	110,000		110,000

(3) 대손충당금의 공시

결산일에 대손충당금을 설정하는 근본적인 목적은 재무상태표에 해당 수취채권을 실제 회수가능한 금액으로 표시한다는데 있다. 따라서 차감적 평가계정으로서 대변에 잔액을 가지게 되는 대손충당금계정의 잔액을 해당 수취채권에서 차감하여 재무상태표에 표시[10)]하면 수취채권이 회수가능한 금액으로 표시된다.

예를 들어, 결산기말 현재 매출채권 ₩100,000에 대하여 ₩10,000의 대손이 예상되는 경우의 회계처리와 이를 재무상태표에 표시하면 다음과 같다.

12월 31일	(차) 대손상각비	10,000	(대) 대손충당금	10,000

재무상태표

매출채권	90,000	

10) 재무상태표에는 매출채권 총액에서 대손충당금을 차감한 매출채권 순액으로 표시하고 관련내용은 주석으로 보고하거나 또는 대손충당금계정을 사용하여 차감하는 형식으로 보고할 수도 있다.

연습문제

01. 다음 거래를 회계처리 하시오.

1월 1일 상품 ₩50,000을 외상으로 판매하고 3개월 후에 받기로 하다.
3월 3일 상품 ₩70,000을 외상으로 판매하고, 대금은 약속어음(만기일; 5월 2일)으로 받다.
4월 1일 현금 ₩100,000을 대여하고, 약속어음(만기일; 7월 2일)을 받다.
4월 8일 현금 ₩50,000을 차입하고, 6개월 만기인 약속어음을 발행하여 주다.
5월 5일 건물을 구입하고 대금 ₩2,000,000은 약속어음(만기일; 8월 4일)을 발행하여 주다.
5월 7일 토지를 ₩550,000(취득원가 : ₩550,000)에 처분하고 대금은 약속어음(만기일; 8월 6일)을 받다.

풀이

1월 1일	(차) 외상매출금	50,000	(대) 매 출	50,000
3월 3일	(차) 받을어음	70,000	(대) 매 출	70,000
4월 1일	(차) 단기대여금	100,000	(대) 현 금	100,000
4월 8일	(차) 현 금	50,000	(대) 단기차입금	50,000
5월 5일	(차) 건 물	2,000,000	(대) 미지급금	2,000,000
5월 7일	(차) 미 수 금	550,000	(대) 토 지	550,000

02. (주)UT의 20x1년 초의 매출채권 잔액은 ₩500,000이고, 대손충당금 잔액은 ₩25,000이다. 당기 매출채권 관련 자료는 다음과 같다.

5월 1일 회수불능 매출채권 ₩35,000을 상각처리하였다.
8월 8일 전기에 상각처리한 매출채권 ₩8,000을 회수하였다.
10월 5일 금년 5월에 상각처리한 매출채권 중에서 ₩4,000을 회수하였다.
12월 31일 결산기말 매출채권 잔액은 ₩650,000이며, 경과일수별로 미래 회수가능성을 분석한 내용은 다음과 같다.

경과일수	회수가능성	매출채권
60일 이내	98%	₩400,000
120일 이내	90%	150,000
120일 초과	80%	100,000
		₩650,000

(1) 회수가능성에 대하여 매출채권 잔액의 5%로 대손을 추정하는 경우에 20x1년에 대손과 관련하여 필요한 모든 회계처리를 하시오.

(2) 경과일수에 따라 상이한 대손추정률을 적용하는 경우에 20x1년에 대손과 관련하여 필요한 모든 회계처리를 하시오.

풀이

	날짜		차변	금액		대변	금액
(1)	5월 1일	(차)	대손충당금	25,000	(대)	매출채권	35,000
			대손상각비	10,000			
	8월 8일	(차)	현 금	8,000	(대)	대손충당금	8,000
	10월 5일	(차)	현 금	4,000	(대)	대손충당금	4,000
	12월 31일	(차)	대손상각비	20,500	(대)	대손충당금	20,500

▶ 대손충당금 기말설정금액 : ₩650,000 × 5% = ₩32,500
∴ ₩32,500 − ₩12,000 = ₩20,500

재무상태표		
:		
매출채권	617,500	

포괄손익계산서		
:		
판매관리비		
대손상각비	30,500	

	날짜		차변	금액		대변	금액
(2)	5월 1일	(차)	대손충당금	25,000	(대)	매출채권	35,000
			대손상각비	10,000			
	8월 8일	(차)	현 금	8,000	(대)	대손충당금	8,000
	10월 5일	(차)	현 금	4,000	(대)	대손충당금	4,000
	12월 31일	(차)	대손상각비	31,000	(대)	대손충당금	31,000

▶ 대손충당금 기말설정금액 : ₩400,000 × 2% + ₩150,000 × 10%
+ ₩100,000 × 20% = ₩43,000
∴ ₩43,000 − ₩12,000 = ₩31,000

재무상태표		
:		
매출채권	607,000	

포괄손익계산서		
:		
판매관리비		
대손상각비	41,000	

제4절 유가증권

1. 유가증권의 의의와 분류

현금은 그 자체로서는 아무런 수익을 얻을 수 없는 자산이다. 따라서 기업은 여유자금을 보유하고 있는 경우에는 이를 활용하여 금융기관이 취급하는 금융상품이나 주식, 사채, 국·공채 등의 유가증권에 투자하여 투자수익을 얻으려고 한다.

유가증권(security)이란 재산권을 나타내는 증권(문서나 증서)으로서 회계상 지분증권과 채무증권으로 분류된다.

지분증권(equity security)은 증권발행회사의 순자산에 대한 소유지분을 나타내는 유가증권으로 특정회사가 발행한 주식이 이에 해당된다. 채무증권(debt security)은 발행자에 대하여 약정에 의한 금전을 청구할 수 있는 권리를 표시하는 유가증권으로 국가나 지방자치단체가 발행한 국채나 지방채, 금융기관이 발행한 금융채, 상법상 주식회사가 발행한 회사채 등이 이에 해당된다.

유가증권 중 지분증권에 투자한 경우에는 배당수익을, 채무증권에 투자한 경우에는 이자수익을 얻을 수 있으며, 이들 증권들의 취득원가보다 공정가액이 높을 경우에는 유가증권을 처분함으로써 매매차익을 얻을 수 있다.

K-IFRS에서는 이러한 유가증권(지분증권과 채무증권)을 금융자산 중 하나로 분류하고, 투자목적으로 취득한 유가증권은 취득한 후에 당기손익인식금융자산, 만기보유금융자산과 매도가능금융자산 중의 하나로 분류하도록 규정하고 있다.[11)]

(1) 당기손익인식금융자산

당기손익인식금융자산은 공정가치 재측정손익을 당기손익에 반영하는 금융자산으로 두 개의 하위 범주가 있다.

---

11) 한국채택국제회계기준서 제1039호 '금융상품의 인식과 측정'에서는 금융자산을 현금및현금성자산을 제외하고 대여금 및 수취채권, 당기손익인식금융자산, 만기보유금융자산, 매도가능금융자산의 네 가지 범주로 분류하여 인식과 측정하고 이에 따라 공시하도록 하고 있으나, 한국채택국제회계기준서 제1109호 '금융상품'은 금융자산을 회계목적에 근거하여 공정가치측정금융자산(당기손익인식금융자산, 매도가능금융자산)과 상각후원가측정금융자산(만기보유금융자산, 대여금 및 수취채권)으로 구분하여 인식과 측정을 하도록 규정하고 있다(2013년 1월 1일부터 적용예정).

① 단기매매금융자산

단기매매금융자산은 단기간 내의 매매차익을 얻기 위하여, 즉 주로 단기간 내에 매각할 목적으로 취득한 금융자산으로 매입과 매도가 빈번하게 이루어지는 금융자산을 말한다.

② 당기손익인식지정금융자산

당기손익인식지정금융자산은 단기매매목적은 아니지만 최초인식시점에 당기손익인식항목으로 지정하여야 더 목적적합한 정보를 제공하는 금융자산을 말한다(예: 공정가치기준에 근거한 정보제공목적).

(2) 만기보유금융자산

만기보유금융자산은 만기가 고정되었고 지급금액이 확정되어 있으며 만기까지 보유할 적극적인 의도와 능력이 있는 경우의 금융자산을 말한다. 지분증권은 만기가 없기 때문에 만기보유금융자산으로 분류될 수 없으며, 채무증권만이 만기보유금융자산으로 분류될 수 있다.

(3) 매도가능금융자산

매도가능금융자산은 당기손익인식금융자산이나 만기보유금융자산으로 분류되지 아니한 금융자산을 말한다.

유가증권의 분류

구 분	투자목적	재무상태표 표시	유가증권 구분	
			주 식	채 권
당기손익인식금융자산	당기손익인식목적	유동자산	O	O
매도가능금융자산	장기투자목적	비유동자산	O	O
만기보유금융자산	만기보유목적	비유동자산	×	O

※ 원칙적으로 매도가능금융자산과 만기보유금융자산은 비유동자산으로 분류하나, 재무상태표일로부터 12개월 이내에 만기가 도래하거나 또는 매도 등에 의하여 처분할 것이 거의 확실한 경우에는 비유동자산이 아닌 유동자산으로 분류한다.

2. 유가증권의 회계처리

(1) 유가증권의 취득원가

당기손익인식금융자산을 제외한 모든 유가증권은 최초 인식시점의 공정가치[12]에 거래원가[13]를 가산하여 취득원가로 인식하며, 당기손익인식금융자산의 경우에는 최초에 공정가치를 취득원가로 인식하고 거래원가는 당기비용으로 처리한다.

(2) 유가증권의 후속측정

① 당기손익인식금융자산

단기매매금융자산은 단기매매차익이 투자목적이므로 평가와 처분이 주된 회계처리 대상이며, 당기손익인식지정금융자산의 경우에도 평가와 처분이 주된 회계처리 대상이다. 따라서 이하 단기매매금융자산을 중심으로 살펴보기로 한다.

단기매매금융자산은 보고기간 말 공정가치로 평가하며, 평가에 따른 미실현보유손익은 포괄손익계산서에 당기손익으로 반영한다.

• 단기매매금융자산평가손익 = 기말 공정가치 − 평가직전 장부금액

단기매매금융자산의 기말 공정가치가 평가직전 장부금액보다 크면 그 차이를 단기매매금융자산평가이익으로 계상하고 단기매매금융자산의 장부금액을 증가시킨다. 기말 공정가치가 평가직전 장부금액보다 작은 경우는 그 차이를 단기매매금융자산평가손실로 계상하고 단기매매금융자산의 장부금액을 감소시킨다.

	구 분	회 계 처 리
결산일	평가직전 장부금액 < 기말 공정가치	(차) 단기매매금융자산 xx (대) 단기매매금융자산평가이익 xx
	평가직전 장부금액 > 기말 공정가치	(차) 단기매매금융자산평가손실 xx (대) 단기매매금융자산 xx

12) 공정가치(fair value)란 합리적인 판단력과 거래의사가 있는 독립된 당사자 간에 자산이 교환될 수 있는 금액을 말하며, 시장성 있는 유가증권의 경우 시장가격이 곧 공정가치이다.
13) 거래원가(transaction cost)란 금융자산의 취득, 발행 또는 처분과 직접 관련된 증분원가인 부대비용(중개수수료, 감독기관과 증권거래소의 부과금 및 세금 등)을 말한다.

단기매매금융자산을 처분하는 경우에는 단기매매금융자산의 처분시점의 장부금액과 처분금액과의 차액을 단기매매금융자산처분이익과 단기매매금융자산처분손실로 회계처리한다. 단기매매금융자산 처분금액은 단기매매금융자산의 매각대금에서 매각과 관련된 수수료를 차감한 금액이어야 하며, 처분시 발생한 단기매매금융자산처분손익은 포괄손익계산서에 당기손익으로 인식한다.

• 단기매매금융자산 처분손익 = 처분금액 − 처분시점의 장부금액

	구 분	회 계 처 리
처분시	처분금액 > 처분시점 장부금액	(차) 현 금 xxx (대) 단기매매금융자산 xxx 단기매매금융자산 처분이익 xx
	처분금액 < 처분시점 장부금액	(차) 현 금 xxx 단기매매금융자산처분손실 xx (대) 단기매매금융자산 xx

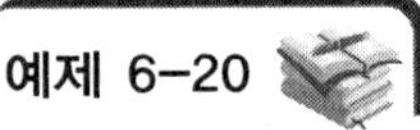

예제 6-20

다음 거래를 회계처리 하시오.

3월 3일 단기매매차익을 목적으로 A주식 100주(주당 액면금액 ₩500)를 주당 ₩2,000에 매입하고, 매입수수료 ₩10,000과 함께 현금으로 지급하다.

4월 31일 A사는 배당금으로 주당 액면금액의 10%를 현금으로 지급하였다.

8월 8일 A주식 50주를 주당 ₩2,500에 처분하고, 매각수수료 ₩20,000을 차감한 잔액을 현금으로 수취하다.

12월 31일 결산일 현재 A주식의 주당 공정가액은 ₩2,500(또는 ₩1,500)이다.

풀이

일자	차변	금액	대변	금액
3월 3일	(차) 단기매매금융자산	200,000	(대) 현 금	210,000
	수수료비용	10,000		
	▶ (100주 × ₩2,000 = ₩200,000)			
4월 31일	(차) 현 금	5,000	(대) 배당금수익	5,000
8월 8일	(차) 현 금	105,000	(대) 단기매매금융자산	100,000
			단기매매금융자산 처 분 이 익	5,000
	▶ (50주 × ₩2,500 − ₩20,000 = ₩105,000)			

12월 31일	(차) 단기매매금융자산	25,000	(대) 단기매매금융자산 평 가 이 익	25,000
(12월 31일	(차) 단기매매금융자산 평 가 손 실	25,000	(대) 단기매매금융자산	25,000)

② 매도가능금융자산

공정가치를 신뢰성있게 측정할 수 있는 매도가능금융자산은 공정가치를 재무상태표 가액으로 한다.

공정가치로 평가하면서 발생한 미실현보유손익은 당기손익으로 인식하지 않고 매도가능금융자산평가손익으로 하여 포괄손익계산서에 기타포괄손익으로 인식하며, 이를 당기 이전에 발생한 평가손익과 합산하여 재무상태표상의 기타자본구성요소(기타포괄손익누계액)에 순액으로 계상한다.

매도가능금융자산평가손익을 당기손익으로 인식하지 않고 기타포괄손익으로 인식하는 이유는, 매도가능금융자산은 장기간 투자목적으로 보유하는 자산이므로 단기적인 매각의도가 없기 때문이다. 따라서 보유기간 중에 발생하는 공정가치 평가손익을 당기손익에 즉시 반영하는 경우, 경영자의 경영성과가 왜곡될 수 있으므로 기타포괄손익에 반영하여 당기손익의 인식시기를 당해 금융자산의 제거시점까지 이연시키는 것이다.

공정가치로 평가하는 매도가능금융자산을 처분하는 경우에는 매도가능금융자산의 처분금액과 처분직전 장부금액과의 차액을 매도가능금융자산처분이익이나 매도가능금융자산처분손실로 하여 당기손익으로 인식한다.

이 경우 기타포괄손익누계액에 계상된 매도가능금융자산평가손익누계액은 매도가능금융자산을 처분하는 시점에 일괄적으로 처분손익에 가감하여 당기손익으로 재분류한다. 결과적으로 매도가능금융자산처분손익은 당해 매도가능금융자산의 처분금액과 취득원가와의 차액이 된다.

예제 6-21

다음 거래를 회계처리 하시오.

(주)UT는 20x1년 1월 3일 A사 주식 200주를 @₩4,500(액면가 ₩500)에 장기투자목적으로 취득하여 대금은 수표를 발행하여 지급하고, 매입수수료 ₩100,000은 현금으로 지급하였다.

A사 주식의 공정가치는 20x1년 말 ₩700,000, 20x2년 말 ₩1,500,000이었다. (주)UT는 20x3년 9월 15일 A사 주식을 ₩1,600,000에 처분하였다.

20x1. 1. 3.

(차) 매도가능금융자산	1,000,000	(대) 당 좌 예 금	900,000
		현 금	100,000

20x1. 12. 31.

(차) 매도가능금융자산평가손실	300,000	(대) 매도가능금융자산	300,000

▶ ₩1,000,000 − ₩700,000 = ₩300,000

20x2. 12. 31.

(차) 매도가능금융자산	800,000	(대) 매도가능금융자산평가손실	300,000
		매도가능금융자산평가이익	500,000

▶ ₩1,500,000 − ₩700,000 = ₩800,000

- 평가이익이 발생하면 그 전의 평가손실과 먼저 상계를 하고, 평가손실이 발생하면 그 전에 발생한 평가이익과 상계하여 나머지 잔액만을 기록한다.

20x3. 9. 15.

(차) 현 금	1,600,000	(대) 매도가능금융자산	1,500,000
		매도가능금융자산처분이익	100,000
(차) 매도가능금융자산평가이익	500,000	(대) 매도가능금융자산처분이익	500,000

- 기타포괄손익누계액에 계상된 매도가능금융자산평가손익누계액은 매도가능금융자산을 처분하는 시점에 일괄적으로 처분손익에 가감하여 당기손익으로 재분류한다.

▶ 매도가능금융자산처분이익 = 매도가능금융자산 처분금액 − 매도가능금융자산 취득원가
= ₩1,600,000 − ₩1,000,000
= ₩600,000

③ 만기보유금융자산

사채와 같은 채무증권을 만기까지 보유하는 경우 만기보유금융자산으로 분류한다. 만기보유금융자산의 취득원가는 당해 금융자산으로부터 발생하는 미래현금흐름을 취득 당시 시장이자율로 할인한 현재가치로 결정된다. 미래현금흐름은 액면이자와 원금으로 구성되며, 액면이자는 기간별로 지급받고 원금은 만기에 일시상환 받는다. 만기보유금융자산의 취득원가는 액면이자율[14]과 시장이자율[15]의 상대적 크기에 따라 액면금액과 일치할 수도 있고 일치하지 않을 수도 있다.

예를 들어, (주)UT가 20x1년 초에 A회사가 발행한 사채(액면금액 ₩1,000,000, 액면이자율 10%, 액면이자 매년 말 지급, 만기 20x3년 말)를 만기보유목적으로 취득하고 현금 지급하였다면, 이 사채의 취득원가는 시장이자율에 따라 다음과 같이 결정된다.

---

14) 액면이자율(coupon rate)은 채권의 표면에 표시된 이자율을 말하며, 사채의 액면가액에 액면이자율을 적용하여 산정한 이자를 액면이자라고 한다.

15) 시장이자율(market interest rate)은 자금의 수요와 공급에 의하여 시장에서 형성된 채권의 유통수익률을 말하며, 시장이자율에 의하여 채권의 시장가격이 결정된다.

[미래현금흐름]

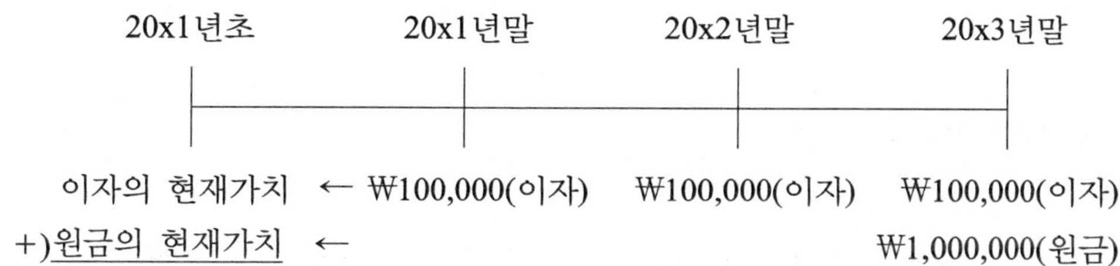

이자의 현재가치 ← ₩100,000(이자) ₩100,000(이자) ₩100,000(이자)
+)원금의 현재가치 ← ₩1,000,000(원금)

[취득원가]

① 시장이자율이 10%일 때(액면이자율＝시장이자율 : 액면취득)

이자의 현재가치 : ₩100,000 × 2.48685(3년, 10% 연금현가계수) ≒		₩248,690
원금의 현재가치 : ₩1,000,000 × 0.75131(3년, 10% 현가계수) =		751,310
계		₩1,000,000

일 자	회 계 처 리			
20x1년 초	(차) 만기보유금융자산	1,000,000	(대) 현 금	1,000,000
20x1. 12. 31	(차) 현 금	100,000	(대) 이자수익	100,000
20x2. 12. 31	(차) 현 금	100,000	(대) 이자수익	100,000
20x3. 12. 31	(차) 현 금	100,000	(대) 이자수익	100,000
	(차) 현 금	1,000,000	(대) 만기보유금융자산	1,000,000

② 시장이자율이 12%일 때(액면이자율 < 시장이자율 : 할인취득)

이자의 현재가치 : ₩100,000 × 2.40183(3년, 12% 연금현가계수) =	₩240,183
원금의 현재가치 : ₩1,000,000 × 0.71178(3년, 12% 현가계수) =	711,780
계	₩951,963

일 자	회 계 처 리			
20x1년 초	(차) 만기보유금융자산	951,963	(대) 현 금	951,963

③ 시장이자율이 8%일 때(액면이자율 > 시장이자율 : 할증취득)

이자의 현재가치 : ₩100,000 × 2.57710(3년, 8% 연금현가계수) =	₩257,710
원금의 현재가치 : ₩1,000,000 × 0.79383(3년, 8% 현가계수) =	793,830
계	₩1,051,540

일 자	회 계 처 리			
20x1년 초	(차) 만기보유금융자산	1,051,540	(대) 현 금	1,051,540

▶ 현재가치의 계산

① 일시금의 현재가치

일시금의 현재가치(present value: PV)란 미래의 일정금액을 현재시점의 가치로 환산한 것을 말하며, 이를 할인이라 하고 이때 적용되는 이자율을 할인율이라고 한다.

현재가치는 공식 $PV = FVn \times 1/(1+r)^n$을 이용하여 계산할 수도 있으나, 미래일시금 ₩1에 대하여 다양한 기간과 이자율을 적용하여 작성해 놓은 표, 즉 현재가치계수표를 이용하면 보다 쉽게 현재가치를 구할 수 있다.

예를 들어, 이자율 10%와 기간 3년이 만나는 칸의 값은 0.75131인데, 이것은 이자율이 10%일 경우 3년 후 ₩1의 현재가치의 값이 ₩0.75131이라는 것을 의미한다. 따라서 이자율이 10%일 경우 3년 후 ₩1,000,000의 현재가치는 ₩1,000,000×0.75131(3년, 10% 현가계수) =₩751,310이 된다.

▌현재가치계수표▐

이자율(r) / 기간(n)	7%	8%	9%	10%	11%	12%
1	0.93458	0.92593	0.91743	0.90909	0.90090	0.89286
2	0.87344	0.85734	0.84168	0.82645	0.81162	0.79719
3	0.81630	0.79383	0.77218	0.75131	0.73119	0.71178
4	0.76290	0.73503	0.70843	0.68301	0.65873	0.63552
5	0.71299	0.68058	0.64993	0.62092	0.59345	0.56743

② 연금의 현재가치

연금(annuity)이란 일정기간 마다 매기간 말에 일정한 금액을 지불하거나 받는 것을 말하며, 매기간 말에 발생하는 일정한 현금흐름을 현재가치로 환산한 금액을 연금의 현재가치라고 한다.

연금의 현재가치도 공식을 이용하여 계산할 수도 있으나, 연금 ₩1에 대하여 다양한 기간과 이자율을 적용하여 작성해 놓은 표, 즉 연금의 현재가치계수표를 이용하면 보다 쉽게 연금의 현재가치를 구할 수 있다.

예를 들어, 이자율 10%와 기간 3년이 만나는 칸의 값은 2.48685인데, 이것은 이자율이 10%일 경우 3년 동안 매년 말에 ₩1을 받기로 한 경우에 연금의 현재가치의 값이 ₩2.48685라는 것을 의미한다. 따라서 이자율이 10%일 경우 3년 동안 매년 말에 ₩100,000을 수취할 경우 연금의 현재가치는 ₩100,000×2.48685(3년, 10% 연금현가계수)=₩248,685이 된다.

▌연금의 현재가치계수표▌

이자율(r) / 기간(n)	7%	8%	9%	10%	11%	12%
1	0.93458	0.92593	0.91743	0.90909	0.90090	0.89286
2	1.80802	1.78326	1.75911	1.73554	1.71252	1.69005
3	2.62432	2.57710	2.53129	2.48685	2.44371	2.40183
4	3.38721	3.31213	3.23972	3.16987	3.10245	3.03735
5	4.10020	3.99271	3.88965	3.79079	3.69590	3.60478

만기보유금융자산으로 분류되는 채무증권은 만기까지 보유할 채무증권이므로 기말에 공정가치로 평가하지 않고 상각후원가로 후속측정하여 재무상태표에 표시한다. 만기보유금융자산을 상각후원가로 측정할 때에는 취득원가와 만기액면가액의 차액, 즉 할인액과 할증액을 상환기간에 걸쳐 유효이자율법[16]에 의하여 상각하여 취득원가와 이자수익에 가감한다.

상각후원가란 유효이자율법에 의한 상각표상의 장부금액을 말하는데, 이에 대한 회계처리는 제9장 사채의 회계처리에서 살펴보도록 한다.

16) 유효이자율법이란 유효이자액(장부금액 × 유효이자율)을 당기 이자수익(또는 이자비용)으로 인식하고, 유효이자액과 액면이자액(현금수취액)의 차액을 금융자산과 사채의 장부금액에 가감하는 방법을 말하며, 여기에서 유효이자율은 사채의 미래현금흐름의 현재가치를 발행가액과 일치시켜 주는 할인율을 의미하는데 일반적으로 시장이자율과 일치한다.

제 7 장

유형자산

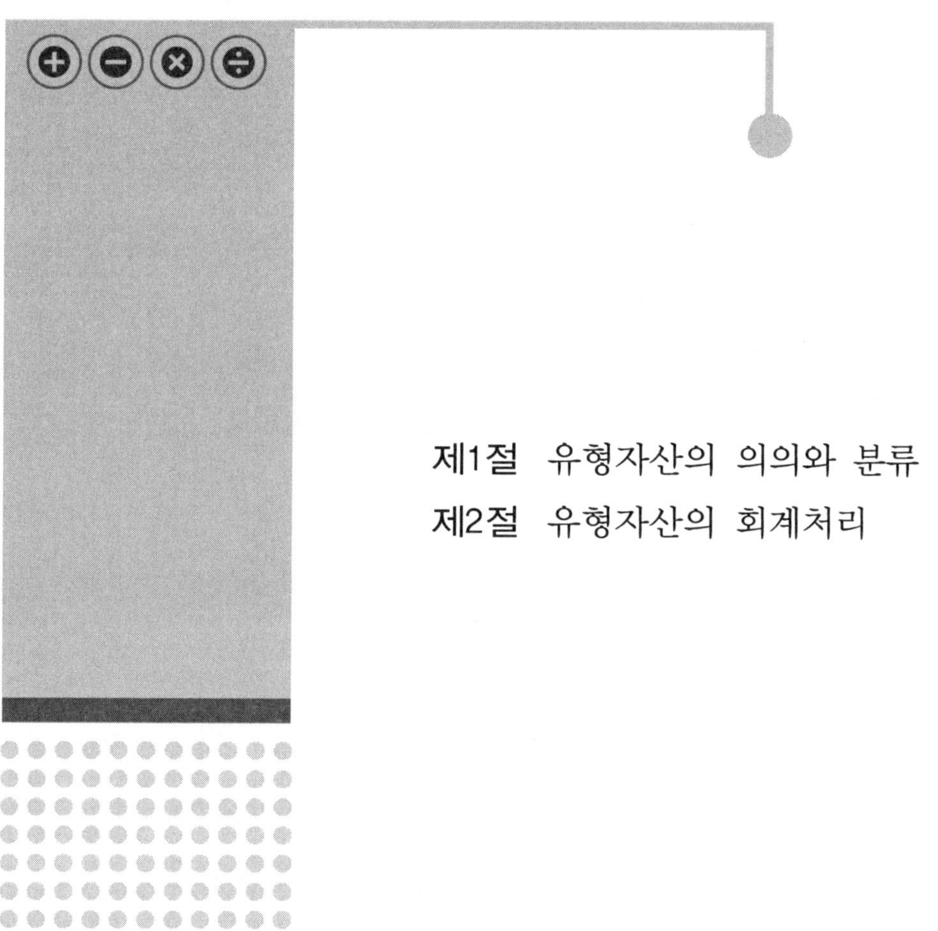

제7장 | 유형자산

제1절 | 유형자산의 의의와 분류

유형자산(tangible assets)이란 판매나 처분을 목적으로 하지 않고 비교적 장기간 기업의 정상적인 영업활동과정에서 재화의 생산, 판매 및 용역제공을 위한 수단으로 보유하고 있는 물리적 형태가 있는 자산으로써, 한 회계기간을 초과하여 사용할 것이 예상되는 자산이다. 즉, 유형자산은 영업활동에 장기간 사용할 목적으로 취득한 자산으로써 미래 장기에 걸쳐 경제적효익을 제공할 것으로 기대되는 물리적 실체를 가진 자산으로 그 특징은 다음과 같다.

① 영업활동에 사용할 목적으로 취득한 자산
② 물리적인 형태가 있는 자산
③ 장기간 경제적효익을 제공할 수 있는 자산
④ 일반적으로 감가상각의 대상이 되는 자산

유형자산은 재판매나 투자를 목적으로 보유하고 있는 것이 아니라 기업의 영업활동에 사용할 목적으로 보유한다는 점에서 재고자산이나 투자목적의 자산과는 다르며, 실물형태를 갖추고 있다는 점에서 무형자산과 구별된다.

일반적으로 유형자산은 토지, 건물, 구축물, 기계장치, 건설중인자산, 기타자산(차량운반구, 비품 등) 등으로 분류한다.

제2절 유형자산의 회계처리

유형자산과 관련된 회계처리는 크게 다섯 가지로 나누어 볼 수 있다.

① 유형자산의 취득시 취득원가의 결정문제
② 유형자산의 감가상각문제
③ 취득일 이후 사용하는 과정에서 유형자산과 관련하여 지출한 비용의 회계처리
④ 유형자산의 재평가문제
⑤ 유형자산의 처분시 회계처리

1. 유형자산의 취득원가

일반적인 취득의 경우 유형자산의 취득원가는 유형자산의 구입가격에 직접관련원가를 가산하여 결정한다.

• 유형자산의 취득원가 = 순구입가격 + 직접관련원가

유형자산의 구입가격(purchase price)은 관세 및 환급불가능한 취득 관련 세금(취득세, 등록세 등 취득과 직접 관련된 제세공과금)을 가산하고 매입할인과 리베이트 등을 차감한 순구입가격을 말한다.

직접관련원가(directly attributable costs)는 경영진이 의도하는 방식으로 유형자산을 가동하는 데 필요한 장소와 상태에 이르게 하는 데 직접 관련되는 원가를 말하며[17] 취득부대비용이라고도 한다.

17) 따라서 유형자산이 경영진이 의도하는 방식으로 가동될 수 있는 장소와 상태에 이른 후에 발생하는 원가는 유형자산의 원가에 포함하지 않는다. 즉, 유형자산을 사용하거나 이전하는 과정에서 발생하는 원가는 당해 유형자산의 장부금액에 포함하여 인식하지 아니한다.

유형자산의 직접관련원가의 예

① 유형자산의 매입 또는 건설과 직접적으로 관련되어 발생한 종업원급여
② 설치장소 준비원가
③ 최초의 운송 및 취급관련 원가
④ 설치원가 및 조립원가
⑤ 유형자산이 정상적으로 작동되는지 여부를 시험하는 과정에서 발생하는 시험원가. 단, 시험과정에서 생산된 재화(예: 장비의 시험과정에서 생산된 시제품)의 순매각대금은 당해 원가에서 차감
⑥ 유형자산의 취득과 관련하여 전문가에게 지급하는 수수료

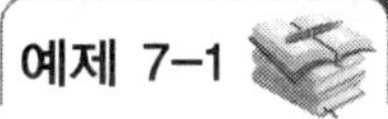
예제 7-1

다음 거래를 회계처리 하시오.

1월 5일 건물을 구입하고 구입대금 ₩2,000,000은 3개월 만기 약속어음으로 발행하고, 중개수수료 ₩10,000과 등기비용 및 취득세, 등록세 ₩120,000은 현금으로 지급하다.
3월 5일 기계를 ₩1,000,000에 구입하고 구입대금은 수표를 발행하여 지급하다. 운반비 ₩10,000, 등록비용 ₩1,000, 설치비용 ₩80,000 및 시운전비 ₩9,000은 현금으로 지급하다.

풀이

1월 5일 (차) 건 물	2,130,000	(대)	미지급금	2,000,000
			현 금	130,000
3월 5일 (차) 기계장치	1,100,000	(대)	당좌예금	1,000,000
			현 금	100,000

2. 유형자산의 감가상각

(1) 감가상각의 의의

토지와 건설중인자산을 제외한 유형자산은 시간이 경과하고, 사용하거나 진부화 등으로 인하여 그 기능이나 경제적 가치가 점차 감소하는데 이를 유형자산의 감가라고 한다.

유형자산의 경제적 가치가 감소되는 여러 가지 원인을 파악하여 그 감소분에 대한 금액을 정확히 측정한다는 것은 현실적으로 불가능하다. 따라서 유형자산의 경제적 가

치의 감소분을 인위적이기는 하지만 합리적이고 체계적인 방법을 사용하여 수익창출에 기여하는 동안 수익·비용 대응의 원칙[18]에 따라 비용으로 인식하여야 적정한 기간손익을 구할 수 있다. 이와 같이 유형자산의 사용으로 인하여 수익이 창출되는 기간에 그에 대응하는 비용을 인식하기 위하여, 유형자산의 취득원가를 내용연수에 걸쳐 합리적이고 체계적인 방법에 따라 비용으로 배분하는 과정을 감가상각(depreciation)이라고 하며, 감가상각의 회계절차에 의하여 각 회계연도에 배분된 비용을 감가상각비라고 한다.

(2) 감가상각의 회계처리

유형자산의 가치감소는 부지불식간에 지속적으로 일어나지만 회계처리시점이나 금액을 결정하는 것이 매우 어렵다. 따라서 결산시 결산정리분개를 통해 일괄적으로 처리한다. 감가상각비의 회계처리방법에는 직접법과 간접법이 있다.

① 직접법

직접법은 감가상각액을 감가상각비계정의 차변에 기입하는 동시에 해당 유형자산계정의 대변에 기입하여 직접 해당 유형자산의 금액을 감소시키는 방법이다.

12월 31일 (차) 감가상각비 xxx (대) 해당 유형자산 xxx

이 방법은 취득 후 상당기간이 지나면 취득원가를 알 수 없고, 취득 후 현재까지의 비용배분금액(이를 '감가상각누계액' 이라 함)도 알 수 없다는 단점이 있다. 따라서 감가상각에 대한 회계처리는 일반적으로 간접법을 사용한다.

12월 31일 건물(취득원가 ₩5,000,000)에 대한 감가상각비 ₩1,000,000을 계상하다. 직접법에 의해 감가상각에 따른 회계처리를 하시오.

12월 31일 (차) 감가상각비 1,000,000 (대) 건 물 1,000,000

재무상태표

유형자산	4,000,000	

18) 수익·비용 대응의 원칙이란 수익이 인식된 시점에서 수익과 관련된 비용을 대응시켜 인식하는 것을 말하며, 기간손익의 적정성과 관계가 있다.

② 간접법

간접법은 감가상각액을 해당 유형자산의 금액에서 직접 감소시키지 않고 감가상각누계액계정을 설정하여 매년도의 감가상각액을 누적 표시하는 방법이다. 즉, 간접법은 감가상각액을 감가상각비계정의 차변에 기입하고 대변에 감가상각누계액계정을 설정하여 기입하는 방법으로, 해당 유형자산을 감가상각누계액계정을 통하여 간접적으로 감소시키는 방법이다.

12월 31일 (차) 감가상각비 xxx (대) 감가상각누계액 xxx

따라서 간접법에 의하면 해당 유형자산계정은 항상 취득원가로 표시되고, 감가상각누계액계정의 대변은 매년도의 감가상각액의 누계액이 집계되어 해당 유형자산의 취득원가에서 이를 차감하면 장부금액(book value)이 된다.

• 장부금액 = 취득원가 − 감가상각누계액

감가상각누계액계정은 유형자산의 차감적 평가계정[19]으로써 대변잔액으로 나타난다. 그러나 이를 재무상태표에 표시할 때에는 유형자산 총액에서 감가상각누계액을 차감한 유형자산 순액으로 표시하고 관련내용은 주석으로 공시하거나 또는 해당 유형자산에서 차감하는 형식으로 표시할 수도 있다.

예제 7-3

12월 31일 건물(취득원가 ₩5,000,000)에 대한 감가상각비 ₩1,000,000을 계상하다. 간접법에 의해 감가상각에 따른 회계처리를 하시오.

풀이

12월 31일 (차) 감가상각비 1,000,000 (대) 감가상각누계액 1,000,000

재무상태표

유형자산	4,000,000	

※ 관련내용은 주석으로 공시한다.

재무상태표

건 물	5,000,000	
감가상각 누 계 액	(1,000,000)	

19) 평가계정이란 특정 계정과목을 가산하거나 차감하는 성격의 계정과목을 말한다.

(3) 감가상각의 요소

감가상각의 요소란 감가상각비를 계산하기 위하여 필요한 자료들을 말한다. 감가상각의 요소에는 감가상각대상금액, 내용연수 및 감가상각방법이 있다.

1) 감가상각대상금액

감가상각대상금액(depreciation base)은 유형자산의 취득원가에서 잔존가치를 차감한 금액을 말하며, 당해 유형자산을 수익획득과정에 이용하는 기간 동안 인식할 총감가상각비를 의미한다.

• 감가상각대상금액 = 취득원가 - 잔존가치

잔존가치(salvage value)는 내용연수가 경과한 후 유형자산의 처분시 추정되는 처분가액에서 처분과 관련된 비용(처분부대원가)을 차감한 금액의 추정치를 말한다. 잔존가치는 자산의 성격이나 업종 등을 고려하여 객관적이고 합리적으로 추정해야 한다. 그러나 잔존가치를 객관적으로 추정하는 것은 어려우므로 실무적으로는 계산상의 편의나 세법의 규정을 준용하여 잔존가치는 취득원가의 5%나 없는 것(O)으로 추정하는 것이 일반적이다.

2) 내용연수

내용연수(useful life)는 기업에서 유형자산이 사용가능할 것으로 기대되는 기간 또는 유형자산에서 얻을 것으로 예상되는 생산량이나 이와 유사한 단위 수량을 말한다. 법인세법에서는 유형자산에 대한 내용연수를 별도로 규정하고 있다.

3) 감가상각방법

감가상각방법은 감가상각비를 인식하기 위하여 감가상각대상금액을 내용연수 동안 배분하는 방법을 말한다. 감가상각방법은 균등상각법, 체감상각법 및 활동기준법 등으로 분류할 수 있다.

균등상각법(straight-line method)은 매기 일정액의 감가상각비를 인식하는 방법이고, 체감상각법(가속상각법: accelerated depreciation method)은 내용연수 초반에는 감가상각비를 많이 인식하고 후반으로 갈수록 감가상각비를 적게 인식하는 방법이며, 활동기준법(activity method)은 자산을 이용한 활동량에 따라 감가상각비를 인식하는 방법이다.

감가상각방법

균등상각법	정액법
체감상각법	정률법, 이중체감법, 연수합계법
활동기준법	생산량비례법, 작업시간비례법

이와 같이 유형자산의 감가상각방법에는 여러 가지가 있으나 실무적으로는 정액법과 정률법이 많이 사용되고 있다.

① 정액법

정액법(straight-line method)은 유형자산의 감가가 시간의 경과에 비례하여 발생하는 것으로 가정하여 매년 동일한 금액을 상각하는 방법이다. 즉, 정액법은 취득원가에서 잔존가치를 차감한 감가상각대상금액을 내용연수로 나누어 감가상각비를 매 회계기간 동안 균등하게 할당하여 상각하는 방법이다.

$$\bullet\ \text{매기 감가상각비} = \frac{\text{취득원가} - \text{잔존가치}}{\text{내용연수}}$$

이 방법은 계산이 간단하고 매기 상각액이 균등하게 계산된다는 장점은 있으나, 조업의 변동에 따른 자산의 가치를 고려하지 않는다는 단점이 있다.

예제 7-4

(주)UT는 20x1년 1월 1일 차량운반구를 ₩1,000,000에 구입하였다. 내용연수는 5년, 잔존가치는 ₩100,000으로 추정된다. 매기 감가상각비, 감가상각누계액 및 장부금액을 정액법에 의해 계산하시오.

풀이

$$\bullet\ \text{매기 감가상각비} = \frac{(\text{취득원가} - \text{잔존가치})}{\text{내용연수}} = \frac{₩1{,}000{,}000 - ₩100{,}000}{5} = ₩180{,}000$$

▌정액법에 의한 감가상각표▐

일 자	감가상각비	감가상각누계액	장부금액
20x1. 1. 1			₩1,000,000
20x1. 12. 31	₩180,000	₩180,000	820,000
20x2. 12. 31	180,000	360,000	640,000

20x3. 12. 31	180,000	540,000	460,000
20x4. 12. 31	180,000	720,000	280,000
20x5. 12. 31	180,000	900,000	100,000
계	₩900,000		

☞ 미상각잔액, 즉 (취득원가 − 감가상각누계액)을 장부금액이라 한다.

* 20x1. 12. 31일 감가상각비 : (₩1,000,000 − ₩100,000) ÷ 5 = ₩180,000
* 20x2. 12. 31일 감가상각비 : (₩1,000,000 − ₩100,000) ÷ 5 = ₩180,000
* 20x3. 12. 31일 감가상각비 : (₩1,000,000 − ₩100,000) ÷ 5 = ₩180,000
* 20x4. 12. 31일 감가상각비 : (₩1,000,000 − ₩100,000) ÷ 5 = ₩180,000
* 20x5. 12. 31일 감가상각비 : (₩1,000,000 − ₩100,000) ÷ 5 = ₩180,000

* 20x1. 12. 31일 감가상각누계액 : ₩180,000
* 20x2. 12. 31일 감가상각누계액 : ₩180,000 + ₩180,000 = ₩360,000
* 20x3. 12. 31일 감가상각누계액 : ₩360,000 + ₩180,000 = ₩540,000
* 20x4. 12. 31일 감가상각누계액 : ₩540,000 + ₩180,000 = ₩720,000
* 20x5. 12. 31일 감가상각누계액 : ₩720,000 + ₩180,000 = ₩900,000

* 20x1. 1. 1일 장부금액 : ₩1,000,000
* 20x1. 12. 31일 장부금액 : ₩1,000,000 − ₩180,000 = ₩820,000
* 20x2. 12. 31일 장부금액 : ₩820,000 − ₩180,000 = ₩640,000
* 20x3. 12. 31일 장부금액 : ₩640,000 − ₩180,000 = ₩460,000
* 20x4. 12. 31일 장부금액 : ₩460,000 − ₩180,000 = ₩280,000
* 20x5. 12. 31일 장부금액 : ₩280,000 − ₩180,000 = ₩100,000

② 정률법

정률법(fixed-percentage rate method)은 유형자산의 미상각잔액(장부금액), 즉 취득원가 − 감가상각누계액에 매기 일정한 상각률을 곱하여 감가상각비를 계산하는 방법이다.

• 매기 감가상각비 = 미상각잔액(장부금액) × 상각률
= (취득원가 − 감가상각누계액) × 상각률

• 상각률$(r) = 1 - \sqrt[n]{\frac{\text{추정잔존가치}}{\text{취득원가}}}$ (여기서, n은 내용연수)

이 방법은 유형자산 구입 초기에 많이 상각되고 시간이 경과할수록 상각액이 점차로 감소된다는 특징이 있다. 그러나 상각률 계산이 복잡하고 잔존가치가 없는 경우에는 적용할 수 없다는 문제점이 있다.

예제 7-5 

(주)UT는 20x1년 1월 1일 차량운반구를 ₩1,000,000에 구입하였다. 내용연수는 5년, 잔존가치는 ₩100,000으로 추정된다. 매기 감가상각비, 감가상각누계액 및 장부금액을 정률법(상각률은 0.369)에 의해 계산하시오.

풀이

• 매기 감가상각비 = 미상각잔액×상각률=(취득원가－감가상각누계액)×상각률

▌정률법에 의한 감가상각표▐

일 자	감가상각비	감가상각누계액	장부금액
20x1. 1. 1			₩1,000,000
20x1. 12. 31	₩369,000	₩369,000	631,000
20x2. 12. 31	232,839	601,839	398,161
20x3. 12. 31	146,921	748,760	251,240
20x4. 12. 31	92,708	841,468	158,532
20x5. 12. 31	58,532 ◀	900,000	100,000
계	₩900,000		

* 20x1. 12. 31 감가상각비 = ₩1,000,000×0.369 = ₩369,000
* 20x2. 12. 31 감가상각비 = (₩1,000,000－₩369,000)×0.369
  = ₩631,000×0.369 = ₩232,839
* 20x3. 12. 31 감가상각비 = (₩1,000,000－₩369,000－₩232,839)×0.369
  = ₩398,161×0.369 = ₩146,921
* 20x4. 12. 31 감가상각비 = (₩1,000,000－₩369,000－₩232,839－₩146,921)×0.369
  = ₩251,240×0.369 = ₩92,708
* 20x5. 12. 31 감가상각비 = (₩1,000,000－₩369,000－₩232,839－₩146,921－₩92,708)×0.369 = ₩158,532×0.369 = ₩58,532 ◀
  (▶ 잔존가치가 ₩100,000이 되도록 단수차이를 조정함)

* 20x1. 12. 31일 감가상각누계액 : ₩369,000
* 20x2. 12. 31일 감가상각누계액 : ₩369,000 + ₩232,839 = ₩601,839
* 20x3. 12. 31일 감가상각누계액 : ₩601,839 + ₩146,921 = ₩748,760
* 20x4. 12. 31일 감가상각누계액 : ₩748,760 + ₩92,708 = ₩841,468
* 20x5. 12. 31일 감가상각누계액 : ₩841,468 + ₩58,532 = ₩900,000

* 20x1. 1. 1일 장부금액 : ₩1,000,000
* 20x1. 12. 31일 장부금액 : ₩1,000,000 − ₩369,000 = ₩631,000
* 20x2. 12. 31일 장부금액 : ₩1,000,000 − ₩601,839 = ₩398,161
* 20x3. 12. 31일 장부금액 : ₩1,000,000 − ₩748,760 = ₩251,240
* 20x4. 12. 31일 장부금액 : ₩1,000,000 − ₩841,468 = ₩158,532
* 20x5. 12. 31일 장부금액 : ₩1,000,000 − ₩900,000 = ₩100,000

▶ 감가상각자산의 상각률

법인세법에서는 정액법(잔존가치 O 적용)과 정률법(잔존가치 5% 적용)으로 각각 구분하여 내용연수별 감가상각자산의 상각률을 규정하고 있다.

▌감가상각자산의 상각률 표▐

내용연수	정액법	정률법	내용연수	정액법	정률법
			11년	0.090	0.239
2년	0.500	0.777	12년	0.083	0.221
3년	0.333	0.632	13년	0.076	0.206
4년	0.250	0.528	14년	0.071	0.193
5년	0.200	0.451	15년	0.066	0.182
6년	0.166	0.394	16년	0.062	0.171
7년	0.142	0.349	17년	0.058	0.162
8년	0.125	0.313	18년	0.055	0.154
9년	0.111	0.284	19년	0.052	0.146
10년	0.100	0.259	20년	0.050	0.140

3. 유형자산의 후속원가

유형자산은 취득한 후에도 당해 자산과 관련하여 여러 가지 지출이 추가로 발생하게 된다. 즉, 유형자산은 장기간 사용하는 자산이므로 취득 이후 사용과정 중에도 자산과 관련하여 후속적으로 증설, 대체, 수선, 유지 등 여러 가지 크고 작은 지출이 발생하게 된다. 이 추가적인 지출을 후속원가(subsequent costs)라고 한다.

후속원가는 유형자산의 최초 취득원가를 자산으로 인식하는 경우와 동일한 인식기준을 적용하여 인식한다. 즉, 유형자산의 인식요건[20]을 모두 충족하면 당해 지출을 자산으로 인식하며, 충족하지 못하는 경우에는 당해 지출을 당기비용으로 인식한다.

(1) 자산인식요건을 충족하는 후속원가

자산인식요건을 충족하는 후속원가는 관련자산의 장부금액에 가산하며, 당해 지출이 발생한 날부터 감가상각하여 비용으로 배분한다.

일반적으로 자산인식요건을 충족하는 후속원가는 유형자산의 내용연수를 연장시키거나 가치를 실질적으로 증가시키는 경우(생산능력의 증대, 원가절감, 품질향상 등)의 지출로, 자산의 가치를 증가시키므로 이러한 지출액은 해당 유형자산의 취득원가에 가산하여 감가상각을 통하여 비용으로 인식한다.

(차) 해당 유형자산	xxx	(대) 현 금(또는 당좌예금)	xxx

(2) 자산인식요건을 충족하지 아니하는 후속원가

일상적인 수선·유지와 관련하여 발생하는 원가는 해당 유형자산의 장부금액에 포함하여 인식하지 아니하고 발생시점에 당기비용으로 인식한다.

일반적으로 자산인식요건을 충족하지 아니하는 후속원가는 유형자산의 원상을 회복시키거나 능률유지를 위해 지출된 비용으로 발생 즉시 발생한 기간의 비용(수선유지비)으로 인식한다. 예를 들어, 건물의 청결상태를 위해 지출하는 용역비용이나 도색비용, 공장설비에 대한 유지 보수나 수리를 위해 지출하는 비용 등이 이러한 지출에 해당된다.

(차) 수선유지비	xxx	(대) 현 금(또는 당좌예금)	xxx

---

20) ① 자산으로부터 발생하는 미래 경제적효익이 기업에 유입될 가능성이 높다. ② 자산의 원가를 신뢰성 있게 측정할 수 있다.

▶ 법인세법상의 자본적 지출과 수익적 지출[21)]

법인세법상의 자본적 지출	법인세법상의 수익적 지출
본래의 용도를 변경하기 위한 개조	건물 또는 벽의 도장
엘리베이터 또는 냉난방장치의 설치	파손된 유리나 기와의 대체
건물 등에 있어서 피난시설 등의 설치	기계장치의 소모된 부속품의 대체와 벨트의 교체
재해 등으로 인하여 건물, 기계, 설비 등이 멸실 또는 훼손되어 당해 자산의 본래의 용도에 이용가치가 없는 것의 복구	자동차의 타이어 튜브의 대체
기타 개량, 확장, 증설 등 전 각호와 유사한 성질의 것	재해를 입은 자산에 대한 외장의 복구, 도장, 삽입
	기타 조업 가능한 상태의 유지 등 전 각호와 유사한 성질의 것

예제 7-6

다음 거래를 회계처리 하시오.

1월 3일 사무실 벽을 도장하고 공사대금 ₩1,000,000을 현금으로 지급하다.
2월 7일 건물을 증축하고 공사대금 ₩10,000,000을 수표를 발행하여 지급하다.
5월 5일 건물 내부시설을 확충하고 공사대금 ₩2,000,000을 현금으로 지급하다. 공사대금 중 ₩1,500,000은 건물 내부시설 확충비이고, 나머지는 건물 외부의 유리 교체비이다.

풀이

	(차)		(대)	
1월 3일	수선유지비	1,000,000	현 금	1,000,000
2월 7일	건 물	10,000,000	당좌예금	10,000,000
5월 5일	건 물	1,500,000	현 금	2,000,000
	수선유지비	500,000		

21) K-IFRS에서는 자본적 지출과 수익적 지출이라는 용어를 사용하고 있지는 않다. 자본적 지출과 수익적 지출이라는 용어는 기존의 기업회계기준에서 사용하였던 용어이다.

예제 7-7

다음 거래를 회계처리 하시오.

(주)UT는 20x1년 1월 1일 기계장치를 ₩1,000,000에 취득하였다. 내용연수는 10년이고, 잔존가치는 없으며 감가상각방법은 정액법이다. 20x4년 1월 1일 성능 향상을 위하여 ₩200,000을 현금으로 지출하였고 이로 인하여 내용연수는 1년 연장될 것으로 예상되며 이는 자산의 인식요건을 충족한다.

풀이

20x1년 1월 1일

(차) 기계장치	1,000,000	(대) 현 금	1,000,000

20x1년 12월 31일

(차) 감가상각비	100,000	(대) 감가상각누계액	100,000

20x2년 12월 31일

(차) 감가상각비	100,000	(대) 감가상각누계액	100,000

20x3년 12월 31일

(차) 감가상각비	100,000	(대) 감가상각누계액	100,000

20x4년 1월 1일

(차) 기계장치	200,000	(대) 현 금	200,000

20x4년 12월 31일

(차) 감가상각비	112,500	(대) 감가상각누계액	112,500

▶ 20x3년 말 현재 감가상각누계액 : (₩1,000,000 ÷ 10년)×3년＝₩300,000

▶ 20x4년 말 감가상각비 : (₩1,000,000－₩300,000＋₩200,000) ÷ (10년－3년＋1년)
＝ ₩900,000 ÷ 8년
＝ ₩112,500

4. 유형자산의 재평가

K-IFRS에서는 유형자산의 취득 이후의 측정에 대해 원가모형과 재평가모형 중 하나를 선택하여 유형자산 분류별로 동일하게 적용하도록 규정하고 있다.

유형자산의 분류(class)란, 영업상 유사한 성격과 용도에 따라서 자산을 구분한 단위로 토지, 토지와 건물, 기계장치, 선박, 항공기, 차량운반구, 집기, 사무용비품 등을 예로 들 수 있다.

원가모형(cost model)은 유형자산을 취득원가에서 감가상각누계액을 차감한 금액을 장부금액으로 공시하는 방법을 말하며, 재평가모형(revaluation model)은 취득일 이후

공정가치를 신뢰성 있게 측정할 수 있는 유형자산에 대하여는 재평가일의 공정가치[22]에서 재평가일 이후의 감가상각누계액을 차감한 금액을 장부금액으로 공시하는 방법을 말한다.

(1) 재평가 이익

자산의 장부금액이 재평가로 인하여 증가된 경우에는 그 증가액을 재평가잉여금의 계정으로 기타포괄이익으로 인식하고, 기타자본항목(기타포괄손익누계액)에 가산하다. 재평가잉여금은 향후 재평가손실이 발생하는 경우 재평가잉여금 잔액을 한도로 하여 감소시킨다.

(2) 재평가 손실

자산의 장부금액이 재평가로 인하여 감소된 경우에는 그 감소액을 재평가손실의 계정으로 당기손실로 인식한다. 당기손실로 인식한 재평가손실은 향후 재평가이익이 발생하는 경우 기인식 재평가손실을 한도로 하여 당기이익으로 인식한다.

(3) 재평가잉여금의 처리

기타자본항목(기타포괄손익누계액)에 계상된 재평가잉여금은 당해 자산이 폐기되거나 처분되어 재무제표에서 제거될 때 일괄적으로 이익잉여금으로 대체한다. 따라서 재평가잉여금을 이익잉여금으로 대체하는 경우 그 금액을 유형자산처분손익(당기손익)으로 인식할 수 없다.

재평가손익의 인식방법

구 분		수익인식 방법
재평가 이익	최초발생	재평가잉여금으로 기타포괄이익 인식
	추후발생	과거에 당기손실로 반영한 재평가손실과 우선상계 후 기타포괄이익 인식
재평가 손실	최초발생	당기손실로 인식
	추후발생	과거에 인식한 재평가잉여금과 우선상계 후 당기손실로 인식
재평가잉여금		당해 자산이 제거시 이익잉여금으로 직접 대체

22) 토지와 건물의 공정가치는 공인된 감정평가인이 시장가격에 근거하여 평가한 감정가액으로 하며, 설비장치와 기계장치는 일반적으로 감정에 의한 시장가치로 한다.

예제 7-8

다음 거래를 회계처리 하시오.

(주)UT는 20x1년 1월 1일에 토지를 ₩100,000에 구입하였다. (주)UT는 토지에 대하여 재평가모형을 이용하여 회계처리하고 있으며 연도말 토지의 공정가치는 다음과 같다. (주)UT는 20x3년 7월 1일에 토지를 ₩135,000에 매각하였다.

20x1년 12월 31일	20x2년 12월 31일
₩80,000	₩115,000

(1) 재평가모형을 적용하여 20x1년 1월 1일부터 20x3년 7월 1일에 필요한 회계처리를 하시오.

(2) 연도별 부분포괄손익계산서를 작성하시오.

(1) 재평가모형의 회계처리

20x1년 1월 1일

(차)	토 지	100,000	(대) 현 금	100,000

20x1년 12월 31일

(차)	재평가손실(당기손실)	20,000	(대) 토 지	20,000

▶ ₩100,000 − ₩120,000 = △₩20,000

20x2년 12월 31일

(차)	토 지	35,000	(대) 재평가이익(당기이익)	20,000
			재평가잉여금(기타포괄손익)	15,000

▶ ₩115,000 − ₩80,000 = ₩35,000

20x3년 7월 1일

(차)	현 금	135,000	(대) 토 지	115,000
			유형자산처분이익 (당기이익)	20,000
(차)	재평가잉여금[23]	15,000	(대) 이익잉여금	15,000

23) 유형자산을 제거할 때 당해 유형자산과 관련된 재평가잉여금을 이익잉여금으로 직접 대체한다.

(2) 연도별 부분포괄손익계산서

과 목	20x1년	20x2년	20x3년	합 계
[당기손익]				
재평가이익	(20,000)	20,000	–	–
유형자산처분이익	–	–	20,000	20,000
[기타포괄손익]				
재평가잉여금	–	15,000	–	15,000
포괄이익	(20,000)	35,000	20,000	35,000

5. 유형자산의 제거

유형자산은 처분하는 경우나, 사용이나 처분을 통하여 미래경제적효익이 기대되지 않을 때 해당 유형자산의 장부금액을 재무제표에서 제거한다.

유형자산의 제거로 인해 발생하는 순매각금액과 장부금액(취득원가－감가상각누계액)과의 차액은 유형자산처분손익(기타수익)으로 하여 당기손익으로 처리한다. 유형자산이 제거되면 감가상각누계액의 잔액도 제거된다. 만약, 보고기간 중에 유형자산이 처분되면 기초시점부터 처분일까지의 감가상각비를 인식하여 이를 반영한 후에 처분에 따른 손익을 인식해야 한다.

• 처분일의 회계처리

(차) 감가상각비	xxx	(대) 감가상각누계액	xxx
(차) 현　　금	xxx	(대) 해당 유형자산	xxx
감가상각누계액	xxx	유형자산처분이익	xxx

다음 거래를 회계처리 하시오.

(주)UT는 20x1년 1월 1일에 건물(취득원가: ₩10,000,000)을 매각하고 현금 ₩3,500,000을 받았다. 건물에 대한 감가상각누계액은 ₩7,000,000이었다.

1월 1일	(차) 현　　금	3,500,000	(대) 건　　물	10,000,000
	감가상각누계액	7,000,000	유형자산처분이익	500,000

▶ 유형자산처분이익 = 순매각금액 − 장부금액
= 순매각금액 − (취득원가 − 감가상각누계액)
= ₩3,500,000 − (₩10,000,000 − ₩7,000,000)
= ₩500,000

예제 7-10

다음 거래를 회계처리 하시오.

(주)UT는 20x1년 1월 1일에 건물(취득원가: ₩10,000,000)을 매각하고 현금 ₩2,500,000을 받았다. 건물에 대한 감가상각누계액은 ₩7,000,000이었다.

1월 1일	(차) 현 금	2,500,000	(대) 건 물	10,000,000
	감가상각누계액	7,000,000		
	유형자산처분손실	500,000		

▶ 유형자산처분손실 = 순매각금액 − 장부금액
= 순매각금액 − (취득원가 − 감가상각누계액)
= ₩2,500,000 − (₩10,000,000 − ₩7,000,000)
= △₩500,000

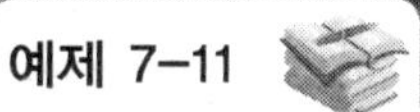

예제 7-11

다음 거래를 회계처리 하시오.

(주)UT는 20x1년 1월 1일 차량운반구를 ₩2,000,000에 취득하였으며, 취득당시 차량운반구의 내용연수는 5년이고 잔존가치는 없는 것으로 추정하였다. 차량운반구에 대해 정액법으로 감가상각해 오던 중 20x2년 7월 1일 현금 ₩1,000,000에 처분하였다.

20x1년 1월 1일

(차) 차량운반구	2,000,000	(대) 현 금	2,000,000

20x1년 12월 31일

(차) 감가상각비	400,000	(대) 감가상각누계액	400,000

▶ ₩2,000,000 ÷ 5년 = ₩400,000

20x2년 7월 1일

(차) 감가상각비	200,000	(대) 감가상각누계액	200,000
▶ ₩2,000,000 ÷ 5년×6/12 = ₩200,000			
(차) 현　　금	1,000,000	(대) 차량운반구	2,000,000
감가상각누계액[24)]	600,000		
유형자산처분손실	400,000		

만약, 20x2년 7월 1일에 현금 ₩1,500,000에 처분하였다면 처분시점의 회계처리는 다음과 같다.

20x2년 7월 1일

(차) 감가상각비	200,000	(대) 감가상각누계액	200,000
▶ ₩2,000,000 ÷ 5년×6/12 = ₩200,000			
(차) 현　　금	1,500,000	(대) 차량운반구	2,000,000
감가상각누계액	600,000	유형자산처분이익	100,000

24) 취득시부터 처분일까지의 감가상각누계액임.

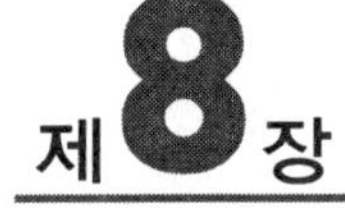

제8장 무형자산과 기타자산

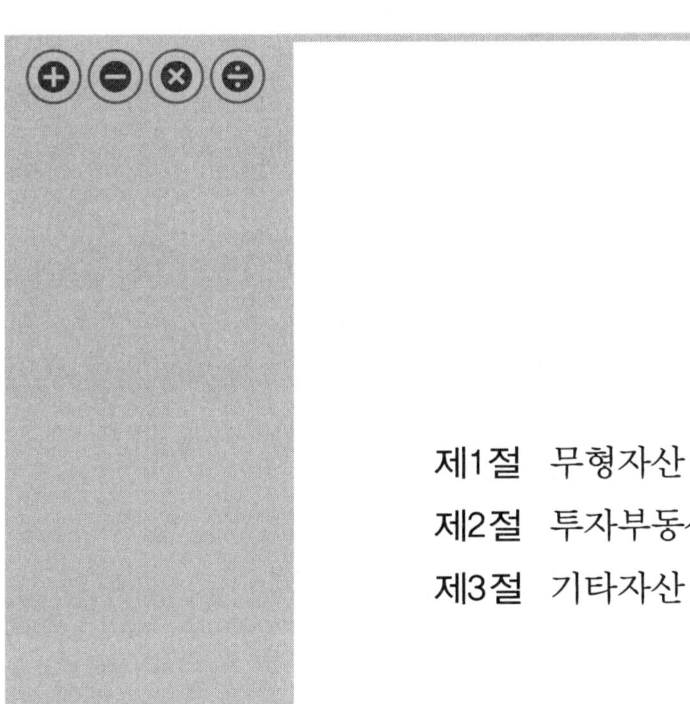

제8장 | 무형자산과 기타자산

제1절 | 무형자산

1. 무형자산의 의의

무형자산(intangible assets)이란 물리적 형체는 없지만 식별가능하고 기업이 통제하고 있으며 미래에 경제적효익이 있는 자산을 말한다. 무형자산의 예는 다음과 같으며 재무제표 이용자에게 더 목적적합한 정보를 제공할 수 있다면 더 큰 단위로 통합하거나 더 작은 단위로 구분하여 분류할 수 있다. 예를 들어, 무형자산이 통합된 산업재산권에는 특허권, 실용신안권, 디자인권 및 상표권 등이 포함되는데, 그 구성하는 개별항목의 중요성이 산업적 또는 영업적 특성에 의해 중요하다면 분리 공시하는 것도 가능하다.

무형자산 분류의 예

(1) 영업권
(2) 브랜드 명
(3) 제호와 출판표제
(4) 컴퓨터 소프트웨어
(5) 라이선스와 프랜차이즈
(6) 저작권, 특허권, 기타 산업재산권, 용역운영권
(7) 기법, 방식, 모형, 설계 및 시제품
(8) 개발중인 무형자산

무형의 자원에 대한 지출은 물리적 실체가 없기에 자산으로 인정하는 것에 보다 엄격한 기준이 필요하다. 무형자산으로 정의되기 위해서는 다음의 세 가지 조건을 모두 충족하여야 한다.

무형자산의 정의 즉, 식별가능성, 자원에 대한 통제 및 미래경제적효익의 존재를 모두 충족하는 경우에는 무형자산으로 인식하지만, 충족하지 못할 경우에는 그것을 취득하거나 또는 내부적으로 창출하기 위하여 발생한 지출은 발생시점에 비용으로 인식해야 한다.

(1) 식별가능성

식별가능성(identifiability)은 특정 무형자산을 다른 자산과 구분하여 별도로 인식할 수 있음을 의미한다.

(2) 자원에 대한 통제

통제(control)란 특정자원에서 유입되는 미래경제적효익을 확보할 수 있고 그 효익에 대한 제3자의 접근을 제한할 수 있음을 의미한다.

(3) 미래경제적효익의 존재

미래에 현금유입을 증가시키거나 현금유출을 감소시키는 능력인 미래경제적효익(future economic benefits)이 반드시 존재하여야 한다.

2. 무형자산의 회계처리

(1) 무형자산의 인식과 측정

1) 무형자산의 인식

무형의 자원을 재무상태표에 무형자산으로 인식하기 위해서는 그 항목이 다음의 조건을 모두 충족하여야 한다.

① 무형자산의 정의(식별가능성, 자원에 대한 통제, 미래경제적효익)를 충족한다.

② 무형자산의 인식기준

－자산에서 발생하는 미래경제적효익이 기업에 유입될 가능성이 높다.

－자산의 취득원가를 신뢰성 있게 측정할 수 있다.

무형자산의 인식조건은 무형자산을 취득하거나 내부적으로 창출하기 위하여 최초로 발생한 원가에도 적용하지만, 취득이나 완성 후에 증가, 대체, 수선을 위하여 후속적으로 발생한 원가에도 적용한다. 그러나 후속적으로 발생한 원가가 무형자산의 장부금액으로 인식되는 경우는 매우 드물다.

2) 무형자산의 측정

① 개별취득하는 무형자산의 원가는 구입가격과 자산을 의도한 목적에 사용할 수 있도록 준비하는 데 직접 관련되는 원가의 합계로 측정한다.

② 내부적으로 창출한 무형자산도 무형자산의 인식기준을 충족하는 경우에 한해서만 자산으로 인식한다.

③ 내부적으로 창출한 영업권은 어떠한 경우에도 자산으로 인식하지 아니한다.

(2) 무형자산의 상각

1) 무형자산의 내용연수

유형자산과 마찬가지로 무형자산의 원가도 취득일 이후 내용연수에 걸쳐 배분하여 포괄손익계산서에 비용으로 인식한다.

무형자산의 내용연수는 법적인 요인과 경제적 요인을 모두 고려하여 결정해야 한다. 법적 요인은 기업이 그 효익에 대한 접근을 통제할 수 있는 기간을 결정하며, 경제적 요인은 자산의 미래경제적효익이 획득되는 기간을 결정한다. 내용연수는 이러한 요인에 의해 결정된 기간 중 짧은 기간으로 한다.

• 무형자산의 내용연수 = Min[법적 권리기간, 예상 사용기간]

2) 내용연수가 유한한 무형자산

내용연수가 유한한 무형자산의 상각대상금액은 내용연수 동안 체계적인 방법으로 배분한다. 상각은 자산이 사용가능한 때부터 시작하며, 상각액은 당기손익으로 인식한다.

무형자산의 상각방법은 자산의 경제적효익이 소비되는 형태를 반영한 합리적인 방법이어야 하나, 소비되는 형태를 신뢰성 있게 결정할 수 없는 경우에는 정액법을 사용한다.

내용연수가 유한한 무형자산의 잔존가치는 특별한 경우를 제외하고는 영(O)으로 본다.

3) 내용연수가 비한정인 무형자산

K-IFRS에서는 자산이 향후 얼마나 더 사용되어 미래경제적효익을 창출할 수 있을지에 대하여 한정적으로 예측을 할 수 없는 경우, 해당 무형자산의 내용연수가 비한정되

어 있다고 본다. 즉, 내용연수가 비한정(indefinite)[25)]이라는 것은 관련된 모든 요소의 분석에 근거할 때 그 자산이 순현금흐름을 창출할 것으로 기대되는 기간을 합리적으로 결정할 수 없다는 의미이다. 따라서 내용연수가 비한정인 무형자산은 상각을 통해 비용으로 계상하지 않고 정기적으로 무형자산이 손상되었는지에 대한 평가를 수행하여 손상차손을 인식한다.

(3) 무형자산상각의 회계처리

무형자산의 상각을 회계처리하는 방법에는 상각액을 자산가액에서 직접 차감하는 직접법과 무형자산상각누계액을 별도로 사용하여 당해 자산에서 차감하는 형식으로 표시하는 간접법이 있으나, 무형자산의 경우에는 직접 상각하는 것이 일반적이다.

• 최초인식일 :	(차) 무형자산	xxx	(대) 현　　금	xxx
• 보고기간말 :	(차) 무형자산상각비	xxx	(대) 무형자산	xxx

예제 8-1 

(주)UT는 20x1년 4월 1일 ₩1,200,000을 지급하고 특허권을 취득하였으며 특허권 취득과 관련하여 수수료 ₩80,000과 등록비용 ₩60,000을 지출하였다. 특허권은 정액법으로 상각하며 상각기간은 10년이다. 20x1년 4월 1일과 결산일에 해야 할 회계처리를 제시하시오.

풀이

20x1년 4월 1일

(차) 특허권	1,340,000	(대) 현　금	1,340,000

▶ ₩1,200,000 + ₩80,000 + ₩60,000 = ₩1,340,000

20x1년 12월 31일

(차) 무형자산상각비	100,500	(대) 특허권	100,500

▶ ₩1,340,000 ÷ 10년×9/12 = ₩100,500

25) 비한정(indefinite)이라는 용어는 무한(infinite)함을 의미하는 것은 아니다. 관련된 모든 요소의 분석에 근거할 때 그 자산이 순현금흐름을 창출할 것으로 기대되는 기간을 합리적으로 결정할 수 없다는 의미일 뿐이다. 토지는 내용연수가 무한하므로 어떠한 경우에도 상각을 하지 않는 것이며, 내용연수가 비한정인 무형자산은 내용연수를 합리적으로 산정할 수 없으므로 현재로서는 상각을 할 수 없으며 차후에 상각할 수도 있다는 점에서 서로 다르다.

(4) 무형자산의 제거

무형자산은 처분하는 때나 사용이나 처분으로부터 미래경제적효익이 기대되지 않을 때는 재무상태표에서 제거한다. 무형자산의 제거로 인하여 발생하는 이익이나 손실은 순매각금액과 장부금액의 차이로 결정한다. 그 이익이나 손실은 자산을 제거할 때 당기손익으로 인식한다.

(5) 무형자산의 재평가

K-IFRS에서는 무형자산도 유형자산과 마찬가지로 재평가모형을 적용할 수 있도록 규정하고 있다. 재평가의 회계처리는 유형자산의 재평가 회계처리와 동일하다.

3. 영업권

무형자산 중 영업권은 다른 자산과 분리하여 개별적으로 식별하는 것이 불가능하고 오직 기업을 전체로써 평가할 때 존재하는 자산이다. 영업권(goodwill)은 동종산업의 유사한 다른 기업에 비하여 정상적인 수익률 이상의 이익을 획득할 수 있는 능력, 즉 초과이익창출능력을 화폐액으로 인식한 것이다. 초과이익창출능력은 우수한 경영진, 보유기술, 오랜 명성, 브랜드 가치 및 원만한 노사관계 등 여러 가지 요인이 종합적으로 결합되어 나타난다.

영업권은 사업결합으로 취득한 영업권과 내부적으로 창출한 영업권으로 구분할 수 있는데, K-IFRS에서는 기업이 다른 기업이나 사업을 매수나 합병하는 경우 발생한 영업권만을 인정하고 내부창출영업권은 인정하지 않고 있다. 내부적으로 창출한 영업권은 취득원가를 신뢰성 있게 측정할 수 없고, 기업이 통제하고 있는 식별가능한 자원이 아니기 때문에 자산으로 인식하지 아니한다.

영업권은 합병 등으로 인하여 취득한 순자산의 공정가치에서 합병 등의 대가로 지급한 금액을 차감하여 산정한다.

• 영업권 = 합병대가 − 합병으로 인하여 취득한 순자산의 공정가치

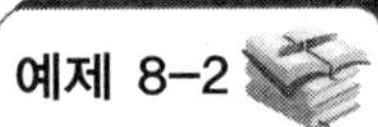

예제 8-2

다음 거래를 회계처리 하시오.

(주)UT는 20x1년 5월 1일 (주)OT의 주식 전부를 ₩7,500,000에 취득하여 흡수합병하였다. 합병기일 현재 (주)OT의 자산과 부채의 장부금액과 공정가치는 다음과 같았다. (주)UT가 (주)OT를 흡수합병함에 따라 인식할 영업권을 계산하고, 합병시 회계처리를 하시오.

	장부금액	공정가치
매출채권	₩3,000,000	₩3,000,000
유가증권	5,000,000	4,000,000
유형자산	8,000,000	10,000,000
무형자산	2,000,000	2,000,000
매입채무	3,000,000	3,000,000
차 입 금	9,000,000	9,000,000

풀이

(1) 영업권의 계산

▶ 합병대가 : ₩7,500,000

▶ (주)OT의 순자산공정가치 = ₩19,000,000 − ₩12,000,000 = ₩7,000,000

• 자 산 : ₩3,000,000 + ₩4,000,000 + ₩10,000,000 + ₩2,000,000 = ₩19,000,000

• 부 채 : ₩3,000,000 + ₩9,000,000 = ₩12,000,000

▶ 영업권 : ₩500,000

(2) 합병시 회계처리

20x1년 5월 1일

(차) 매출채권	3,000,000	(대) 매입채무	3,000,000
유가증권	4,000,000	차 입 금	9,000,000
유형자산	10,000,000	현 금	7,500,000
무형자산	2,000,000		
영 업 권[26]	500,000		

26) (주)UT가 (주)OT의 자산과 부채를 개별적으로 취득하면 순자산공정가치 ₩7,000,000을 지급하고 취득할 수 있다. 그러나 실제로는 ₩7,500,000을 지급하여 순자산공정가치보다 ₩500,000을 초과 지급하였다. 이는 (주)OT의 초과이익을 창출할 수 있는 무형의 자산, 즉 영업권에 대한 대가로 지급한 것이다.

제2절 투자부동산

1. 투자부동산의 의의

K-IFRS를 적용하면 부동산(토지와 건물)은 유형자산, 재고자산 및 투자부동산 중 하나로 분류된다.

유형자산은 한 보고기간을 초과하여 사용할 것으로 예상되는 물리적 형태가 있는 자산으로 재화나 용역의 생산이나 제공 또는 관리활동에 사용할 목적으로 보유한다. 재고자산은 정상적인 영업활동과정에서 판매를 위하여 보유 중이거나 생산 중인 자산 등을 말하며, 투자부동산은 임대수익이나 시세차익을 얻기 위하여 보유한 부동산을 말한다.

투자부동산(investment property)은 기업이 보유하고 있는 다른 자산과 거의 독립적으로 현금흐름을 창출한다는 측면에서 별도의 기준인 기업회계기준서 제 1040호 '투자부동산'에 따라 회계처리 하여야 한다.

2. 투자부동산의 인식과 측정

투자부동산은 첫째, 투자부동산에서 발생하는 미래 경제적효익의 유입가능성이 높고 둘째, 투자부동산의 원가를 신뢰성 있게 측정할 수 있다는 조건을 모두 충족할 때 자산으로 인식한다.

투자부동산의 원가에는 취득하기 위하여 최초로 발생한 원가와 후속적으로 발생한 추가원가 등을 포함한다. 다만 유지원가의 경우 부동산과 관련하여 일상적으로 발생하는 유지원가는 투자부동산의 원가로 인식하지 아니하고, 발생하였을 때 당기손익으로 인식한다.

투자부동산은 최초 인식시점에 원가로 측정하며 거래원가는 최초 측정에 포함한다. 구입한 투자부동산의 원가는 구입금액과 구입에 직접 관련이 있는 지출로 구성된다. 직접 관련이 있는 지출의 예를 들면 법률용역의 대가로 전문가에게 지급하는 수수료, 부동산 구입과 관련된 세금 및 그 밖의 거래원가 등이 있다.

3. 투자부동산의 후속측정

투자부동산은 최초 인식시점에 원가로 측정한 후 보고기간 말에 공정가치모형(fair value model)과 원가모형(cost model) 중 하나를 선택하여 모든 투자부동산에 적용한다.

최초 인식 이후 투자부동산의 평가방법을 공정가치모형을 선택한 경우에는 모든 투자부동산에 대하여 감가상각을 수행하지 않고 공정가치로 평가하여 측정하며, 투자부동산의 공정가치 변동으로 발생하는 손익은 발생한 기간의 당기손익에 반영한다.

최초 인식 이후 투자부동산의 평가방법을 원가모형으로 선택한 경우에는 모든 투자부동산에 대하여 원가모형으로 측정하여 감가상각을 수행하여야 하며, 모든 투자부동산의 공정가치를 주석으로 공시하여야 한다.

4. 투자부동산의 처분

투자부동산을 처분하는 경우에는 재무상태표에서 제거한다. 투자부동산의 처분으로 발생하는 손익은 순처분금액과 장부금액의 차액이며, 처분이 발생한 기간에 당기손익으로 인식한다.

투자부동산의 장부금액

	원가모형	공정가치모형
투자부동산의 장부금액	원 가 (-)감가상각누계액	공정가치 ▶ 공정가치 변동을 당기손익에 반영

예제 8-3 

다음 거래를 회계처리 하시오.

(주)UT는 20x1년 1월 1일 장기적인 임대수익을 목적으로 건물을 ₩100,000에 구입하였다. 건물의 내용연수는 10년이고 잔존가치는 없다. (주)UT는 이 건물을 20x3년 1월 1일에 ₩135,000에 매각하였다. 연도별 건물의 공정가치는 다음과 같다.

20x1년 말	20x2년 말	20x3년 초
₩180,000	₩150,000	₩135,000

(1) 건물에 대하여 원가모형을 적용할 경우 일자별 회계처리를 하시오(감가상각방법은 정액법).

(2) 건물에 대하여 공정가치모형을 적용할 경우 일자별 회계처리를 하시오.

풀이

(1) 건물에 대하여 원가모형을 적용할 경우 일자별 회계처리

20x1년 1월 1일

(차) 투자부동산	100,000	(대) 현　　금	100,000

20x1년 12월 31일

(차) 감가상각비	10,000	(대) 감가상각누계액	10,000

20x2년 12월 31일

(차) 감가상각비	10,000	(대) 감가상각누계액	10,000

20x3년 1월 1일

(차) 현　　금	135,000	(대) 투자부동산	100,000
(차) 감가상각누계액	20,000	(대) 투자부동산처분이익	55,000

(2) 건물에 대하여 공정가치모형을 적용할 경우 일자별 회계처리

20x1년 1월 1일

(차) 투자부동산	100,000	(대) 현　　금	100,000

20x1년 12월 31일

(차) 투자부동산	80,000	(대) 투자부동산평가이익 (당기이익)	80,000

▶ ₩180,000 − ₩100,000 = ₩80,000

20x2년 12월 31일

(차) 투자부동산평가손실 (당기손실)	30,000	(대) 투자부동산	30,000

▶ ₩150,000 − ₩180,000 = △₩30,000

20x3년 1월 1일

(차) 현　　금	135,000	(대) 투자부동산	150,000
(차) 투자부동산처분손실 (당기손실)	15,000		

제3절 기타자산

기타자산이란 지금까지 살펴본 재고자산, 금융자산, 유형자산, 무형자산 및 투자부동산에 속하지 않는 자산을 말하며, 기타자산에 속하는 항목에는 선급금, 선급비용 등이 있다. 선급금이나 선급비용 성격의 자산은 반대급부로 현금 등 금융자산을 수취할 권리가 아니라 미래에 재화나 용역을 수취할 권리이므로 금융자산으로 분류되지 않는다.

1. 선급금

선급금은 상품이나 비품 등을 매입하기로 계약하고 대금의 일부 또는 전부를 미리 지급하는 경우에 발생하는 채권을 말하며, 재무상태표일로부터 12개월 이내에 상품 등을 인수받는 경우에는 선급금으로 하여 유동자산으로 분류하고, 12개월 이후에 인수받는 경우에는 장기선급금으로 하여 비유동자산으로 분류한다.

선급금은 상품 등을 공급받을 권리를 나타내는 자산계정이며, 나중에 상품 등을 공급받는 시점에서 매입대금과 상계한다. 선급금을 지급하였을 경우에는 선급금계정의 차변에 기입하고, 상품 등을 인수하면 대변에 기입하며 잔액은 차변에 나타난다.

예제 8-4

다음 거래를 회계처리 하시오.

5월 1일 K사에서 상품 ₩300,000을 매입하기로 하고, 그 대금 중 ₩60,000을 현금으로 지급하다.
5월 5일 위의 상품을 인수하고 잔액은 10일 후에 지급하기로 하다.

풀이

5월 1일	(차) 선 급 금	60,000	(대) 현 금	60,000
5월 5일	(차) 매 입	300,000	(대) 선 급 금	60,000
			외상매입금	240,000

2. 선급비용

선급비용은 당기에 현금으로 지출한 비용(임차료, 보험료 등) 중 차기 이후의 보고기간에 속하는 비용을 말한다. 즉, 선급비용은 당기에 이미 지급한 비용 중 당기의 비용에 속하지 않는 것으로 차기로 이연시켜야 할 비용을 말한다. 이러한 선급비용은 차기에 속하는 비용이므로 당기의 비용에서 차감하여 차기로 이월해야 한다. 따라서 결산일에 선급된 비용을 당해 비용계정의 대변에 기입하여 차감하는 동시에 자산계정인 선급비용계정 차변에 기입하기 위한 결산정리분개를 하여야 한다.

선급비용에 대한 자세한 회계처리는 제11장 결산정리에서 살펴보도록 한다.

예제 8-5

(주)UT는 20x1년 5월 1일 사무실에 대한 임차료 1년분 ₩12,000을 현금으로 지급하였다. 보고기간이 매년 1월 1일부터 12월 31일까지라고 할 경우 결산정리분개를 하시오.

풀이

20x1. 5. 1

(차) 임차료	12,000	(대) 현　금	12,000

※ 당기에 ₩12,000원의 임차료를 지급하였다 하여도 당기에 속하는 임차료는 ₩8,000(₩12,000×8/12=₩8,000)이며, ₩4,000은 차기에 속하는 임차료이다. 따라서 결산시 현금으로 지급한 ₩12,000 중 ₩4,000을 차감하여 선급비용(또는 선급임차료)으로 대체하여야 한다. 이러한 선급비용에는 선급임차료 이외에도 선급이자, 선급보험료 등이 있다.

20x1.12.31

(차) 선급비용	4,000	(대) 임차료	4,000

▶ ₩12,000－₩12,000×8/12＝₩4,000

▶ 기타자산의 계정분류

선급금, 선급비용과 같은 기타자산은 재무상태표일로부터 12개월 이내에 실현될 것으로 예상되는 경우에는 '기타유동자산'으로 하여 유동자산으로 분류하고, 그 이외의 경우에는 '기타비유동자산'으로 하여 비유동자산으로 분류한다.

물론 금액적으로 다른 항목과 구분하여 표시할 필요성이 있을 정도로 중요성이 있고 큰 금액이라면 별도로 분리하여 표시한다. 그러나 다른 항목들에 비하여 상대적으로 중요성이 떨어지는 항목들은 '기타유동자산', '기타비유동자산'으로 각각 통합하여 표시할 수 있다.

제 9 장

부 채

제9장 | 부 채

제1절 | 부채의 의의와 분류

부채(liabilities)란 과거사건에 의하여 발생하였으며 경제적효익이 내재된 자원이 기업으로부터 유출됨으로써 이행될 것으로 기대되는 현재의무를 말한다. 부채의 정의에는 과거, 현재 및 미래의 개념이 포함되어 있다. 즉, 부채란 과거사건의 결과로 현재의무가 존재하고 그 결과 미래에 경제적효익이 유출될 것이 예상되는 것을 말하며, 다음과 같은 특성을 가지고 있다.

첫째, 기업의 의무를 발생시킨 거래나 사건이 과거에 발생하여 현재 존재해야 한다.
둘째, 의무가 특정실체에 속한 것이어야 한다.
셋째, 부채의 상환금액과 상환시기를 합리적으로 측정가능해야 한다. 하지만 확정이 필요한 것은 아니다.
넷째, 미래에 자산을 이전하거나 용역을 제공해야 할 의무가 있다.

부채는 상환기간을 기준으로 크게 유동부채와 비유동부채로 분류할 수 있다. 유동부채는 보고기간(재무상태표일) 후로부터 12개월 이내에 결제될 것으로 예상되는 부채를 말하며, 비유동부채는 보고기간(재무상태표일) 후로부터 12개월 이후에 결제될 것으로 예상되는 부채를 말한다.

부채의 평가에 있어서 유동부채는 상환기간이 단기이므로 미래에 결제할 금액을 그대로 표시하는 데 반하여, 비유동부채는 결제기간이 장기이므로 원칙적으로 미래에 결제할 금액을 적절한 할인율로 할인한 현재가치로 표시한다.

유동부채와 비유동부채에 속하는 항목들을 금융부채와 기타부채로 구분하여 살펴보기로 한다.

제2절 금융부채

1. 금융부채의 의의

금융부채(financial liability)는 미래에 현금이나 다른 금융자산을 지급해야할 계약상 의무(contractual obligation)를 말하며 매입채무, 차입금, 미지급금, 미지급비용, 임대보증금 및 사채 등이 있다. 매입채무, 차입금, 미지급금, 미지급비용, 임대보증금 및 사채 등은 미래에 현금 등을 지급해야할 계약상 의무에 해당되므로 금융부채로 분류한다.

금융부채와 비금융부채

금융부채	비금융부채
매입채무, 차입금, 미지급금, 미지급비용, 임대보증금, 사채	선수금, 선수수익, 예수금, 미지급법인세, 충당부채 등

그러나 선수금이나 선수수익과 같이 현금이나 다른 금융자산을 지급해야할 계약상 의무가 아니라 재화나 용역을 인도하여야할 부채는 금융부채가 아니다. 또한 미래에 현금을 지급해야할 의무에 해당되지만 계약상 의무가 아닌 법적인 의무(legal obligations)[27]에 의해 발생하는 부채인 예수금과 미지급법인세, 의제의무(constructive obligations)[28]에 의하여 발생하는 충당부채는 거래상대방과 계약에 의해 발생한 의무가 아니므로 금융부채로 분류되지 않는다.

27) 명시적 또는 묵시적 계약, 법률, 기타 법적 효력 등에 의하여 발생한 의무.

28) 과거의 실무관행, 발표된 경영방침 또는 구체적이고 유효한 약속 등을 통하여 기업이 특정 책임을 부담하겠다는 것을 상대방에게 표명하여, 기업이 당해 책임을 이행할 것이라는 정당한 기대를 상대방이 가지게 되는 경우 발생하는 의무(예: 제품보증).

2. 매입채무 및 기타채무

(1) 매입채무

매입채무(trade payables)란 기업의 주된 영업활동과 관련하여 상품을 매입하거나 용역을 제공받는 과정, 즉 일반적 상거래에서 발생한 채무을 말하며 외상매입금과 지급어음으로 구분된다. 실무상으로는 외상매입금계정과 지급어음계정을 총계정원장에 별도로 구분하여 외상거래와 어음거래를 각각의 계정에 기록하고 있으나, 재무상태표에 표시할 때에는 “매입채무”라는 단일 계정과목으로 외상매입금계정과 지급어음계정의 금액을 합산하여 표시하여야 한다.

• 매입채무 = 외상매입금 + 지급어음

매입채무 중에서 재무상태표일로부터 12개월 이내에 지급하는 것은 유동부채로 분류하고, 12개월 이후에 지급하는 것은 비유동부채로 분류하여 재무상태표에 표시한다.

① 외상매입금

외상매입금((accounts payable)은 일반적 상거래에서 발생한 채무로써 어음상의 채무가 아닌 것을 말한다. 상품을 신용으로 매입함으로써 매입채무가 발생하면 이를 외상매입금계정 대변에 기록하고, 대금 지급시에는 차변에 기록한다. 따라서 외상매입금계정의 잔액은 대변에 나타나며 이는 외상매입금의 미지급액을 의미한다.

다음 거래를 회계처리 하시오.

2월 3일 B사로부터 상품 ₩300,000을 외상으로 구입하다.
4월 3일 B사에 대한 외상매입대금을 현금으로 지급하다.

2월 3일	(차) 매 입	300,000	(대) 외상매입금	300,000
4월 3일	(차) 외상매입금	300,000	(대) 현 금	300,000

② 지급어음

지급어음(notes payable)은 일반적 상거래에서 발생한 어음상의 채무를 말한다. 상품을 매입하고 매입대금으로 약속어음을 발행한 경우에는 지급어음계정 대변에 기록하고 이를 현금으로 지급하면 차변에 기록한다. 따라서 지급어음계정은 부채계정으로써 잔액은 항상 대변에 표시되어 현재의 어음금액의 미지급액을 나타낸다.

예제 9-2

다음 거래를 회계처리 하시오.

5월 8일 M사로부터 상품₩100,000을 매입하고 대금은 약속어음(만기일 6월 9일, 지급장소: 그린은행 XX지점)을 발행하여 지급하다.

6월 9일 M사에 발행한 약속어음의 만기가 도래하여 당좌예금에서 차감하다.

풀이

5월 8일	(차) 매　　입	100,000	(대) 지급어음	100,000
6월 9일	(차) 지급어음	100,000	(대) 당좌예금	100,000

예제 9-3

다음 거래를 회계처리 하시오.

5월 8일 M사로부터 상품₩100,000을 매입하고 대금은 약속어음(만기일 6월 9일, 지급장소: 그린은행 XX지점)을 발행하여 지급하다.

8월 1일 H사에서 현금 ₩2,000,000을 차입하고 동액의 약속어음(만기일 10월 1일, 지급장소: 그린은행 XX지점)을 발행하다.

8월 4일 업무용 차량 1대를 구입하고 구입대금 ₩5,000,000을 약속어음(만기일 9월 4일, 지급장소: 그린은행 XX지점)을 발행하여 지급하다.

풀이

5월 8일	(차) 매　　입	100,000	(대) 지급어음	100,000
8월 1일	(차) 현　　금	2,000,000	(대) 단기차입금	2.000,000
8월 4일	(차) 차량운반구	5,000,000	(대) 미지급금	5,000,000

(2) 기타채무

기타채무(nontrade payables)는 기타 영업활동에서 발생한 채무, 즉 매입 이외의 거래에서 발생한 채무로써 차입금, 미지급금, 미지급비용, 임대보증금 등이 있다.

① 차입금

차입금은 차용증서나 어음 등을 지급하고 현금을 차용하는 경우 발생하는 채무로써 재무상태표일로부터 12개월 이내에 지급하는 것은 단기차입금으로 하여 유동부채로 분류하고, 12개월 이후에 지급하는 것은 장기차입금으로 하여 비유동부채로 분류한다.

그러나 장기차입금 중 기간이 경과하여 만기가 1년 이내에 도래하였을 경우에는 유동성장기차입금으로 하여 유동부채로 표시해야 한다. 예를 들어, (주)UT의 20x1년 12월 31일 결산일 현재 장기차입금 ₩1,000,000 중 ₩500,000이 20x2년에 만기가 도래한다면 다음과 같이 회계처리 하여야 한다.

20x1년 12월 31일	(차) 장기차입금 (비유동부채)	500,000	(대) 유동성장기차입금 (유동부채)	500,000

예제 9-4

다음 거래를 회계처리 하시오.

8월 9일 H사에서 현금 ₩1,000,000을 차입하고 약속어음(만기일 9월 9일)을 발행하다.

9월 9일 H사에 대한 약속어음 ₩1,000,000이 만기도래하여 당좌예금에서 차감하고 이자 ₩30,000은 현금으로 지급하다.

풀이

8월 9일	(차) 현 금	1,000,000	(대) 단기차입금	1,000,000
9월 9일	(차) 단기차입금	1,000,000	(대) 당좌예금	1,000,000
	이자비용	30,000	현 금	30,000

② 미지급금

미지급금은 일반적 상거래 이외에서 발생한 채무, 즉 토지, 건물, 기계장치, 차량운반구, 비품 등을 외상으로 구입한 경우에 발생한 채무를 말하며, 재무상태표일로부터 12개월 이내에 지급하는 것은 미지급금으로 하여 유동부채로 분류하고, 12개월 이후에 지급하는 것은 장기미지급금으로 하여 비유동부채로 분류한다.

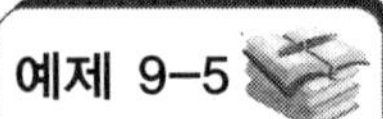

다음 거래를 회계처리 하시오.

12월 2일 건물을 ₩5,000,000에 구입하고 대금은 3개월 후 약속어음을 발행하여 지급하다.

12월 2일 (차) 건 물 5,000,000 (대) 미지급금 5,000,000

③ 미지급비용

미지급비용은 당기에 발생한 비용(급여, 이자비용 등)으로써 아직 현금으로 지급하지 못한 비용을 말한다. 즉, 미지급비용은 보고기간 말 현재 비용은 이미 발생되었지만 아직 현금으로 지급되지 않은 비용을 말한다. 미지급비용은 당기에 발생한 비용이므로 당기의 비용으로 인식하여야 한다. 따라서 결산일에 미지급비용은 당해 비용계정 차변에 기입함과 동시에 미지급비용이라는 부채계정을 설정하여 그 계정 대변에 기입하기 위한 결산정리분개를 하여야 한다.

미지급비용에 대한 자세한 회계처리는 제11장 결산정리에서 살펴보도록 한다.

(주)UT는 20x1년 4월 1일 현금 ₩1,000,000을 연이자율 12%, 1년 후 원금 및 이자 일시상환조건으로 차입하다. 결산정리분개를 하시오.

20x1. 4. 1 (차) 현 금 1,000,000 (대) 단기차입금 1,000,000

※ 20x2년 3월 31일에 차입금에 대한 이자로 ₩120,000을 지급하게 되지만, 이 중 ₩90,000은 20x1년에 발생한 이자이므로 ₩90,000을 20x1년의 이자비용으로 계상하고 동액만큼을 미지급비용(또는 미지급이자)으로 처리하여야 한다. 이러한 미지급비용에는 미지급이자 이외에도 미지급임대료, 미지급수수료, 미지급급여, 미지급세금과공과 등이 있다.

20x1.12.31 (차) 이자비용 90,000 (대) 미지급비용 90,000

▶ ₩1,000,000×12%×9/12＝₩90,000

④ 임대보증금

임대보증금은 토지나 건물 등의 부동산을 일정기간 임대하여 사용하게 할 경우 지급받는 보증금을 말하며, 재무상태표일로부터 12개월 이내에 지급하는 것은 유동부채로 분류하고, 12개월 이후에 지급하는 것은 비유동부채로 분류한다.

예제 9-7

다음 거래를 회계처리 하시오.

(주)UT는 (주)고려에게 건물을 20x1년 1월 1일부터 2년 동안 임대하기로 계약을 체결(임대료는 매년 말 ₩12,000,000 수취)하고 보증금 ₩100,000,000을 현금으로 수취하다.

풀이

20x1년 1월 1일	(차) 현 금	100,000,000	(대) 임대보증금	100,000,000
20x1년 12월 31일	(차) 현 금	12,000,000	(대) 임 대 료	12,000,000
20x2년 12월 31일	(차) 현 금	12,000,000	(대) 임 대 료	12,000,000
	(차) 임대보증금	100,000,000	(대) 현 금	100,000,000

▶ 금융부채의 계정분류

원칙적으로 매입채무, 차입금, 미지급금, 미지급비용, 임대보증금 및 사채 등과 같은 금융부채는 재무상태표일로부터 12개월 이내에 결제되는 것은 '매입채무및기타채무'로 하여 유동부채로 분류하고, 12개월 이후에 결제되는 것은 '장기매입채무및기타채무'로 하여 비유동부채로 분류한다. 물론 금액적으로 다른 항목과 구분하여 표시할 필요성이 있을 정도로 중요성이 있고 큰 금액이라면 별도로 분리하여 표시한다.

그러나 다른 항목들에 비하여 상대적으로 중요성이 떨어지는 항목들은 '기타유동부채', '기타비유동부채'로 각각 통합하여 표시할 수 있다. 예를 들어, 미지급비용은 금융부채의 정의상 금융부채에 해당하므로 원칙적으로 재무상태표일로부터 12개월 이내에 결제되는 것은 '매입채무및기타채무'로 하여 유동부채로 분류하여야 하나, 상품매매기업에서 일반적으로 미지급비용이 금융부채에 포함할 정도로 크게 발생하는 경우는 드문 경우이고 또한 금액적으로도 큰 금액이 아니라면 '기타유동부채'로 통합하여 표시할 수 있다. 또한 임대보증금이나 장기차입금 등도 금융부채이므로 원칙적으로 '장기매입채무및기타채무'로 하여 비유동부채로 분류하여야 하나, 금액적으로 큰 금액이 아니라면 '기타비유동부채'로 통합하여 표시할 수 있다.

3. 사 채

(1) 사채의 의의

사채(bonds)는 주식회사가 확정채무임을 표시하는 증권을 발행하고 일반 대중으로부터 장기자금을 차입함으로써 발생하는 금융부채를 말하며, 회사채(corporate bonds)라고도 한다.

사채권면(사채의 표면)에는 액면금액, 액면이자율, 이자지급일, 상환일 및 상환방법 등이 기재되어 있으며, 사채발행회사는 사채의 권면에 기재되어 있는 조건에 따라 사채권자에게 이자 및 원금을 지급한다.

일반적으로 사채는 발행일로부터 만기일까지의 기간이 약 3년짜리가 가장 많이 발행된다. 따라서 사채를 발행하여 보고기간 후로부터 1년 이후 장기간에 걸쳐 상환되는 금액은 비유동부채의 사채로 처리한다.

사채는 발행회사의 입장에서는 금융부채이지만, 투자회사의 입장에서는 금융자산으로 분류된다.

▶ 사채와 주식의 비교

① 사채는 회사의 채무이나, 주식은 회사의 채무가 아니라 자본이다.
② 사채는 만기일에 원금을 상환해야 하고 청산의 경우 주식에 우선하여 변제하나, 주식은 상환할 의무가 없고 청산의 경우 사채를 먼저 변제하고 잔여 재산이 있을 때 분배받는다.
③ 사채는 이익과 관계없이 일정한 이자를 지급하나, 주식은 경영성과에 따라서 불확정적인 배당을 받는다.
④ 사채권자는 경영에 참가할 권리가 없으나, 주주는 주주총회에 참여하여 의결권을 행사함으로서 경영에 참여한다.

(2) 사채의 회계처리

① 사채의 발행가액

사채의 발행이란 사채를 이용하여 일반 대중으로부터 자금을 조달하는 것을 말한다. 사채발행시 조달된 현금을 발행가액이라고 하고, 사채권의 인쇄비, 발행수수료 등 사채발행과 관련하여 직접적으로 소요된 거래원가를 사채발행비라고 한다. K-IFRS에서는 이러한 사채발행비를 당해 금융부채의 공정가치에서 차감하도록 규정하고 있다. 따라서 사채발행비는 사채발행가액에서 직접 차감하여야 한다.

사채의 발행가액은 사채로부터 발생하는 미래현금흐름인 액면이자와 액면가액을 발행당시의 시장이자율로 할인한 현재가치로 계산한다. 액면가액이란 만기일에 상환하기로 사채권면에 표시된 금액을 말한다. 그리고 사채권면에 표시된 이자율을 액면이자율(또는 표시이자율)이라고 하며, 사채의 액면가액에서 액면이자율을 적용하여 산정한 이자를 액면이자라고 한다.

시장이자율은 자금의 수요와 공급에 의하여 시장에서 형성된 채권의 유통수익률을 말한다.

사채의 발행가액

사채의 발행가액
= 사채로부터 발생하는 미래현금흐름의 현재가치
= 액면이자의 현재가치 + 만기 액면가액(원금)의 현재가치
= $\sum$ 액면이자/$(1+r)^n$ + 만기 액면가액(원금)/$(1+r)^n$

사채의 발행가액은 사채발행시의 액면이자율과 시장이자율의 차이에 따라 결정된다. 액면이자율과 시장이자율이 같은 경우에는 사채는 액면가액으로 발행된다. 그리고 액면이자율이 시장이자율보다 더 낮다면 사채는 액면가액 이하로 할인발행되고 반대로 액면이자율이 시장이자율보다 더 높다면 사채는 액면가액 이상으로 할증발행된다. 이자율과 발행가액과의 관계는 다음과 같다.

이자율간의 관계	액면가액과 발행가액의 관계	사채발행가액
액면이자율 = 시장이자율	발행가액 = 액면가액	액면발행
액면이자율 < 시장이자율	발행가액 < 액면가액	할인발행
액면이자율 > 시장이자율	발행가액 > 액면가액	할증발행

예제 9-8

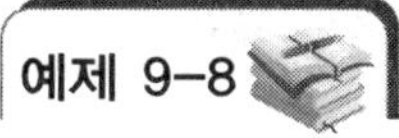

(주)UT는 20x1년 초에 사채(액면가액 ₩100,000, 액면이자 매년 말 지급, 만기 20x3년 말)를 발행하였으며 발행당시 시장이자율은 연 10%이다. 액면이자율이 각각 10%, 8%, 12%일 경우 사채의 발행가액을 계산하고 회계처리 하시오.

풀이

① 액면이자율이 10%일 경우(액면이자율 = 시장이자율 : 액면발행)

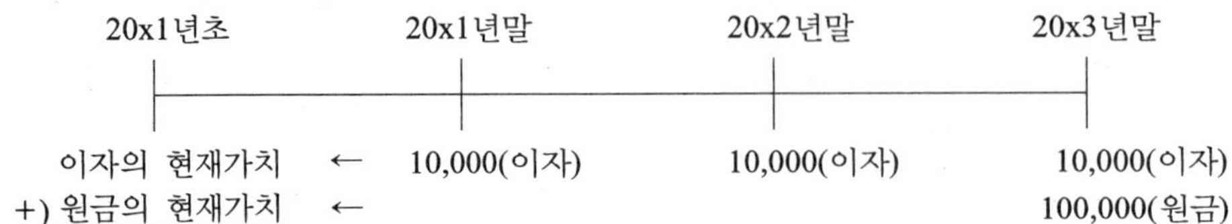

이자의 현재가치 : ₩10,000×2.48685(3년, 10% 연금현가계수) = ₩24,869
원금의 현재가치 : ₩100,000×0.75131(3년, 10% 현가계수) = 75,131
계 ₩100,000

일 자	회 계 처 리				
20x1년 초	(차) 현 금	100,000	(대) 사 채		100,000
20x1. 12. 31	(차) 이자비용	10,000	(대) 현 금		10,000
20x2. 12. 31	(차) 이자비용	10,000	(대) 현 금		10,000
20x3. 12. 31	(차) 이자비용	10,000	(대) 현 금		10,000
	(차) 사 채	100,000	(대) 현 금		100,000

② 액면이자율이 8%일 경우(액면이자율 < 시장이자율 : 할인발행)

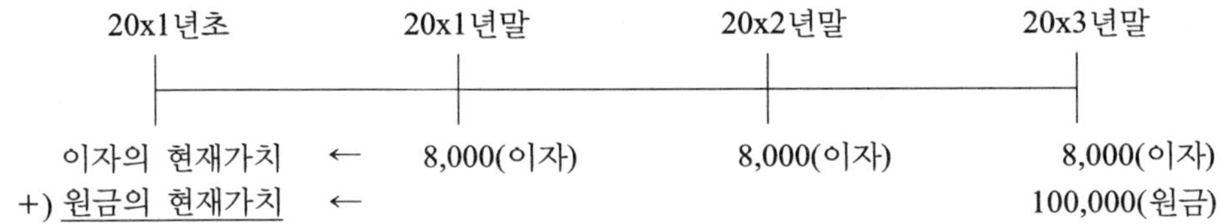

이자의 현재가치 : ₩8,000×2.48685(3년, 10% 연금현가계수) = ₩19,895
원금의 현재가치 : ₩100,000×0.75131(3년, 10% 현가계수) = 75,131
계 ₩95,026

일 자	회 계 처 리				
20x1년 초	(차) 현 금	95,026	(대) 사 채		100,000
	사채할인발행차금	4,974			

③ 액면이자율이 12%일 경우(액면이자율 > 시장이자율 : 할증발행)

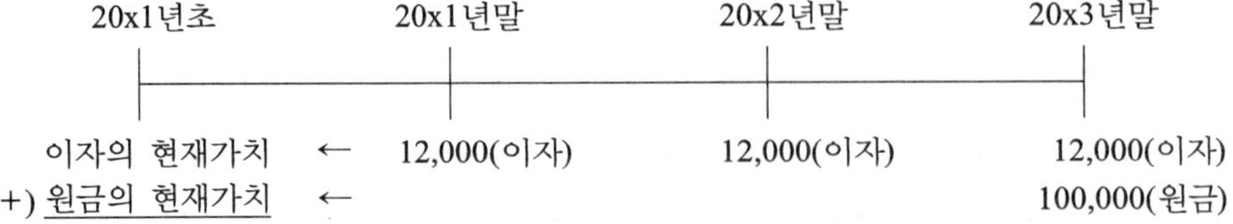

이자의 현재가치 : ₩12,000×2.48685(3년, 10% 연금현가계수) = ₩29,842
원금의 현재가치 : ₩100,000×0.75131(3년, 10% 현가계수) = 75,131
계 ₩104,973

일 자	회 계 처 리				
20x1년 초	(차) 현 금	104,973	(대) 사 채	100,000
			사채할증발행차금	4,973

※ 사채는 만기상환시 지급할 액면가액으로 표시한다. 사채의 액면발행과는 달리 할인발행과 할증발행시에는 액면가액과 발행가액이 다르므로 차액이 발생한다. 이 액면가액과 발행가액의 차액을 각각 사채할인발행차금, 사채할증발행차금이라고 한다.

사채할인발행차금은 사채의 차감적 평가계정으로 차변잔액이지만 재무상태표에 표시할 때에는 사채에서 차감하여 기재하는데, 사채액면가액에서 사채할인발행차금을 차감한 잔액을 장부금액이라고 한다.

사채할증발행차금은 사채의 가산적 평가계정으로 재무상태표에 표시할 때에는 사채에 가산하여 기재하는데, 사채액면가액에서 사채할증발행차금을 가산한 금액을 장부금액이라고 한다.

② 사채발행차금의 상각

사채할인발행차금은 사채보유기간에 걸쳐 일정한 방법으로 상각하여 이자비용에 가산하여야 하며, 사채할증발행차금은 사채보유기간에 걸쳐 이자비용에서 차감해야 한다. 실무적으로 사채는 할인발행이 많이 이용되고 할증발행은 일반적이지 않기 때문에 사채할인발행차금의 상각에 대해서만 살펴보기로 한다.

▶ 사채할인발행차금의 성격

사채를 할인발행한 경우에 매기 말에 지급되는 액면이자뿐 아니라 사채할인발행차금의 상각액도 이자비용이다. 그 이유는 할인발행으로 유입된 금액은 액면가액보다 작은데 만기가 되면 액면가액으로 상환하여야 하므로 액면이자뿐 아니라 발행가액과 액면가액의 차액도 이자비용이 되어야 하기 때문이다. 즉, 20x1년 초에 ₩95,026을 차입하였는데, 이로 인하여 미래에 지급하게 될 총 현금은 ₩124,000(액면금액 ₩100,000＋액면이자 ₩8,000×3)이므로 실질이자는 ₩28,974(₩8,000×3＋₩4,974)이며, 이는 액면이자 ₩24,000에 할인액 ₩4,974를 합한 금액이 되기 때문이다. 결국 할인발행시의 사채할인발행차금은 시장이자율과의 차이를 미리 보전하여 주는 선급이자의 성격이다.

사채발행차금의 상각방법으로는 정액법과 유효이자율법이 있으나 K-IFRS에서는 사채와 상각후원가측정금융자산(금융기관이 취급하는 금융상품, 대여금 및수취채권, 만기보유목적의 채무상품)에 대해 기말에 유효이자율법을 적용하여 상각후원가로 후속측정하여 재무상태표에 표시하도록 규정하고 있다. 유효이자율법(effective interest method)

이란 유효이자액(장부금액×유효이자율[29]))과 액면이자액(액면가액×액면이자율)의 차액을 상각하는 방법 즉, 유효이자액(장부금액×유효이자율)을 당기 이자수익(또는 이자비용)으로 인식하고, 유효이자액과 액면이자액(액면가액×액면이자율)의 차액을 사채와 상각후원가측정금융자산의 장부금액에 가감하는 방법을 말한다. 그리고 유효이자율법에 의한 상각표상의 장부금액을 상각후원가라고 한다.

(예제 9－8)에서 (주)UT가 발행한 사채에 대하여 유효이자율법에 의한 상각표를 작성하면 다음과 같다.

유효이자율법에 의한 상각표

일 자	유효이자 (장부금액×10%)	액면이자 (액면금액×8%)	상각액 (유효이자－액면이자)	장부금액 (상각후원가)
20x1년 초				₩95,026
20x1. 12. 31	₩9,503	₩8,000	₩1,503	96,529
20x2. 12. 31	9,653	8,000	1,653	98,182
20x3. 12. 31	9,818	8,000	1,818	100,000
계	₩28,974	₩24,000	₩4,974	

(주)UT는 상각표상 유효이자를 이자비용으로 인식하고 유효이자와 액면이자와의 차액은 매년 사채할인발행차금을 상각하여 사채의 장부금액을 증가시키는 조정을 한다.

사채할인발행차금은 사채액면가액을 차감하는 성격의 평가계정이므로 상각금액은 사채장부금액(사채액면가액에서 사채할인발행차금을 차감한 잔액)의 증가를 의미한다. 증가된 사채장부금액을 기준으로 다음 이자지급기간의 이자비용과 사채할인발행차금 상각을 체계적으로 산출한다. 즉, 20x1년 12월 31일 사채할인발행차금잔액은 20x1년 초 사채발행시 ₩4,974에서 20x1년 말 상각분 ₩1,503을 차감한 ₩3,471이기 때문에 20x1년 12월 31일 장부금액은 ₩96,529(₩100,000－₩3,471)이다. 이와 동일한 논리로 20x2년 12월 31일 장부금액은 ₩98,182이다. 이렇게 유효이자율법을 적용하여 상각하면 만기일 현재 사채의 장부금액은 액면가액과 일치하게 된다.

(주)UT의 일자별 회계처리를 나타내면 다음과 같다.

29) 유효이자율(effective rate)이란 사채의 발행가액과 사채의 미래현금흐름의 현재가치를 일치시켜주는 할인율로서 일반적으로 시장이자율과 일치한다.

일 자	회 계 처 리					
20x1년 초	(차)	현 금	95,026	(대)	사 채	100,000
		사채할인발행차금	4,974			
20x1. 12. 31	(차)	이 자 비 용	9,503	(대)	현 금	8,000
					사채할인발행차금	1,503
20x2. 12. 31	(차)	이 자 비 용	9,653	(대)	현 금	8,000
					사채할인발행차금	1,653
20x3. 12. 31	(차)	이 자 비 용	9,818	(대)	현 금	8,000
					사채할인발행차금	1,818
	(차)	사 채	100,000	(대)	현 금	100,000

▶ 만기보유금융자산의 회계처리

사채는 발행회사의 입장에서는 금융부채이지만 투자회사의 입장에서는 금융자산이 되며, 사채와 같은 채무증권을 만기까지 보유할 목적으로 취득하는 경우 만기보유금융자산으로 분류한다.

예를 들어, (주)UT는 20x1년 1월 1일 (주)고려가 발행한 다음과 같은 조건의 사채를 만기보유목적으로 취득하고 현금지급하였으며 취득 당시 시장이자율은 연 10%라면, 이 사채의 취득원가는 다음과 같다.

- 액면금액 : ₩100,000
- 만기 : 20x3년 말
- 액면이자율 : 연 8%
- 이자지급 : 매년 말
- 액면가액 : 만기일시상환조건

(주)고려가 발행한 사채의 액면이자율보다 시장이자율이 높기 때문에 사채의 현금흐름의 현재가치는 ₩95,026이며, 따라서 사채는 할인취득된다.

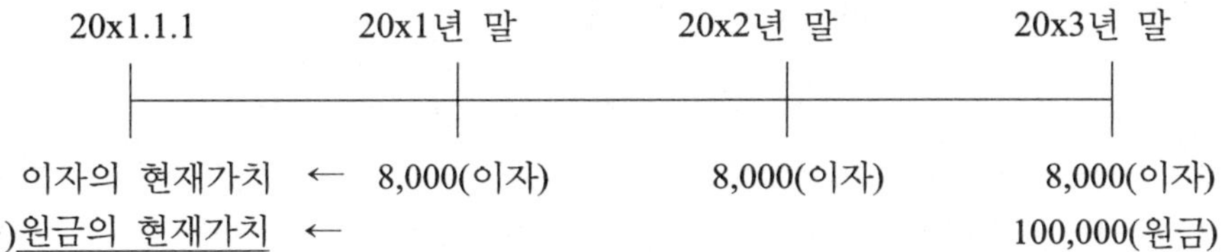

이자의 현재가치 : ₩8,000×2.48685(3년, 10% 연금현가계수) = ₩19,895
원금의 현재가치 : ₩100,000×0.75131(3년, 10% 현가계수) = 75,131
사채의 취득원가 : ₩95,026

따라서 (주)UT는 20x1년 1월 1일 다음과 같이 회계처리 하여야 한다.

일 자	회 계 처 리			
20x1. 1. 1	(차) 만기보유금융자산	95,026	(대) 현 금	95,026

여기서 (주)UT는 사채의 액면가액과 취득원가의 차액 ₩4,974은 사채보유기간에 걸쳐 이자수익으로 인식해야 한다. 그 이유는 (주)UT의 20x1년 1월 1일 투자액은 ₩95,026인데, 이 투자로 인하여 수취하게 될 현금은 액면이자 ₩24,000(₩8,000×3회)과 액면가액 ₩100,000을 합한 ₩124,000이므로 실질이자는 ₩28,974이며(₩124,000－₩95,026), 이는 액면이자 ₩24,000에 할인액 ₩4,974을 합한 금액이기 때문이다. 따라서 사채의 액면가액과 취득원가의 차액, 즉 할인액 ₩4,974은 사채보유기간에 걸쳐 상각해야 한다. 그리고 할인액상각은 액면이자에 가산하여 이자수익으로 인식해야 한다.

(주)UT가 취득한 사채에 대하여 유효이자율법에 의한 상각표를 작성하면 다음과 같다. 유효이자율법에 의한 상각표상의 장부금액을 상각후원가라고 한다.

▌유효이자율법에 의한 상각표▐

일 자	유효이자 (장부금액×10%)	액면이자 (액면금액×8%)	상각액 (유효이자－액면이자)	장부금액 (상각후원가)
20x1. 1. 1				₩95,026
20x1. 12. 31	₩9,503	₩8,000	₩1,503	96,529
20x2. 12. 31	9,653	8,000	1,653	98,182
20x3. 12. 31	9,818	8,000	1,818	100,000
계	₩28,974	₩24,000	₩4,974	

(주)UT는 만기보유금융자산의 취득원가를 최초장부금액으로 하여 이 금액에 유효이자율을 곱하여 계산한 유효이자와 액면이자의 차액을 할인액상각으로 하며, 기말장부금액은 기초장부금액에 할인액상각을 가산한 금액으로 회계처리 한다. 이렇게 하여 상각표를 작성하면 만기시점 현재 만기보유금융자산의 장부금액은 액면가액과 일치하게 된다.

(주)UT의 일자별 회계처리를 나타내면 다음과 같다.

일 자	회 계 처 리			
20x1. 1. 1	(차) 만기보유금융자산	95,026	(대) 현 금	95,026
20x1. 12. 31	(차) 현 금	8,000	(대) 이 자 수 익	9,503
	만기보유금융자산	1,503		
20x2. 12. 31	(차) 현 금	8,000	(대) 이 자 수 익	9,653
	만기보유금융자산	1,653		
20x3. 12. 31	(차) 현 금	8,000	(대) 이 자 수 익	9,818
	만기보유금융자산	1,818		
	(차) 현 금	100,000	(대) 만기보유금융자산	100,000

제3절 기타부채

기타부채란 금융부채에 속하지 않는 부채를 말한다. 기타부채에는 선수금, 선수수익, 예수금, 미지급법인세 등이 있다.

1. 선수금

선수금은 상품이나 비품 등을 판매하기로 계약하고 대금의 일부 또는 전부를 미리 수취하는 경우에 발생하는 채무를 말하며, 재무상태표일로부터 12개월 이내에 상품 등을 인도하는 경우에는 선수금으로 하여 유동부채로 분류하고, 12개월 이후에 인도하는 경우에는 장기선수금으로 하여 비유동부채로 분류한다.

선수금은 상품 등을 공급해야 할 의무를 나타내는 부채계정이며, 나중에 상품 등을 공급하는 시점에서 판매대금과 상계한다. 선수금을 수취하였을 경우에는 선수금계정의 대변에 기입하고, 상품 등을 인도하면 차변에 기입하며 잔액은 대변에 나타난다.

다음 거래를 회계처리 하시오.

5월 8일 L사로부터 상품 ₩350,000의 주문을 받고, 대금의 일부 ₩70,000을 동점발행 당좌수표로 받다.

5월 9일 위의 상품을 인도하고 잔액을 현금으로 받다.

5월 8일	(차) 현 금	70,000	(대) 선 수 금	70,000
5월 9일	(차) 선 수 금	70,000	(대) 매 출	350,000
	현 금	280,000		

2. 선수수익

선수수익은 당기에 현금으로 수취한 수익(이자수익, 임대료 등)으로서 차기 이후의 보고기간에 속하는 수익을 말한다. 즉, 선수수익은 이미 수취한 수익 중 당기에 속하지 아니하는 수익으로 차기로 이연시켜야 할 수익을 말한다. 이러한 선수수익은 차기에 속하는 수익이므로 당기의 수익에서 차감하여 차기로 이월해야 한다. 따라서 결산일에 선수된 수익을 당해 수익계정의 차변에 기입하여 차감하는 동시에 부채계정인 선수수익계정 대변에 기입하기 위한 결산정리분개를 하여야 한다.

선수수익에 대한 자세한 회계처리는 제11장 결산정리에서 살펴보도록 한다.

예제 9-10

(주)UT는 20x1년 5월 1일 건물에 대한 1년분 임대료 ₩12,000을 현금으로 받았다. 보고기간이 매년 1월 1일부터 12월 31일까지라고 할 경우 결산정리분개를 하시오.

풀이

20x1. 5. 1	(차) 현 금	12,000	(대) 임대료	12,000

※ 당기에 ₩12,000원의 임대료를 받았다 하여도 당기에 속하는 임대료는 ₩8,000이며(₩12,000×8/12=₩8,000), ₩4,000은 차기에 속하는 임대료이다. 따라서 결산시 현금으로 수취한 ₩12,000 중 ₩4,000을 차감하여 선수수익(또는 선수임대료)으로 대체하여야 한다. 이러한 선수수익에는 선수임대료 이외에도 선수이자, 선수수수료 등이 있다.

20x1.12.31	(차) 임대료	4,000	(대) 선수수익	4,000

▶ ₩12,000－₩12,000×8/12＝₩4,000

3. 예 수 금

예수금은 제3자에게 지급하여야 할 금액을 기업이 일시적으로 보관하는 경우에 사용되는 유동부채계정이다. 종업원에게 급여를 지급할 때 원천징수 하였다가 해당 기관에 납부하는 근로소득세, 국민연금, 건강보험료, 고용보험료 등을 그 예로 들 수 있다. 예수금은 현금수취시 대변에 기입하고 현금지급시 감소시키며 잔액은 대변에 나타난다.

예제 9-11 

다음 거래를 회계처리 하시오.

5월 18일 5월분 종업원 급여 ₩2,000,000 중에서 근로소득세 ₩100,000, 국민연금 ₩50,000, 건강보험료 ₩40,000, 고용보험료 ₩10,000을 공제하고 잔액은 현금으로 지급하다.
6월 10일 관계기관에 위의 금액을 납부하다.

풀이

5월 18일	(차) 급 여	2,000,000	(대)	현 금	1,800,000
				예 수 금	200,000
6월 10일	(차) 예 수 금	200,000	(대)	현 금	200,000

4. 미지급법인세

법인, 즉 기업이 경영활동을 수행함에 따라 이익이 발생하면 이를 기초로 국가에 법인세를 납부하여야 한다. 법인세란 법인을 납세의무자로 하고 법인의 소득을 과세대상으로 하는 조세이다.

우리나라의 법인세법은 회계연도가 6개월을 초과하는 법인에 대하여 당해 회계연도 개시일로부터 6개월간을 중간예납기간으로 하여 당해 회계연도에 납부해야 할 세액의 일부를 일정한 계산방법에 따라 납부하도록 규정하고 있는데, 이를 중간예납세액이라고 한다. 따라서 보고기간 말에 정확한 법인세를 계산하여 차액을 미지급법인세로 계상하여야 한다.

예제 9-12 

다음 거래를 회계처리 하시오.

20x1년 8월 20일 당 회계연도의 중간예납세액으로 ₩400,000을 납부하다.
20x1년 12월 31일 당 회계연도의 법인세액이 ₩500,000으로 결정되다.

풀이

20x1년 8월 20일	(차) 선급법인세	400,000	(대)	현 금	400,000
20x1년 12월 31일	(차) 법인세비용	500,000	(대)	선급법인세	400,000
				미지급법인세	100,000

▶ 기타부채의 계정분류

선수금, 선수수익, 예수금, 미지급법인세 등과 같은 기타부채는 재무상태표일로부터 12개월 이내에 결제되는 것은 '기타유동부채'로 하여 유동부채로 분류하고, 12개월 이후에 결제되는 것은 '기타비유동부채'로 하여 비유동부채로 분류한다.

물론 금액적으로 다른 항목과 구분하여 표시할 필요성이 있을 정도로 중요성이 있고 큰 금액이라면 별도로 분리하여 표시한다. 그러나 다른 항목들에 비하여 상대적으로 중요성이 떨어지는 항목들은 '기타유동부채', '기타비유동부채'로 각각 통합하여 표시할 수 있다.

제 10 장

자　본

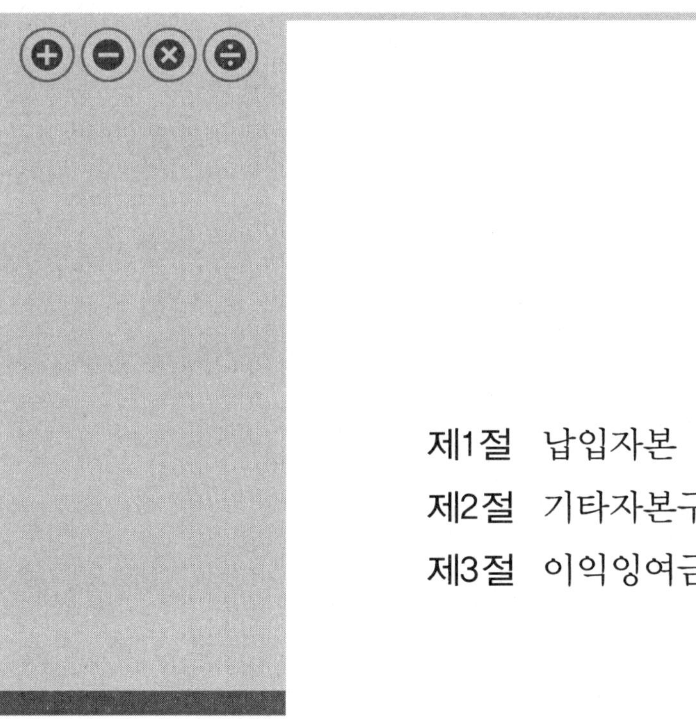

제10장 | 자 본

자본(capital)이란 자산총액에서 부채총액을 차감한 잔액으로써 기업의 소유주인 주주에게 귀속될 순자산을 의미한다. 즉, 자본은 기업이 보유하고 있는 경제적 자원 중 소유주인 주주에게 귀속되는 지분을 말하는 것으로 주주지분이라고도 하며, 타인자본인 부채와 구분하여 자기자본이라고도 한다.

K-IFRS에서는 자본을 크게 납입자본, 기타자본구성요소 및 이익잉여금의 세 가지로 대분류하고 있다.

자본의 분류

자 본	납입자본	자본금	보통주자본금, 우선주자본금
		자본잉여금	주식발행초과금, 감자차익, 자기주식처분이익 등
	기타자본 구성요소	자본조정	자기주식, 감자차손, 자기주식처분손실 등
		기타포괄손익누계액	매도가능금융자산평가손익, 재평가잉여금 등
	이익잉여금	이익잉여금	법정적립금, 임의적립금, 미처분이익잉여금

제1절 | 납입자본

납입자본이란 주주로부터 조달한 자본 즉, 주주와의 자본거래[30]에서 주주가 회사에 납입한 자본금액을 말하는 것으로 자본금과 자본잉여금으로 구분할 수 있다.

---

30) 자본거래(capital transaction)란 회사와 회사의 현재 또는 잠재적인 주주와의 거래를 말하며, 주주와의 자본거래를 제외한 나머지의 모든 거래를 손익거래(income transaction)라고 한다.

1. 자본금

자본금(capital stock)이란 주주가 납입한 자본 중 상법의 규정에 따라 자본금으로 계상한 부분을 말한다. 따라서 자본금은 회사가 발행한 주식의 총수에 주당 액면금액[31)]을 곱하여 계산된 금액이다.

• 자본금 = 발행주식총수 × 주당 액면금액

자본금은 보통주자본금과 우선주자본금으로 구분하여 표시한다. 보통주와 우선주는 배당금 지급 및 청산시의 권리가 상이하기 때문에 자본금을 구분하여 표시한다.

▶ 주식의 종류

주식(stock)은 자본의 구성단위, 회사에 대한 주주의 권리・의무의 단위라는 의미를 가지고 있으며, 주식을 유가증권화 시킨 것을 주권(株券)이라고 한다.

주식은 보통주와 우선주로 구분된다. 보통주(common stock)는 상법에 규정되어 있는 주주의 가장 일반적인 권리(의결권 등)를 갖는 주식을 말하며, 일반적으로 주식이라 할 때는 보통주를 말한다. 우선주(preferred stock)는 특정사항(이익배당, 잔여재산분배 등)에 대하여 보통주보다 우선적인 권리를 갖는 주식으로써 일반적으로 주주총회에서의 의결권이 없는 주식을 말한다.

보통주자본금이란 회사가 발행한 보통주의 주식수에 주당 액면금액을 곱한 금액을 말하며, 우선주자본금이란 회사가 발행한 우선주의 주식수에 주당 액면금액을 곱한 금액을 말한다.

- **보통주자본금** = 보통주 발행주식수 × 주당 액면금액
- **우선주자본금** = 우선주 발행주식수 × 주당 액면금액

예를 들어, 1월 1일 보통주 1,000주와 우선주 500주를 액면가 ₩5,000으로 각각 발행, 납입받아 당좌예금 하였을 경우, 회계처리와 재무상태표의 표시는 다음과 같다.

1월 1일	(차) 당좌예금	7,500,000	(대) 보통주자본금	5,000,000
			우선주자본금	2,500,000

▶ **보통주자본금** = 보통주 발행주식수 × 주당 액면금액
= 1,000주 × ₩5,000 = ₩5,000,000

31) 액면금액이란 주권의 권면(표면)에 기재되어 있는 주(株) 금액을 말한다. 우리나라 상법에서는 주식회사의 1주당 액면금액은 ₩100 이상으로 균일해야 한다고 규정하고 있다.

▶ 우선주자본금 = 우선주 발행주식수 × 주당 액면금액
= 500주 × ₩5,000 = ₩2,500,000

재무상태표

	:	
	자　　본	
	자 본 금	7,500,000
	보통주자본금	5,000,000
	우선주자본금	2,500,000

※ 자본금 ₩7,500,000으로 표시하고 관련내용은 주석으로 공시할 수도 있다.

2. 자본잉여금

자본잉여금(capital surplus)이란 증자나 감자[32] 또는 주주와의 다른 자본거래에서 발생하여 자본을 증가시키는 잉여금을 말한다. 자본잉여금은 주식발행초과금과 기타자본잉여금으로 구분한다.

(1) 주식발행초과금

주식발행초과금이란 주식회사가 신규로 주식을 발행할 때 주식의 발행금액이 액면금액을 초과할 경우의 초과액을 말한다. 즉, 액면금액을 초과하여 주식을 발행한 경우에 주주의 납입자본 중 자본금을 초과한 부분을 주식발행초과금이라고 한다.

예를 들어, 5월 5일 1주당 액면금액 ₩5,000인 주식 10,000주를 1주당 ₩6,000에 발행하였다면 회계처리는 다음과 같다.

5월 5일	(차) 현　　금	60,000,000	(대) 자　　본　　금	50,000,000
			주식발행초과금	10,000,000

32) 증자(increase of capital)란 주식을 발행하여 자본금을 증가시키는 가장 대표적인 자본거래이며, 감자(decrease of capital)란 주식을 소각하여 자본금을 감소시키는 자본거래이다.

(2) 기타자본잉여금

① 감자차익

감자차익은 자본금을 감소시키는 경우에 주주에게 지급한 감자대가가 감소한 자본금의 액면금액에 미달하는 경우 그 미달금액을 말한다. 즉, 자본금의 감소시 자본금의 감소액보다 주주에게 지급하는 금액이 더 적은 경우 그 차액을 말한다.

예를 들어, 1월 2일 발행주식 1주(액면금액 ₩5,000)를 감자대가 ₩4,000을 주주에게 지급하고 즉시 소각한 경우 회계처리는 다음과 같다.

1월 2일	(차) 자 본 금	5,000	(대)	현　　금	4,000
				감자차익	1,000

② 자기주식처분이익

자기주식이란 회사가 이미 발행한 자기회사의 주식을 주주로부터 매입 등의 방법을 통해 재취득한 주식을 말한다. 자기주식처분이익이란 자기주식을 소각하지 않고 다시 매각할 때, 자기주식의 처분금액이 취득원가를 초과한 경우 그 초과액을 말한다.

예를 들어, 9월 1일 ₩6,000에 취득한 자기주식을 10월 1일 ₩7,000에 매각하였다면 회계처리는 다음과 같다.

9월 1일	(차) 자기주식	6,000	(대)	현　　금	6,000
10월 1일	(차) 현　　금	7,000	(대)	자기주식	6,000
				자기주식처분이익	1,000

제2절 기타자본구성요소

기타자본구성요소란 회사의 자본 중 납입자본과 이익잉여금으로 분류되지 않는 자본항목들을 말하는 것으로 자본조정과 기타포괄손익누계액으로 구분할 수 있다.

1. 자본조정

자본조정(capital adjustments)이란 자본에 대해 가감하는 방식으로 이를 조정하는 항목을 말한다. 즉, 자본조정은 당해 항목의 성격으로 보아 주주와의 자본거래에 해당하나 최종적으로 납입된 자본으로 볼 수 없거나, 자본의 가감 성격으로 자본금이나 자본잉여금으로 분류할 수 없는 항목을 말하며 자기주식, 감자차손, 자기주식처분손실 등을 들 수 있다.

① 자기주식

자기주식을 유상으로 취득하는 경우 취득원가로 계상하고, 유통중인 주식이 아님을 공시하기 위해 자본의 차감항목으로 하여 자본조정항목으로 재무상태표에 표시한다.

예를 들어, 3월 3일 자기주식 1주를 ₩10,000에 현금으로 구입하였다면 회계처리는 다음과 같다.

3월 3일	(차) 자기주식	10,000	(대) 현 금	10,000

② 감자차손

감자차손은 자본금을 감소시키는 경우에 주주에게 지급한 감자대가가 감소한 자본금의 액면금액을 초과하는 경우 그 초과금액을 말한다. 즉, 자본금 감소시 자본금의 감소액보다 주주에게 지급한 금액이 더 많은 경우 그 차액을 말한다.

예를 들어, 9월 1일 발행주식 1주(액면금액 ₩5,000)를 감자대가 ₩7,000을 주주에게 지급하고 즉시 소각한 경우 회계처리는 다음과 같다.

9월 1일	(차) 자 본 금	5,000	(대) 현 금	7,000
	감자차손	2,000		

감자차손은 감자차익과 우선적으로 상계하고 그 잔액은 감자차손(자본조정항목)으로 계상한다.

예제 10-1 

(주)UT는 20x1년 2월 25일 발행주식 200주(주당 액면금액 ₩500)를 주당 ₩400에 매입하여 소각하였으며, 20x1년 5월 15일 발행주식 100주를 주당 ₩800에 매입하여 소각하였다.

풀이

20x1년 2월 25일	(차) 자 본 금	100,000	(대) 현 금	80,000
			감자차익	20,000
20x1년 5월 15일	(차) 자 본 금	50,000	(대) 현 금	80,000
	감자차익	20,000		
	감자차손	10,000		

③ 자기주식처분손실

자기주식처분손실은 회사가 보유하고 있는 자기주식을 취득원가 이하로 매각하는 경우 처분대가와 취득원가와의 차액을 말한다.

예를 들어, ₩10,000에 취득한 자기주식을 4월 1일 ₩7,000에 매각하였다면 회계처리는 다음과 같다.

4월 1일	(차) 현 금	7,000	(대) 자기주식	10,000
	자기주식처분손실	3,000		

자기주식처분손실은 자기주식처분이익과 우선적으로 상계하고 그 잔액은 자기주식처분손실(자본조정항목)로 계상한다.

예제 10-2

(주)UT의 20x1년 자기주식과 관련된 거래는 다음과 같다. 각 일자별 회계처리를 행하고, 20x1년 말 현재의 부분 재무상태표를 작성하시오.

> 1월 2일 액면금액 ₩5,000의 주식 100주를 ₩6,000에 발행하다.
> 4월 1일 자기주식 4주를 ₩6,500에 취득하다.
> 5월 4일 상기 자기주식 중 1주를 ₩7,000에 처분하다.
> 7월 5일 상기 자기주식 중 1주를 ₩4,500에 처분하다.
> 9월 2일 상기 자기주식 중 1주를 소각하다.

풀이

1월 2일	(차) 현 금	600,000	(대) 자 본 금	500,000
			주식발행초과금	100,000
4월 1일	(차) 자 기 주 식	26,000	(대) 현 금	26,000
5월 4일	(차) 현 금	7,000	(대) 자 기 주 식	6,500
			자기주식처분이익	500
7월 5일	(차) 현 금	4,500	(대) 자 기 주 식	6,500
	자기주식처분이익	500		
	자기주식처분손실	1,500		
9월 2일	(차) 자 본 금	5,000	(대) 자 기 주 식	6,500
	감 자 차 손	1,500		

부분 재무상태표

(주)UT	20x1년 12월 31일	(단위: 원)
	·	
	자 본	
	자본금	495,000
	자본잉여금	100,000
	주식발행초과금	100,000
	자본조정	(9,500)
	자기주식	(6,500)
	자기주식처분손실	(1,500)
	감자차손	(1,500)

☞ 자본금, 자본잉여금, 자본조정으로 표시하고 관련내용은 주석으로 공시할 수도 있다.

2. 기타포괄손익누계액

기타포괄손익누계액이란 보고기간 말 현재 기타포괄손익의 누계액, 즉 기업의 수익과 비용 중 당기손익이 아닌 기타포괄손익으로 분류되는 금액의 누계액을 말한다. 기타포괄손익은 손익거래에서 발생한 순자산의 변동액 중 장기미실현보유손익으로 분류되어 포괄손익계산서의 당기손익에 반영되지 못하는 항목이다. 이러한 거래는 포괄손익계산서에 기타포괄손익으로 인식된다. 여기서 포괄손익계산서의 기타포괄손익은 당기 변동액(발생액)을 의미하며, 재무상태표의 기타포괄손익은 특정 시점의 누계액(잔액)을 의미한다는 것에 유의하여야 한다.

기타포괄손익누계액에는 매도가능금융자산평가손익과 재평가잉여금 등이 있다.

제3절 이익잉여금

1. 이익잉여금의 의의 및 분류

이익잉여금(retained earnings)은 기업의 경영활동에서 발생한 이익 중 주주에 대한 배당 등으로 처분 되지 않고 남아 있는 이익을 말한다. 이익잉여금은 법정적립금, 임의적립금 및 미처분이익잉여금으로 분류된다.

(1) 법정적립금

법정적립금(legal reserve)은 법률의 규정에 의해 강제적으로 적립이 되어 현금배당이 제한되는 이익잉여금을 말하며 이익준비금이 그 대표적인 예이다. 상법은 이익준비금을 자본금의 1/2에 달할 때까지 현금배당액의 1/10 이상을 의무적으로 적립하도록 규정하고 있다. 법정적립금은 자본금전입이나 결손보전의 목적 이외에는 사용이 제한된다.

(2) 임의적립금

임의적립금(voluntary reserve)은 법률이 아닌 회사의 정관의 규정 또는 주주총회의 결의에 따라 기업이 임의적으로 적립한 이익잉여금을 말하며 사업확장적립금, 시설확장적립금, 배당평균적립금 등을 그 예로 들 수 있다. 이러한 임의적립금은 주주총회의 승인을 통해 언제든지 미처분이익잉여금으로 다시 이입하여 배당의 재원 등으로 사용할 수 있다는 점에서 사용제한이 있는 법정적립금과 구별된다.

(3) 미처분이익잉여금

미처분이익잉여금(unappropriated retained earnings)은 결산기말 현재 배당이나 또는 다른 이익잉여금으로 대체되지 않고 남아있는 이익잉여금을 말하며, 전기이월미처분이익잉여금에 당기순손익의 합계로 계산된다. 만약 적자를 기록함으로써 미처분이익잉여금이 (−)인 경우에는 미처리결손금으로 표시한다.

2. 이익잉여금의 처분

이잉잉여금의 처분이란 미처분이익잉여금을 법정적립금, 임의적립금, 배당금 등으로 처분하는 것을 말한다.

우리나라의 경우 한 보고기간의 재무제표를 승인하고 이익잉여금의 처분을 확정하는 정기주주총회는 그 다음 보고기간 초에 개최되므로 이익잉여금의 처분(결손금의 처리)에 관한 회계처리는 다음 보고기간 주주총회에서 승인을 받은 후에 행해진다. 따라서 계정마감 후 재무상태표상 미처분이익잉여금의 잔액은 당기순이익을 포함하고 이익처분을 반영하지 않는다.

이익처분에 대한 회계처리는 주주총회 결의일에 이루어지며 재무상태표에는 이익처분 전의 재무상태를 표시한다.

(1) 결산일

결산일에 당기순이익이 결정되면 이를 미처분이익잉여금계정으로 대체한다.[33] 따라서 이 분개를 한 후의 미처분이익잉여금잔액은 당기 초에 주주총회에서 승인된 이익처분액을 차감한 후의 이익잉여금에 당기순이익을 합한 금액이 된다.

(차) 집합손익 (당기순이익의 대체)	xxx	(대) 미처분이익잉여금	xxx

(2) 다음 보고기간 주주총회 승인시

주주총회에서 주주에게 지급할 배당금과 법정적립금, 임의적립금의 적립 등 이익처분내역이 승인되면 미처분이익잉여금에서 동 이익처분액을 차감한다.

(차) 임의적립금[34]	xxx	(대) 미처분이익잉여금	xxx
(차) 미처분이익잉여금	xxx	(대) 미지급배당금	xxx
		법정적립금	xxx
		임의적립금	xxx
		자기주식처분손실	xxx
		감자차손	xxx

33) 제3장 제4절 결산 (1) 포괄손익계산서계정의 마감에서는, 집합손익계정에서 산출된 당기순손익은 이익잉여금계정으로 대체된다고 설명하였다. 이제 좀 더 세밀한 계정을 구분하여 사용하면 이익잉여금계정이 아닌 미처분이익잉여금계정으로 대체되며, 이렇게 대체된 미처분이익잉여금은 주주총회에서 처분하는 절차를 거쳐 일부는 주주에게 배당이나 사내에 적립되고 나머지는 차기로 이월된다. 이 때 유의할 점은 당기순손익만이 미처분이익잉여금계정으로 대체되며, 기타포괄손익은 포함하지 않는다는 것이다.

34) 미처분이익잉여금이 부족하여 충분한 배당이나 그 밖의 처분이 곤란한 경우에는 전기 이전에 적립한 임의적립금으로 그 부족분을 보충하기 위하여 임의적립금을 이입할 수 있다.

예제 10-3

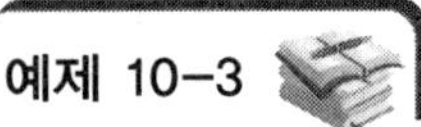

다음 거래를 회계처리 하시오.

20x1년 초에 설립한 (주)UT(결산일 12월 31일)의 이익잉여금의 변동과 관련된 자료는 다음과 같다.

(1) 20x1년 초에 영업을 시작하여 당기순이익 ₩1,000,000을 보고하다.
(2) 20x2년 2월 25일 정기주주총회에서 이익잉여금을 다음과 같이 처분하기로 결의하다.

• 배당평균적립금의 이입		₩100,000
• 이익준비금의 적립		₩50,000
• 사업확장적립금의 적립		₩200,000
• 현금배당		₩500,000
• 자본조정항목의 상각	– 자기주식처분손실	₩30,000
	– 감자차손	₩20,000

(3) 20x2년 3월 25일 배당금 ₩500,000을 현금지급하다.
(4) 20x2년에 당기순이익 ₩1,500,000을 보고하다.

풀이

20x1. 12. 31	(차) 집합손익	1,000,000	(대)	미처분이익잉여금	1,000,000
20x2. 2. 25	(차) 임의적립금	100,000	(대)	미처분이익잉여금	100,000
	(차) 미처분이익잉여금	800,000	(대)	법정적립금	50,000
				임의적립금	200,000
				미지급배당금	500,000
				자기주식처분손실	30,000
				감자차손	20,000
20x2. 3. 25	(차) 미지급배당금	500,000	(대)	현 금	500,000
20x2. 12. 31	(차) 집합손익	1,500,000	(대)	미처분이익잉여금	1,500,000

한편, 미처리결손금이란 기업이 결손을 보고한 경우에 보고된 결손금 중 다른 잉여금으로 보전되지 않고 이월된 부분을 말한다. 즉, 미처리결손금은 전기이월미처분이익잉여금(전기이월미처리결손금)의 기초잔액에 당기순손익을 가감한 금액을 말한다. 예를 들어, 전기이월미처분이익잉여금이 ₩50,000인데 당기순손실이 ₩60,000인 경우에는 미처리결손금이 ₩10,000이 되며, 반대로 전기이월미처리결손금이 ₩80,000인데 당기순이익이 ₩50,000이라면 미처리결손금은 ₩30,000이 된다.

예를 들어, (주)UT는 20x1년에 당기순손실 ₩40,000이 발생하여 임의적립금 ₩30,000을 이입하고 20x2년 2월 25일 정기주주총회에서 결손금을 처리하기로 하였다면 회계처리는 다음과 같다. 단, 전기이월미처분이익잉여금의 잔액은 ₩10,000이다.

20x1년 12월 31일

(차)	미처분이익잉여금	10,000	(대) 집합손익	40,000
	미처리결손금	30,000		

20x2년 2월 25일

(차)	임의적립금	30,000	(대) 미처리결손금	30,000

제3부

결산정리와 재무제표 작성

제 **11** 장

결산정리

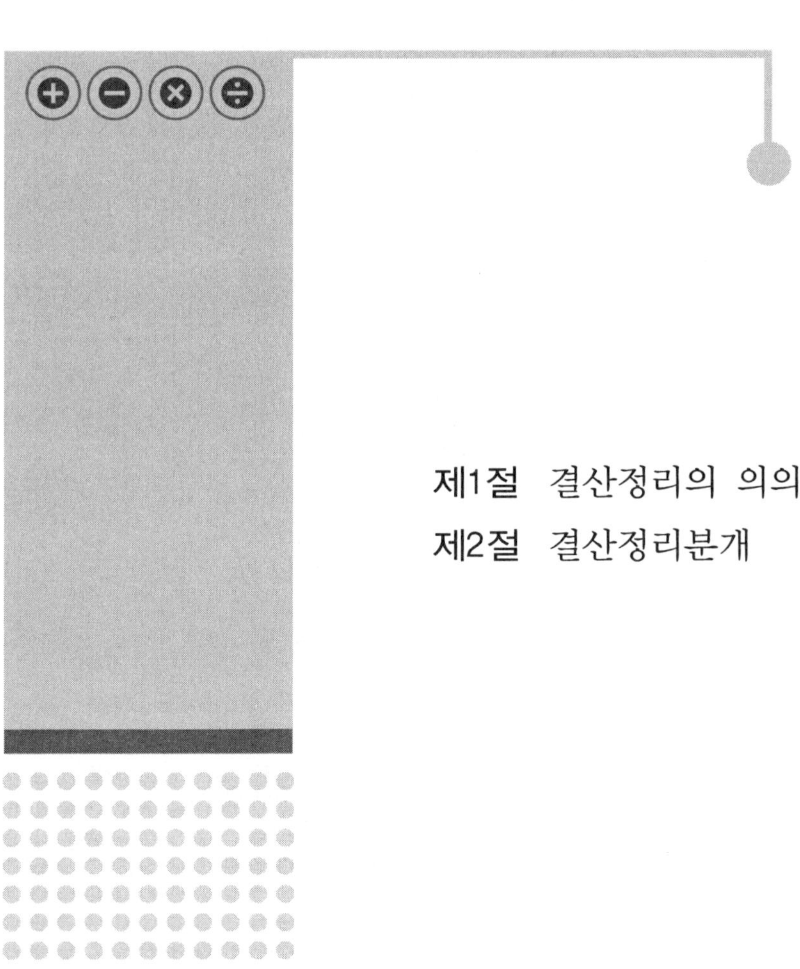

제1절 결산정리의 의의

제2절 결산정리분개

제11장 | 결산정리

제1절 | 결산정리의 의의

보고기간 중에 거래가 발생하면 분개와 전기가 이루어지고, 결산이 시작되면 총계정원장의 각 계정을 토대로 시산표(수정전시산표라고 함)를 작성하여 시산표의 차변합계와 대변합계의 일치여부를 확인한 후 계정의 마감과 재무제표를 작성하게 된다.

그러나 시산표의 차변합계와 대변합계가 일치된다고 하여 곧바로 계정마감과 재무제표를 작성할 수는 없다. 그 이유는 총계정원장의 각 계정의 잔액이 올바른 금액이 아닌 경우가 있기 때문이다. 즉, 재무상태표에는 기말 결산시점에서 나타난 자산, 부채, 자본의 실제가치금액을 표시해야 하는데, 이들 자산, 부채, 자본 중 일부 계정의 잔액은 기말 현재 실제가치금액과 다른 경우가 있다. 그러므로 결산일 현재의 적정한 재무상태를 표시하기 위해서는 이들 계정의 장부금액을 기말의 실제가치금액으로 수정하여야 한다.

또한 포괄손익계산서에는 당기에 발생한 수익과 비용만을 표시해야 하는데, 수익과 비용 중 일부 계정의 잔액에는 차기에 속하는 금액이 포함되어 있거나 또는 당기에 발생했음에도 해당 계정에 기입하지 않은 경우가 있다. 따라서 전자의 경우에는 차기에 속하는 금액을 해당계정에서 차감하고, 후자의 경우에는 당기에 발생한 금액을 해당계정에 기입하여야만 당해 보고기간 동안의 경영성과를 적정하게 표시할 수가 있다.

이와 같이 결산시에 기업의 재무상태와 경영성과를 적정하게 표시하기 위하여 총계정원장의 계정잔액을 기말 현재의 실제가치 또는 실제발생액에 일치시키는 절차를 결산정리라고 한다. 이를 위한 각 계정의 여러 가지 기입을 정리기입이라 하고, 정리기입을 위하여 행하는 분개를 결산정리분개 또는 계정의 잔액을 수정하기 위한 분개임으로 결산수정분개라고도 한다.

만약, 결산정리분개를 한다면 결산정리사항을 분개장(또는 전표)에 분개하고, 이를 총계정원장에 전기한 뒤에 결산정리사항을 반영한 후의 총계정원장 잔액을 토대로 수정후시산표를 작성해야 하며, 이를 기초로 하여 재무상태표와 포괄손익계산서를 작성하게 된다.

결산시에 수행하는 결산정리는 매출원가의 계산을 비롯하여 자산원가의 배분, 자산·부채의 평가 및 손익의 결산정리 등이 있다.

제2절 결산정리분개

1. 매출원가의 계산

상품매출손익을 계산하기 위하여 기말상품재고액을 파악한 후 매출원가를 계산한다. 매출원가는 기초상품재고액에 당기상품매입액을 가산하고 기말상품재고액을 차감하여 산출하며, 매출원가를 계산하기 위한 결산정리분개(기능별 표시방법)는 다음과 같다.

12월 31일	(차) 매출원가	xxx	(대) 상 품(기초)	xxx
12월 31일	(차) 매출원가	xxx	(대) 매 입	xxx
12월 31일	(차) 상 품(기말)	xxx	(대) 매출원가	xxx

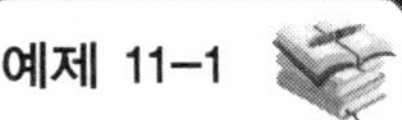

(주)UT의 기초상품은 ₩100,000이며, 당기상품매입액은 ₩5,000,000이고, 기말상품재고액이 ₩500,000이라고 할 때, 매출원가를 산출하기 위한 결산정리분개를 하시오.

12월 31일	(차) 매출원가	100,000	(대) 상 품(기초)	100,000
12월 31일	(차) 매출원가	5,000,000	(대) 매 입	5,000,000
12월 31일	(차) 상 품(기말)	500,000	(대) 매출원가	500,000

2. 자산원가의 배분

한 보고기간 이상에 걸쳐 효익을 제공하는 자산의 원가는 자산의 사용에 따라 수익이 창출되는 기간에 그에 대응하는 비용을 인식해야 한다. 따라서 자산의 사용으로 인하여 수익이 창출되는 기간에 그에 대응하는 비용을 인식하기 위하여, 자산의 취득원가를 내용연수에 걸쳐 합리적이고 체계적인 방법에 따라 비용으로 배분하여야만 적정한 기간손익을 도출해 낼 수 있다. 자산원가의 배분에는 유형자산에 대한 감가상각비와 무형자산에 대한 상각비를 그 대표적인 예로 들 수 있다.

12월 31일 (차) 감가상각비 xxx (대) 감가상각누계액 xxx
12월 31일 (차) 무형자산상각비 xxx (대) 해당 무형자산 xxx

예제 11-2

(주)UT는 20x1년 1월 1일 취득원가 ₩5,000,000, 잔존가치 ₩500,000, 내용연수 5년인 차량을 구입하여 정액법으로 감가상각할 경우, 결산시 원가배분을 위한 결산정리분개를 하시오.

풀이

12월 31일 (차) 감가상각비 900,000 (대) 감가상각누계액 900,000
▶ (₩5,000,000 − ₩500,000) ÷ 5년 = ₩900,000

예제 11-3

(주)UT의 특허권에 대한 상각액이 ₩1,000,000일 경우 결산정리분개를 하시오.

풀이

12월 31일 (차) 무형자산상각비 1,000,000 (대) 특허권 1,000,000

3. 자산 · 부채의 평가

자산이나 부채는 원칙적으로 취득원가로 평가한다. 그러나 기업이 보유하고 있는 자산 중 매각을 전제로 보유하고 있는 자산과 화폐청구권을 나타내는 자산이나 부채는 결산기말 현재의 공정가치로 평가하여야 한다. 매각을 전제로 보유하고 있는 자산과 화폐청구권을 나타내는 자산이나 부채는 공정가치를 제공하는 것이 정보이용자들에게 보다 유용한 정보가 될 것이기 때문이다. 이러한 사항의 예로는 단기매매금융자산 및 매도가능금융자산의 평가, 수취채권의 평가, 사채발행차금의 상각 등이 있다.

예제 11-4

(주)UT는 20x1년 초에 단기투자목적으로 A사 주식을 ₩100,000, 장기투자목적으로 B사 주식 ₩100,000을 구입하였다. 20x1년 말 현재 보유중인 단기매매금융자산과 매도가능금융자산의 공정가치가 각각 ₩110,000과 ₩90,000으로 평가된다고 할 때 결산정리분개를 하시오.

풀이

12월 31일

(차) 단기매매금융자산	10,000	(대) 단기매매금융자산평가이익 (당기손익)	10,000

12월 31일

(차) 매도가능금융자산평가손실 (기타포괄손익)	10,000	(대) 매도가능금융자산	10,000

예제 11-5

(주)UT는 20x1년 12월 31일 현재 매출채권 잔액이 ₩5,000,000으로, 이 중 미래현금회수할 것으로 추정된 금액은 ₩4,900,000이라고 할 때, 결산정리분개를 하시오.

풀이

12월 31일	(차) 대손상각비	100,000	(대) 대손충당금	100,000

▶ ₩5,000,000 − ₩4,900,000 = ₩100,000

4. 손익의 결산정리

수익과 비용으로서 기중에 현금으로 주고 받은 금액 중에는 차기에 속하는 수익이나 비용이 포함되어 있는 경우가 있다. 반대로 실제 현금의 수입과 지출이 당기에 없었다 하더라도 당기에 발생한 것으로 보아야 할 수익이나 비용도 있다. 즉, 수정전시산표에 나타난 수익과 비용계정의 잔액은 당기에 발생한 수익과 비용을 정확하게 나타낸다고 볼 수 없으므로 기간손익을 정확히 계산하기 위해서는 이들 계정금액을 가감조정 하여야 하는데, 이것을 손익의 결산정리 또는 수익과 비용의 결산정리라고 한다. 수익과 비용의 결산정리에는 수익·비용의 이연과 수익·비용의 발생이 있다.

(1) 수익과 비용의 이연

당기에 이미 현금으로 주고 받아 총계정원장의 각 계정에 기입된 수익과 비용이라 할지라도 차기에 속하는 부분이 포함되어 있으면 이를 차기로 이월하는 한편 당기의 수익과 비용계정에서 차감하여야 하는데 이를 수익과 비용의 이연이라고 한다. 수익과 비용의 이연은 수익의 이연과 비용의 이연으로 구분된다.

① 수익의 이연

당기에 수익으로서 이미 현금으로 받은 금액 중 당기의 수익이 아니고 차기의 수익에 속하는 것이 있는데 이것을 선수수익이라고 한다. 즉, 선수수익은 이미 수취한 수익 중 당기에 속하지 아니하는 수익으로 차기로 이연시켜야 할 수익을 말한다. 이러한 선수수익은 차기에 속하는 수익이므로 당기의 수익에서 차감하여 차기로 이월해야 한다.

따라서 결산일에 선수된 수익을 당해 수익계정의 차변에 기입하여 차감하는 동시에 부채계정인 선수수익계정 대변에 기입하기 위한 결산정리분개를 하여야 한다.

12월 31일 (차) 해당 수익계정 xxx (대) 선수수익 xxx

▶ **선수금과 선수수익의 차이**

선수금은 상품 등의 판매시 미리 받은 매매대금을 말하며, 선수수익이란 미리 받은 수익을 말한다. 예를 들어, 상품의 판매를 위하여 계약금으로 상품대금의 일부를 받은 경우에는 선수금이 되며, 차기의 임대료를 미리 받은 경우에는 선수임대료라는 선수수익이 된다.

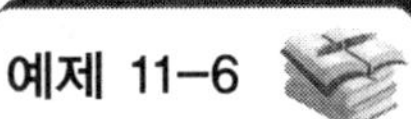

예제 11-6

(주)UT는 20x1년 5월 1일 건물에 대한 1년분 임대료 ₩12,000을 현금으로 받았다. 보고기간이 매년 1월 1일부터 12월 31일까지라고 할 경우, 결산정리분개를 하시오.

풀이

❶ 기중거래분개

20x1. 5. 1 (차) 현 금 12,000 (대) 임대료 12,000

수정전시산표

현 금	12,000	임 대 료	12,000

❷ 결산정리분개

당기에 ₩12,000원의 임대료를 받았다 하여도 당기에 속하는 임대료는 ₩8,000이며(₩12,000×8/12＝₩8,000), ₩4,000은 차기에 속하는 임대료이다. 따라서 결산시 현금으로 수취한 ₩12,000 중 ₩4,000을 차감하여 선수수익(또는 선수임대료)으로 대체하여야 한다. 이러한 선수수익에는 선수임대료 이외에도 선수이자, 선수수수료 등이 있다.

20x1.12.31 (차) 임대료 4,000 (대) 선수수익 4,000

당 기 수 입 액 (1년분 ₩12,000)											
5	6	7	8	9	10	11	12	1	2	3	4
당 기 분 (경 과 분 : ₩8,000)								차 기 분 (미경과분 : ₩4,000)			

수정후시산표

현 금	12,000	임 대 료	8,000
		선수수익	4,000

❸ 재무상태표와 포괄손익계산서

재무상태표

	.	
	.	
	선수수익	4,000
	.	
	.	
	.	

포괄손익계산서

.	
.	
기타수익	
임대료	8,000
.	
.	

② 비용의 이연

당기에 비용으로서 이미 현금을 지급한 금액 중 당기의 비용이 아니고 차기의 비용에 속하는 것이 있는데 이것을 선급비용이라 한다. 즉, 선급비용은 당기에 이미 지급한 비용 중 당기의 비용에 속하지 않는 것으로 차기로 이연시켜야 할 비용을 말한다. 이러한 선급비용은 차기에 속하는 비용이므로 당기의 비용에서 차감하여 차기로 이월해야 한다. 따라서 결산일에 선급된 비용을 당해 비용계정의 대변에 기입하여 차감하는 동시에 자산계정인 선급비용계정 차변에 기입하기 위한 결산정리분개를 하여야 한다.

12월 31일 (차) 선급비용	xxx	(대) 해당 비용계정	xxx

▶ 선급금과 선급비용의 차이

선급금은 상품 등의 구입시 미리 지급한 매매대금을 말하며, 선급비용이란 미리 지급한 비용을 말한다. 예를 들어, 상품의 구입을 위하여 계약금으로 상품대금의 일부를 지급하는 경우에는 선급금이 되며, 차기의 이자비용을 미리 지급한 경우에는 선급이자라는 선급비용이 된다.

예제 11-7

(주)UT는 20x1년 5월 1일 사무실에 대한 임차료 1년분 ₩12,000을 현금으로 지급하였다. 보고기간이 매년 1월 1일부터 12월 31일까지라고 할 경우, 결산정리 분개를 하시오.

풀이

❶ 기중거래분개

20x1. 5. 1 (차) 임차료	12,000	(대) 현 금	12,000

수정전시산표

임 차 료 12,000	

❷ 결산정리분개

당기에 ₩12,000원의 임차료를 지급하였다 하여도 당기에 속하는 임차료는 ₩8,000(₩12,000×8/12=₩8,000)이며, ₩4,000은 차기에 속하는 임차료이다. 따라서 결산시 현금으로 지급한 ₩12,000 중 ₩4,000을 차감하여 선급비용(또는 선급임차료)으로 대체하여야 한다. 이러한 선급비용에는 선급임차료 이외에도 선급이자, 선급보험료 등이 있다.

20x1.12.31 (차) 선급비용	4,000	(대) 임차료	4,000

당 기 지 급 액 (1년분 ₩12,000)											
5	6	7	8	9	10	11	12	1	2	3	4
당 기 분 (경 과 분 : ₩8,000)								차 기 분 (미경과분 : ₩4,000)			

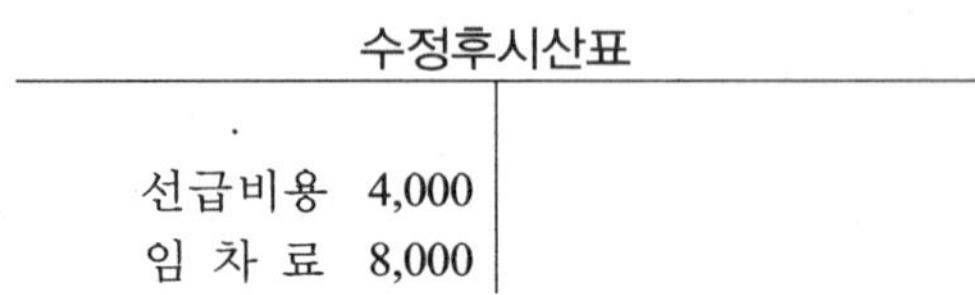

수정후시산표

차변		대변
·		
선급비용	4,000	
임 차 료	8,000	

❸ 재무상태표와 포괄손익계산서

재무상태표

차변		대변
		·
		·
선급비용	4,000	
		·
		·

포괄손익계산서

·	
·	
관리비	
임차료	8,000
·	
·	

(2) 수익과 비용의 발생

당기에 수익 또는 비용이 발생하였지만 아직 현금의 수취나 지급이 없어서 당기의 수익이나 비용으로 포함되지 않은 부분이 있으면 이를 당기의 수익이나 비용으로 계상하는 한편, 차기의 수익이나 비용에 계상되지 않도록 처리해야 하는데 이를 수익과 비용의 발생이라고 한다. 수익과 비용의 발생은 수익의 발생과 비용의 발생으로 구분된다.

① 수익의 발생

당기수익으로 이미 발생하였으나 아직 현금으로 받지 못한 수익을 미수수익이라고 한다. 즉, 미수수익은 보고기간 말 현재 수익은 이미 실현되었으나 현금의 수취는 이루어지지 않은 수익을 말한다. 이것은 실현된 수익이기 때문에 당기의 수익으로 인식하여야 한다. 따라서 결산일에 미수수익은 당해 수익계정 대변에 기입함과 동시에 미수수익이라는 자산계정을 설정하여 그 계정 차변에 기입하기 위한 결산정리분개를 하여야 한다.

▶ 미수금과 미수수익의 차이

미수금은 상품 이외의 자산을 외상으로 처분한 금액을 말하며, 미수수익은 당기에 실현된 수익 중 아직 받지 못한 수익을 말한다. 예를 들어, 건물을 외상으로 처분한 경우에는 미수금이라는 자산이 증가하며, 기간이 경과한 이자수익을 받지 못한 경우에는 미수이자라는 미수수익이 증가한다.

예제 11-8

(주)UT는 20x1년 4월 1일 현금 ₩1,000,000을 연이자율 6%, 1년 후 원금 및 이자지급조건으로 대여하다. 결산정리분개를 하시오.

풀이

❶ 기중거래분개

20x1. 4. 1 (차) 단기대여금 1,000,000 (대) 현 금 1,000,000

수정전시산표

.		.	
단기대여금	1,000,000	이자수익	0
.		.	

❷ 결산정리분개

20x2년 3월 31일에 대여금에 대한 이자 ₩60,000을 수취하게 되지만, ₩60,000 중 ₩45,000은 20x1년에 발생한 이자이므로 ₩45,000을 20x1년의 이자수익으로 계상하고 동액만큼을 미수수익(또는 미수이자)으로 처리하여야 한다. 이러한 미수수익에는 미수이자 이외에도 미수임대료, 미수수수료 등이 있다.

20x1.12.31 (차) 미수수익 45,000 (대) 이자수익 45,000

▶ ₩1,000,000×6%×9/12＝₩45,000

당 기 이 자 미 수 액 (9개월분 : ₩45,000)									차기 이자수익 (3개월분: ₩15,000)		
4	5	6	7	8	9	10	11	12	1	2	3
								결	산	일	

수정후시산표

단기대여금	1,000,000	.	
미수수익	45,000	이자수익	45,000
.		.	

❸ 재무상태표와 포괄손익계산서

재무상태표		
단기대여금	1,000,000	
미수수익	45,000	
·		

포괄손익계산서	
기타수익	
이자수익	45,000
·	

② 비용의 발생

보고기간 말 현재 비용은 이미 발생되었지만 아직 현금으로 지급되지 않은 비용을 미지급비용이라고 한다. 미지급비용은 당기에 발생한 비용이므로 당기의 비용으로 인식하여야 한다. 따라서 결산일에 미지급비용은 당해 비용계정 차변에 기입함과 동시에 미지급비용이라는 부채계정을 설정하여 그 계정 대변에 기입하기 위한 결산정리분개를 하여야 한다.

▶ 미지급금과 미지급비용의 차이

미지급금은 상품 이외의 자산을 외상으로 취득한 금액을 말하며, 미지급비용은 당기에 발생한 비용 중 아직 지급하지 못한 비용을 말한다. 예를 들어, 건물을 외상으로 취득한 경우에는 미지급금이라는 부채가 증가하며, 기간이 경과한 이자비용을 지급하지 못한 경우에는 미지급이자라는 미지급비용이 증가한다.

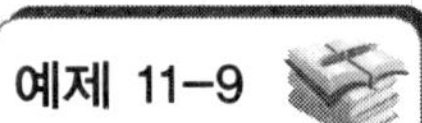

(주)UT는 20x1년 4월 1일 현금 ₩1,000,000을 연이자율 12%, 1년 후 원금 및 이자 일시상환조건으로 차입하다. 결산정리분개를 하시오.

❶ 기중거래분개

20x1. 4. 1 (차) 현 금 1,000,000 (대) 단기차입금 1,000,000

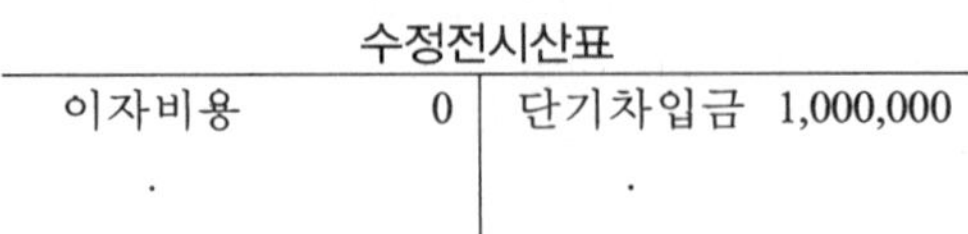

수정전시산표

이자비용	0	단기차입금	1,000,000
·		·	

❷ 결산정리분개

20x2년 3월 31일에 차입금에 대한 이자로 ₩120,000을 지급하게 되지만, 이 중 ₩90,000은 20x1년에 발생한 이자이므로 ₩90,000을 20x1년의 이자비용으로 계상하고 동액만큼을 미지급비용(또는 미지급이자)으로 처리하여야 한다. 이러한 미지급비용에는 미지급이자 이외에도 미지급임대료, 미지급수수료, 미지급급여, 미지급세금과공과 등이 있다.

20x1.12.31 (차) 이자비용 90,000 (대) 미지급비용 90,000

▶ ₩1,000,000×12%×9/12 = ₩90,000

당 기 이 자 미 지 급 액 (9개월분 : ₩90,000)									차기 이자비용 (₩30,000)		
4	5	6	7	8	9	10	11	12	1	2	3
								결 산 일			

수정후시산표

차변		대변	
이자비용	90,000	단기차입금	1,000,000
·		미지급비용	90,000
		·	

❸ 재무상태표와 포괄손익계산서

재무상태표

차변		대변	
		단기차입금	1,000,000
		미지급비용	90,000
		·	

포괄손익계산서

·	
금융원가	
이자비용	90,000

(3) 사무용품의 정리

사무용품이란 문방구, 청소용품 등과 같이 쓰면 쓸수록 닳아 없어지거나 못 쓰게 되는 물품으로써 영업활동에 사용할 목적으로 구입하여 소비한다.

사무용품은 구입시 자산으로 처리하였다가 소비되는 시점에 소비된 금액을 비용으로 인식하는 것이 원칙이다. 그러나 구입시점으로부터 단기간에 소비되는 사무용품에 대하여 소비시점마다 비용처리하는 것은 비효율적이므로 보고기간 중 사무용품의 구입에 대해서만 회계처리하고, 결산시 미사용금액을 파악하여 사무용품비와 사무용품 잔액을 결정하는 것이 일반적인 회계관행이다.

또한 사무용품은 자산으로 분류하여 관리할 만큼 중요한 금액이 아니고 보유기간이 매우 짧으므로, 구입시 비용으로 처리하였다가 결산시 미사용금액을 자산으로 처리할 수도 있다.

① 구입시 자산계정으로 처리하는 방법

구입시에 사무용품이라는 자산으로 처리하고, 결산시에 당기의 소비분을 사무용품비라는 비용으로 처리하는 방법이다.

• 구입시 :	(차) 사무용품	xxx	(대) 현 금	xxx
• 결산시 :	사용액을 비용처리 한다.			
	(차) 사무용품비	xxx	(대) 사무용품	xxx

예제 11-10 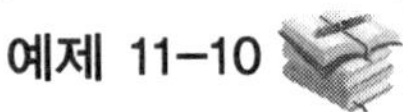

(주)UT는 20x1년 8월 1일에 사무용품 ₩30,000을 현금으로 구입하고, 구입즉시 자산처리 하였다. 12월 31일 결산시에 사무용품을 조사한 결과 ₩9,000의 미사용분이 있음을 발견하였다.

 풀이

20x1. 8. 1	(차) 사무용품	30,000	(대) 현 금	30,000
20x1. 12. 31	(차) 사무용품비	21,000	(대) 사무용품	21,000

② 구입시 비용계정으로 처리하는 방법

구입시에 사무용품비라는 비용으로 처리하고, 결산시에 미사용분을 사무용품이라는 자산으로 처리하는 방법이다.

• 구입시 :	(차) 사무용품비	xxx	(대) 현 금	xxx
• 결산시 :	미사용액을 사무용품이라는 자산계정으로 대체하고, 동액을 사무용품비라는 비용계정으로 대체한다.			
	(차) 사무용품	xxx	(대) 사무용품비	xxx

예제 11-11 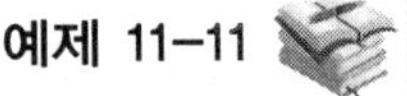

(주)UT는 20x1년 8월 1일에 사무용품 ₩30,000을 현금으로 구입하고, 구입즉시 비용처리 하였다. 12월 31일 결산시에 사무용품을 조사한 결과 ₩9,000의 미사용분이 있음을 발견하였다.

풀이

날짜	차변	금액	대변	금액
20x1. 8. 1	(차) 사무용품비	30,000	(대) 현 금	30,000
20x1. 12. 31	(차) 사무용품	9000	(대) 사무용품비	9000

예제 11-12

A기업의 수정전잔액시산표에 사무용품 ₩135,000원, 사무용품비 ₩0원이 기록되어 있다. 사무용품의 기말재고가 ₩60,000원이라면, 필요한 결산정리분개를 하시오.

풀이

날짜	차변	금액	대변	금액
12월 31일	(차) 사무용품비	75,000	(대) 사무용품	75,000

5. 기 타

기타의 결산정리로는 법인세비용의 결정 및 현금과부족계정의 정리 등을 들 수 있다.

법인세비용의 결정은 당기 법인세부담액과 중간예납세액을 비교하여 당기에 인식해야 할 법인세비용을 결정하는 것을 말한다. 따라서 보고기간 말에는 정확한 법인세를 계산하여 포괄손익계산서에는 법인세비용과 재무상태표에는 미지급법인세를 계상하여야 한다.

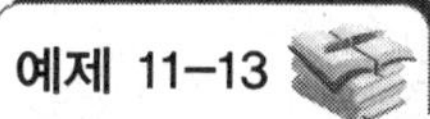

예제 11-13

8월 20일 당 회계연도의 중간예납세액으로 ₩200,000을 납부하다.
12월 31일 당 회계연도의 법인세액이 ₩350,000으로 결정되다.

풀이

날짜	차변	금액	대변	금액
8월 20일	(차) 선급법인세	200,000	(대) 현 금	200,000
12월 31일	(차) 법인세비용	350,000	(대) 선급법인세	200,000
			미지급법인세	150,000

한편, 현금과부족계정은 임시계정이므로 현금계정의 잔액과 시재액의 차이에 대한 원인이 결산시까지 밝혀지지 않았을 경우에는 부족액을 잡손실로, 과잉액을 잡이익으로 처리한다.

• 부족시 : (차) 현금과부족	xxx	(대) 현 금	xxx
• 결산시 : (차) 잡 손 실	xxx	(대) 현금과부족	xxx
• 과잉시 : (차) 현 금	xxx	(대) 현금과부족	xxx
• 결산시 : (차) 현금과부족	xxx	(대) 잡 이 익	xxx

제 12 장

재무제표 작성

제12장 | 재무제표 작성

제3장에서는 결산정리사항이 없는 상태에서 회계순환과정을 통해 재무제표를 작성하여 보았다. 제12장에서는 결산정리사항에 대한 결산정리분개가 있는 상태에서 회계순환과정을 통해 재무제표를 작성하여 보기로 한다.

결산정리사항에 대한 결산정리분개를 포함한 정상적인 회계순환과정을 그림으로 나타내면 다음과 같다.

정상적인 회계순환과정

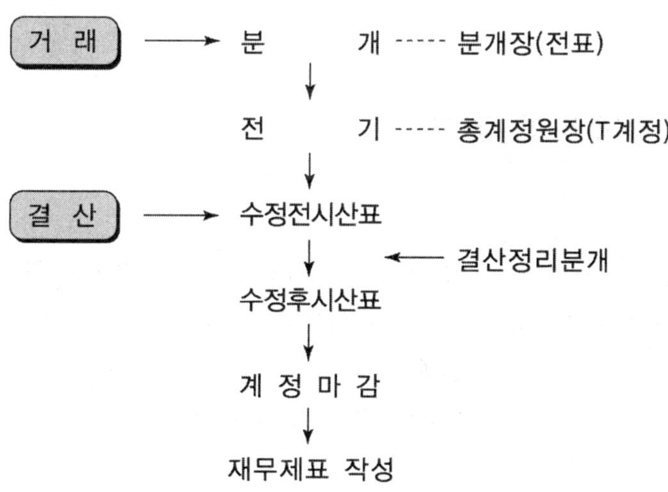

그림과 같이 보고기간 동안에는 발생한 모든 거래는 분개장(또는 전표)을 통하여 총계정원장의 각 계정에 전기된다. 그리고 결산일이 되면 결산이 시작된다. 결산은 분개장(또는 전표)에 기입된 모든 거래의 분개가 총계정원장에 정확하게 전기되었는가를 조사하기 위한 시산표(trial balance: T/B)의 작성으로부터 시작된다. 이 때 작성되는 시산표를 수정전시산표라고 한다. 총계정원장의 각 계정을 토대로 시산표를 작성하여 시산표의 차변합계와 대변합계의 일치여부를 확인한 후 계정의 마감과 재무제표를 작성하게 된다. 그러나 시산표의 차변합계와 대변합계가 일치된다고 하여 곧바로 계정마감과 재무제표를 작성할 수는 없다. 그 이유는 총계정원장 각 계정의 기말잔액은 자산・부채・자본의 현재액과 수익・비용의 당기 발생액을 정확하게 표시하고 있지는 않기 때문이다. 따라서 기업의 정확한 재무상태와 경영성과를 파악하기 위해서는 자산・부채・자본 및 수익・비용을 수정해야 한다.

결산시에 기업의 재무상태와 경영성과를 정확하게 표시하기 위하여 총계정원장의 계정잔액을 수정하는 절차를 결산정리라고 하며, 이를 위해 행하는 분개를 결산정리분개 또는 결산수정분개라고 한다.

만약, 결산정리분개를 한다면 결산정리사항을 분개장(또는 전표)에 분개하고, 이를 총계정원장에 전기한 뒤에 결산정리사항을 반영한 후의 총계정원장 잔액을 토대로 수정후시산표를 작성한다. 그리고 경영활동에 의한 경영성과와 재무상태를 파악하기 위하여 총계정원장 각 계정들을 마감한 후, 재무상태표계정의 전기이월액을 집계하여 재무상태표를 작성하고, 집합손익계정을 토대로 포괄손익계산서를 작성한다.

제1절 재무제표의 목적

재무회계의 목적은 광범위한 정보이용자가 합리적인 의사결정을 할 수 있도록 기업실체에 관한 유용한 회계정보를 제공하는 것이다. 이러한 재무회계의 목적을 달성하기 위해서 기업은 기업의 경제적 사건과 그에 따른 재무적 변동에 대한 정보를 정보이용자에게 전달할 수단을 필요로 하게 되는데 이런 수단 중 가장 핵심적인 것이 재무제표이다.

재무제표는 기업의 재무상태와 경영성과를 체계적으로 표현한 것이다. 따라서 재무제표의 목적은 광범위한 정보이용자의 경제적 의사결정에 유용한 기업의 재무상태, 경영성과와 재무상태변동에 관한 정보를 제공하는 것이다. 또한 재무제표는 위탁받은 자원에 대한 경영진의 수탁책임 결과도 보여준다.

전체 재무제표의 종류는 다음과 같으며, 각각의 재무제표는 전체 재무제표에서 동등

한 비중으로 표시한다. 또한 아래에서 사용하는 재무제표의 명칭이 아닌 다른 명칭을 사용할 수 있다.

(1) 기말 재무상태표
(2) 기간 포괄손익계산서
(3) 기간 자본변동표
(4) 기간 현금흐름표
(5) 주석(유의적인 회계정책의 요약 및 그 밖의 설명으로 구성)
(6) 회계정책을 소급하여 적용하거나, 재무제표의 항목을 소급하여 재작성 또는 재분류하는 경우 가장 이른 비교기간의 기초 재무상태표

제2절 재무제표 작성과 표시의 일반원칙

K-IFRS에서는 재무제표를 작성하고 구성요소를 표시하는 방법과 원칙으로 다음과 같은 일반사항들을 규정하고 있다.

1. 공정한 표시와 한국채택국제회계기준의 준수

(1) 재무제표는 기업의 재무상태, 경영성과 및 현금흐름을 공정하게 표시해야 한다. 공정한 표시를 위해서는 개념체계에서 정한 자산, 부채, 수익 및 비용에 대한 정의와 인식요건에 따라 거래, 그 밖의 사건과 상황의 효과를 충실하게 표현해야 한다. 한국채택국제회계기준에 따라 작성된 재무제표(필요에 따라 추가 공시한 경우 포함)는 공정하게 표시된 재무제표로 본다.
(2) 한국채택국제회계기준을 준수하여 재무제표를 작성하는 기업은 그러한 준수 사실을 주석에 명시적이고 제한없이 기재한다. 재무제표가 한국채택국제회계기준의 요구사항을 모두 충족한 경우가 아니라면 한국채택국제회계기준을 준수하여 작성되었다고 기재하여서는 아니 된다.
(3) 한국채택국제회계기준을 준수하여 작성된 재무제표는 국제회계기준을 준수하여 작성된 재무제표임을 주석으로 공시할 수 있다.

2. 계속기업

경영진은 재무제표를 작성할 때 계속기업으로서의 존속가능성을 평가해야 한다.

경영진이 기업을 청산하거나 경영활동을 중단할 의도를 가지고 있지 않거나, 청산 또는 경영활동의 중단 외에 다른 현실적 대안이 없는 경우가 아니면 계속기업을 전제로 재무제표를 작성한다. 계속기업으로서의 존속능력에 유의적인 의문이 제기될 수 있는 사건이나 상황과 관련된 중요한 불확실성을 알게 된 경우, 경영진은 그러한 불확실성을 공시하여야 한다. 재무제표가 계속기업의 기준하에 작성되지 않는 경우에는 그 사실과 함께 재무제표가 작성된 기준 및 그 기업을 계속기업으로 보지 않는 이유를 공시하여야 한다.

3. 발생기준 회계

기업은 현금흐름 정보를 제외하고는 발생기준[1] 회계를 사용하여 재무제표를 작성한다.

4. 중요성과 통합표시

유사한 항목은 중요성 분류에 따라 재무제표에 구분하여 표시한다. 상이한 성격이나 기능을 가진 항목은 구분하여 표시한다. 다만 중요하지 않은 항목은 성격이나 기능이 유사한 항목과 통합하여 표시할 수 있다.

5. 상계

한국채택국제회계기준에서 요구하거나 허용하지 않는 한 자산과 부채 그리고 수익과 비용은 상계하지 아니한다.

---

1) 발생기준(accural basis)이란 현금을 수취하거나 현금을 지급하는 시점에 수익과 비용을 인식하지 않고, 수익과 비용의 원인이 실제로 발생한 시점을 기준으로 수익과 비용을 인식하는 방법을 말한다. 반면, 현금기준(cash basis)은 현금을 받은 시점에 수익을 인식하고, 현금을 지출한 시점에 비용을 인식하는 방법을 말한다.

6. 보고빈도

전체 재무제표(비교정보를 포함)는 적어도 1년마다 작성한다. 보고기간 종료일을 변경하여 재무제표의 보고기간이 1년을 초과하거나 미달하는 경우 재무제표 해당기간뿐만 아니라 다음 사항을 추가로 공시한다.

(1) 보고기간이 1년을 초과하거나 미달하게 된 이유
(2) 재무제표에 표시된 금액이 완전하게 비교가능하지는 않다는 사실

7. 비교정보

한국채택국제회계기준이 달리 허용하거나 요구하는 경우를 제외하고는 당기 재무제표에 보고되는 모든 금액에 대해 전기 비교정보를 공시한다. 당기 재무제표를 이해하는 데 목적적합하다면 서술형 정보의 경우에도 비교정보를 포함한다.

8. 표시의 계속성

재무제표 항목의 표시와 분류는 다음의 경우를 제외하고는 매기 동일하여야 한다.

(1) 사업내용의 유의적인 변화나 재무제표를 검토한 결과 다른 표시나 분류방법이 더 적절한 것이 명백한 경우. 이 경우 기업회계기준서 제1008호에서 정하는 회계정책의 선택 및 적용요건을 고려한다.
(2) 한국채택국제회계기준에서 표시방법의 변경을 요구하는 경우

종합예제

다음은 (주)UT의 20x1년 수정전잔액시산표와 결산정리사항이다. (주)UT의 결산일은 매년 12월 31일이다.(단위: 원)

수 정 전 잔 액 시 산 표

(주)UT　　20x1년 12월 31일　　(단위: 원)

차변 계정	금액	대변 계정	금액
현금	1,200,000	매입채무	2,500,000
보통예금	700,000	단기차입금	1,000,000
당좌예금	600,000	미지급금	500,000
정기예금	500,000	선수금	500,000
환매조건부채권	500,000	예수금	73,000
양도성예금증서	500,000	장기차입금	500,000
단기매매금융자산	1,000,000	임대보증금	500,000
매출채권	4,700,000	대손충당금	50,000
미수금	30,000	감가상각누계액	52,000
단기대여금	300,000	보통주자본금	5,000,000
선급금	50,000	우선주자본금	1,000,000
선급법인세	100,000	주식발행초과금	1,000,000
상품	1,000,000	법정적립금	600,000
당좌개설보증금	500,000	임의적립금	100,000
장기대여금	1,000,000	미처분이익잉여금	1,000,000
매도가능금융자산	1,000,000	매출	7,500,000
토지	500,000	임대료	400,000
건물	1,000,000	이자수익	100,000
비품	200,000	배당금수익	50,000
투자부동산	1,000,000	유형자산처분이익	10,000
특허권	500,000	잡이익	10,000
임차보증금	500,000		
자기주식	100,000		
매입	3,500,000		
급여	1,100,000		
임차료	24,000		
여비교통비	16,000		
통신비	11,000		
세금과공과	25,000		
사무용품비	11,000		
접대비	23,000		
복리후생비	20,000		
보험료	12,000		
광고선전비	18,000		
차량유지비	50,000		
도서인쇄비	10,000		
지급수수료	25,000		
수선유지비	5,000		
이자비용	10,000		
기부금	100,000		
잡손실	5,000		
	22,445,000		22,445,000

[결산정리사항]

(1) 기말상품재고액(실사액)은 ₩50,000이다.
(2) 건물 및 비품에 대한 당기 감가상각비는 ₩52,000이다.
(3) 기말 매출채권 잔액 중 미래 현금회수할 것으로 추정된 금액은 ₩4,600,000이다.
(4) 임대료 중 ₩40,000은 기간이 미경과하였다.
(5) 보험료 중 ₩2,000은 차기분이다.
(6) 당기분 이자수익은 ₩120,000이다.
(7) 당기분 이자비용은 ₩12,000이다.
(8) 특허권에 대한 상각비로 ₩25,000을 계상하다.
(9) 단기매매금융자산의 기말 공정가치는 ₩1,100,000이다.
(10) 당기분 법인세비용은 ₩120,000이다.
(11) 현금 실재액은 ₩1,150,000이며 부족액은 잡손실로 처리하다.

01. 결산정리분개를 하시오. 단, 비용은 기능별 표시방법에 의함.

02. 수정후잔액시산표를 작성하시오.

03. 포괄손익계산서계정과 재무상태표계정을 마감하시오.

04. K-IFRS에 의한 (주)UT의 20x1년 말 현재 재무상태표(계정식)와 20x1년 포괄손익계산서(보고식)를 작성하시오.

풀이

〈1〉 결산정리분개

일자		차변 과목	금액		대변 과목	금액
12월 31일	(차)	매출원가	1,000,000	(대)	상품(기초)	1,000,000
		매출원가	3,500,000		매 입	3,500,000
		상품(기말)	50,000		매출원가	50,000
12월 31일	(차)	감가상각비	52,000	(대)	감가상각누계액	52,000
12월 31일	(차)	대손상각비	50,000	(대)	대손충당금	50,000
12월 31일	(차)	임 대 료	40,000	(대)	선수임대료	40,000
12월 31일	(차)	선급보험료	2,000	(대)	보 험 료	2,000
12월 31일	(차)	미수이자	20,000	(대)	이자수익	20,000
12월 31일	(차)	이자비용	2,000	(대)	미지급이자	2,000
12월 31일	(차)	무형자산상각비	25,000	(대)	특허권	25,000
12월 31일	(차)	단기매매금융자산	100,000	(대)	단기매매금융자산 평 가 이 익	100,000
12월 31일	(차)	법인세비용	120,000	(대)	선급법인세	100,000
					미지급법인세	20,000
12월 31일	(차)	잡손실	50,000	(대)	현 금	50,000

〈2〉 수정후잔액시산표

수 정 후 잔 액 시 산 표

(주)UT 20x1년 12월 31일 (단위: 원)

계정과목	금액	계정과목	금액
현금	1,150,000	매입채무	2,500,000
보통예금	700,000	단기차입금	1,000,000
당좌예금	600,000	미지급금	500,000
정기예금	500,000	선수임대료	40,000
환매조건부채권	500,000	미지급이자	2,000
양도성예금증서	500,000	선수금	500,000
단기매매금융자산	1,100,000	예수금	73,000
매출채권	4,700,000	미지급법인세	20,000
미수금	30,000	장기차입금	500,000
단기대여금	300,000	임대보증금	500,000
선급보험료	2,000	대손충당금	100,000
미수이자	20,000	감가상각누계액	104,000
선급금	50,000	보통주자본금	5,000,000
상품	50,000	우선주자본금	1,000,000
당좌개설보증금	500,000	주식발행초과금	1,000,000
장기대여금	1,000,000	법정적립금	600,000
매도가능금융자산	1,000,000	임의적립금	100,000
토지	500,000	미처분이익잉여금	1,000,000
건물	1,000,000	매출	7,500,000
비품	200,000	임대료	360,000
투자부동산	1,000,000	이자수익	120,000
특허권	475,000	배당금수익	50,000
임차보증금	500,000	단기매매금융자산평가이익	100,000
자기주식	100,000	유형자산처분이익	10,000
매출원가	4,450,000	잡이익	10,000
급여	1,100,000		
임차료	24,000		
여비교통비	16,000		
통신비	11,000		
세금과공과	25,000		
사무용품비	11,000		
접대비	23,000		
복리후생비	20,000		
보험료	10,000		
광고선전비	18,000		
차량유지비	50,000		
도서인쇄비	10,000		
지급수수료	25,000		
수선유지비	5,000		
감가상각비	52,000		
무형자산상각비	25,000		
대손상각비	50,000		
이자비용	12,000		
기부금	100,000		
잡손실	55,000		
법인세비용	120,000		
	22,689,000		22,689,000

〈3〉 포괄손익계산서계정과 재무상태표계정의 마감

계정마감은 다음 보고기간의 거래들을 새로운 장부에 기록하기 위하여 지금까지 총계정원장에 설정되어 있는 계정들을 마감하는 것을 말하며 장부마감이라고도 한다.

계정마감은 포괄손익계산서계정의 마감과 재무상태표계정의 마감으로 구분된다.

❶ 포괄손익계산서계정의 마감

포괄손익계산서와 관련된 수익과 비용계정은 당기의 경영성과를 파악하기 위하여 설정된 임시계정이므로 잔액을 차기로 이월하여 차기의 경영성과에 영향을 미쳐서는 안 된다. 따라서 수익과 비용계정은 보고기간 말에 임시계정인 집합손익계정으로 대체시켜 잔액을 영(O)으로 만들어 차기의 수익과 비용에 대한 기록은 영(O)에서 시작해야 한다.

수익과 비용계정을 집합손익계정에 대체하고, 집합손익계정의 잔액인 당기순손익을 미처분이익잉여금계정에 대체하기 위하여 분개장에 분개하고 총계정원장에 전기를 하는데, 이 분개를 마감분개(또는 결산분개)라고 한다. 그리고 수익과 비용계정을 마감하기 위하여 집합손익이라는 일시적인 임시계정을 설정하였는데, 집합손익계정 역시 마감분개를 마친 후 다른 수익, 비용계정과 마찬가지로 그 잔액이 영(O)이 되어 소멸하게 된다.

마감분개를 한 후 모든 임시계정의 잔액은 영(O)이 되어 소멸하게 되지만 미처분이익잉여금계정의 잔액은 증감하게 된다. 미처분이익잉여금계정은 재무상태표계정인 영구계정이므로 당기의 기말잔액이 차기로 이월된다.

(주)UT의 포괄손익계산서계정을 마감하기 위한 마감분개와 계정마감의 예를 들면 다음과 같다.

〈마감분개〉

12월 31일

(차)	매　　출	7,500,000	(대)	집합손익	8,150,000
	임 대 료	360,000			
	이자수익	120,000			
	배당금수익	50,000			
	단기매매금융자산평가이익	100,000			
	유형자산처분이익	10,000			
	잡 이 익	10,000			

12월 31일

(차)	집합손익	6,212,000	(대)	매출원가	4,450,000
				급　　여	1,100,000
				임 차 료	24,000
				여비교통비	16,000
				통 신 비	11,000
				세금과공과	25,000
				사무용품비	11,000
				접 대 비	23,000
				복리후생비	20,000
				보 험 료	10,000
				광고선전비	18,000
				차량유지비	50,000

도서인쇄비	10,000
지급수수료	25,000
수선유지비	5,000
감가상각비	52,000
무형자산상각비	25,000
대손상각비	50,000
이자비용	12,000
기 부 금	100,000
잡 손 실	55,000
법인세비용	120,000

12월 31일

(차) 집합손익 1,938,000 (대) 미처분이익잉여금 1,938,000

〈개정마감〉

매 출

12/31 집합손익	7,500,000		7,500,000
	7,500,000		7,500,000

매출원가

12/31 상품(기초)	1,000,000	12/31 상품(기말)	50,000
12/31 매 입	3,500,000	12/31 집 합 손 익	4,450,000
	4,500,000		4,500,000

집합손익

12/31 매출원가	4,450,000	12/31 매 출	7,500,000
12/31 급 여	1,100,000	12/31 임 대 료	360,000
12/31 임 차 료	24,000	12/31 이자수익	120,000
12/31 여비교통비	16,000	12/31 배당금수익	50,000
12/31 통 신 비	11,000	12/31 단기매매금융자산평가이익	100,000
12/31 세금과공과	25,000	12/31 유형자산처분이익	10,000
12/31 사무용품비	11,000	12/31 잡 이 익	10,000
12/31 접 대 비	23,000		
12/31 복리후생비	20,000		
12/31 보 험 료	10,000		
12/31 광고선전비	18,000		
12/31 차량유지비	50,000		
12/31 도서인쇄비	10,000		
12/31 지급수수료	25,000		
12/31 수선유지비	5,000		
12/31 감가상각비	52,000		
12/31 무형자산상각비	25,000		
12/31 대손상각비	50,000		
12/31 이자비용	12,000		

12/31 기 부 금	100,000		
12/31 잡 손 실	55,000		
12/31 법인세비용	120,000		
12/31 미처분이익잉여금	1,938,000		
	8,150,000		8,150,000

미처분이익잉여금

			1,000,000
		12/31 집합손익	1,938,000

❷ 재무상태표계정의 마감

포괄손익계산서계정을 마감한 후에는 재무상태표계정인 자산, 부채, 자본계정을 마감한다. 이들 재무상태표계정은 수익과 비용계정과는 달리 한 보고기간이 종료된다 하더라도 잔액이 영(O)으로 되지 않고 차기로 이월되어 계속해서 잔액을 유지하게 되는 영구계정이다. 따라서 재무상태표계정의 마감은 마감분개 없이 각 계정의 잔액을 차기의 기초잔액으로 이월시키는 절차만를 행하면 된다.

(주)UT의 재무상태표 계정마감의 예를 들면 다음과 같다.

현 금

	1,200,000	12/31 잡 손 실	50,000
		12/31 차기이월	1,150,000
	1,200,000		1,200,000
1/1 전기이월	1,150,000		

단기차입금

12/31 차기이월	1,000,000		1,000,000
	1,000,000		1,000,000
		1/1 전기이월	1,000,000

보통주자본금

12/31 차기이월	5,000,000		5,000,000
	5,000,000		5,000,000
		1/1 전기이월	5,000,000

미처분이익잉여금

12/31 차기이월	2,938,000		1,000,000
		12/31 집합손익	1,938,000
	2,938,000		2,938,000
		1/1 전기이월	2,938,000

〈4〉 재무상태표와 포괄손익계산서의 작성

❶ 재무상태표 작성

(주)UT의 재무상태표를 작성하는데 필요한 추가자료는 다음과 같다. 수정후잔액시산표와 추가자료를 토대로 K-IFRS에 의한 20x1년 말 현재 (주)UT의 재무상태표(계정식)의 작성을 예시하면 다음과 같다.

[추가자료]

① 수정후잔액시산표상의 정기예금 ₩500,000 중 ₩400,000은 만기가 20x2년 4월15일이고 나머지 ₩100,000은 만기가 20x3년 1월25이다.

② 수정후잔액시산표상의 환매조건부채권 ₩500,000은 90일 환매조건이며, 양도성예금증서 ₩500,000은 만기가 120일이다.

재 무 상 태 표

(주)UT　　20x1. 12. 31　　(단위: 원)

자　산		부　채	
유동자산	10,002,000	유동부채	4,635,000
현금및현금성자산	2,950,000	매입채무및기타채무	3,000,000
단기금융상품	900,000	단기차입금	1,000,000
단기매매금융자산	1,100,000	미지급법인세	20,000
매출채권및기타채권	4,930,000	기타유동부채	615,000
기타유동자산	72,000	비유동부채	1,000,000
재고자산	50,000	장기차입금	500,000
비유동자산	6,171,000	기타비유동부채	500,000
장기금융상품	600,000	**부채총계**	5,635,000
장기대여금	1,000,000	**자　본**[2]	
매도가능금융자산	1,000,000	자본금	6,000,000
유형자산	1,596,000	자본잉여금	1,000,000
투자부동산	1,000,000	자본조정	(100,000)
무형자산	475,000	이익잉여금	3,638,000
기타비유동자산	500,000	**자본총계**	10,538,000
자 산 총 계	16,173,000	**부채및자본총계**	16,173,000

2) 자본을 납입자본, 기타자본구성요소, 이익잉여금으로 분류하여 표시할 수도 있다.

(주)UT의 재무상태표에 표시된 요소별 내역은 다음과 같다.

현금및현금성자산

현　　금	₩1,150,000
보통예금	700,000
당좌예금	600,000
환매조건부채권	500,000
계	₩2,950,000

단기금융상품

정기예금	₩400,000
양도성예금증서	500,000
계	₩900,000

매출채권및기타채권

매출채권	₩4,700,000
미 수 금	30,000
단기대여금	300,000
대손충당금	(100,000)
계	₩4,930,000

기타유동자산

선급보험료	₩2,000
미수이자	20,000
선 급 금	50,000
계	₩72,000

장기금융상품

정기예금	₩100,000
당좌개설보증금	500,000
계	₩600,000

유형자산

토　　지	₩500,000
건　　물	1,000,000
비　　품	200,000
감가상각누계액	(104,000)
계	₩1,596,000

기타비유동자산

임차보증금	₩500,000
계	₩500,000

매입채무및기타채무

매입채무	₩2,500,000
미지급금	500,000
계	₩3,000,000

기타유동부채

선수임대료	₩40,000
미지급이자	2,000
선 수 금	500,000
예 수 금	73,000
계	₩615,000

기타비유동부채

임대보증금	₩500,000
계	₩500,000

자 본 금

보통주자본금	₩5,000,000
우선주자본금	1,000,000
계	₩6,000,000

자본잉여금

주식발행초과금	₩1,000,000
계	₩1,000,000

자본조정

자기주식	₩100,000
계	₩100,000

이익잉여금

법정적립금	₩600,000
임의적립금	100,000
미처분이익잉여금	2,938,000
계	₩3,638,000

❷ 포괄손익계산서 작성

수정후잔액시산표를 토대로 K-IFRS에 의한 20x1년 (주)UT의 포괄손익계산서(보고식)의 작성을 예시하면 다음과 같다. 단, 비용은 기능별 표시방법에 의함.

포괄손익계산서

(주)UT	20x1. 1. 1 ~ 20x1. 12. 31	(단위: 원)
매 출 액		7,500,000
매출원가		(4,450,000)
기초상품재고액	1,000,000	
당기상품매입액	3,500,000	
계	4,500,000	
기말상품재고액	50,000	
매출총이익		3,050,000
기타수익[3]		650,000
물류원가와관리비[4]		(1,475,000)
기타비용		(155,000)
금융원가[5]		(12,000)
법인세비용차감전순이익		2,058,000
법인세비용		120,000
당기순이익		1,938,000
기타포괄손익		–
총포괄이익		1,938,000

※ 영업손익을 구분하여 표시할 수도 있다. K-IFRS에서는 영업손익의 구분표시가 의무사항은 아니다. 따라서 K-IFRS에 의해 작성된 포괄손익계산서에는 영업손익이 표시되지 않을 수도 있다.

그러나 이에 대한 정보의 유용성이 크기 때문에 실제로 공시되는 포괄손익계산서에 영업손익을 구분표시하고 있다. 하지만 영업손익의 산정에 포함된 항목들은 회사의 판단에 따라 다소 차이가 있을 수 있기 때문에 영업손익과 관련된 주석의 공시내용을 주의 깊게 살펴볼 필요가 있다.

(주)UT의 포괄손익계산서에 표시된 요소별 내역은 다음과 같다.

〈기타수익〉

임 대 료	₩360,000	이자수익	₩120,000	배당금수익	₩50,000
단기매매금융자산평가이익	100,000	유형자산처분이익	10,000	잡이익	10,000

〈물류원가와관리비〉

급 여	₩1,100,000	임 차 료	₩24,000	여비교통비	₩16,000
통 신 비	11,000	세금과공과	25,000	사무용품비	11,000
접 대 비	23,000	복리후생비	20,000	보 험 료	10,000
광고선전비	18,000	차량유지비	50,000	도서인쇄비	10,000
지급수수료	25,000	수선유지비	5,000	감가상각비	52,000
무형자산상각비	25,000	대손상각비	50,000		

〈기타비용〉 기부금 ₩100,000 잡손실 ₩55,000

〈금융원가〉 이자비용 ₩12,000

3) 기타수익 중 금융수익을 분리하여 표시할 수도 있다.
4) 물류원가와관리비를 판매관리비라고도 할 수 있다.
5) 금융원가를 금융비용이라고도 할 수 있다.

부 록

- 재무제표에 대한 감사보고서
- 참고문헌

주식회사 디스플레이테크 재무제표에 대한 감사보고서

제 13 기
2010년 01월 01일 부터
2010년 12월 31일 까지

제 12 기
2009년 01월 01일 부터
2009년 12월 31일 까지

삼덕회계법인

• 외부감사인의 감사보고서 •

주식회사 디스플레이테크
주주 및 이사회 귀중

본 감사인은 첨부된 주식회사 디스플레이테크의 2010년 12월 31일과 2009년 12월 31일 현재의 재무상태표와 동일로 종료되는 양 회계연도의 포괄손익계산서, 자본변동표 및 현금흐름표를 감사하였습니다. 이 재무제표를 작성할 책임은 회사 경영자에게 있으며 본 감사인의 책임은 동 재무제표에 대하여 감사를 실시하고 이를 근거로 이 재무제표에 대하여 의견을 표명하는데 있습니다.

본 감사인은 대한민국의 회계감사기준에 따라 감사를 실시하였습니다. 이 기준은 본 감사인이 재무제표가 중요하게 왜곡표시되지 아니하였다는 것을 합리적으로 확신하도록 감사를 계획하고 실시할 것을 요구하고 있습니다. 감사는 재무제표의 금액과 공시내용을 뒷받침하는 감사증거에 대하여 시사의 방법을 적용하여 검증하는 것을 포함하고 있습니다. 또한 감사는 재무제표의 전반적인 표시내용에 대한 평가뿐만 아니라 재무제표 작성을 위해 경영자가 적용한 회계원칙과 유의적 회계추정에 대한 평가를 포함하고 있습니다. 본 감사인이 실시한 감사가 감사의견 표명을 위한 합리적인 근거를 제공하고 있다고 본 감사인은 믿습니다.

본 감사인의 의견으로는 상기 재무제표는 주식회사 디스플레이테크의 2010년 12월 31일과 2009년 12월 31일 현재의 재무상태와 동일로 종료되는 양 회계연도의 재무성과 및 현금흐름의 내용을 한국채택국제회계기준에 따라 중요성의 관점에서 적정하게 표시하고 있습니다.

삼 덕 회 계 법 인
대표이사 공인회계사 김 명 철

2011년 2월 11일

이 감사보고서는 감사보고서일(2011년 2월 11일) 현재로 유효한 것입니다. 따라서 감사보고서일 이후 이 보고서를 열람하는 시점까지의 기간 사이에 첨부된 회사의 재무제표에 중대한 영향을 미칠 수 있는 사건이나 상황이 발생할 수도 있으며 이로 인하여 이 감사보고서가 수정될 수도 있습니다.

〈재무제표〉

재 무 상 태 표

제13기 2010년 12월 31일 현재

제12기 2009년 12월 31일 현재

주식회사 디스플레이테크 (단위: 원)

과 목	주 석	제13기(당) 기말	제12기(전) 기말
자 산			
Ⅰ. 유 동 자 산		71,351,820,077	48,567,173,316
1. 현금및현금성자산	2, 3, 31	4,390,999,800	705,268,484
2. 단기금융상품	2, 4, 31	18,027,951,723	27,448,518,326
3. 단기매매금융자산	2, 5, 31	6,207,010,513	–
4. 매출채권및기타채권	2, 6, 29, 31	34,050,680,531	14,715,048,655
5. 기타유동자산	7	4,999,515,474	746,355,165
6. 재고자산	2, 8	3,675,662,036	4,951,982,686
Ⅱ. 비 유 동 자 산		42,580,620,132	37,809,219,060
1. 장기금융상품	2, 4, 31	601,500,000	601,500,000
2. 매도가능금융자산	2, 9, 31	500,000,000	500,000,000
3. 만기보유금융자산	2, 10, 31	–	800,000,000
4. 유형자산	2, 11	39,962,540,298	34,745,831,855
5. 투자부동산	2, 12	375,998,218	378,909,981
6. 무형자산	2, 13	50,375,219	90,533,115
7. 기타비유동자산	7, 16, 29	844,234,293	451,264,330
8. 이연법인세자산	2, 27	245,972,104	241,179,779
자 산 총 계		113,932,440,209	86,376,392,376
부 채			
Ⅰ. 유 동 부 채		36,698,335,042	20,186,376,759
1. 매입채무및기타채무	2, 14, 29, 31	31,378,629,786	15,142,566,823
2. 단기차입금	2, 15, 31	3,156,066,061	2,587,410,000
3. 미지급법인세	2, 27	2,163,639,195	2,456,399,936
Ⅱ. 비 유 동 부 채		9,167,000,000	8,559,195,824
1. 장기차입금	2, 15, 31	8,417,000,000	7,680,918,185
2. 매입채무및기타채무	2, 14, 29, 31	750,000,000	600,000,000
3. 확정급여채무	2, 16	–	278,277,639
부 채 총 계		45,865,335,042	28,745,572,583
자 본			
Ⅰ. 자 본 금	1, 2, 18	8,828,030,000	4,535,000,000
Ⅱ. 자본잉여금	19	9,251,452,604	12,600,458,345
Ⅲ. 자본조정	2, 20	(4,474,075,428)	(4,459,061,169)
Ⅳ. 이익잉여금	21	54,461,697,991	44,954,422,617
자 본 총 계		68,067,105,167	57,630,819,793
부채및자본총계		113,932,440,209	86,376,392,376

포 괄 손 익 계 산 서

제13기 2010년 1월 1일부터 2010년 12월 31일까지
제12기 2009년 1월 1일부터 2009년 12월 31일까지

주식회사 디스플레이테크 (단위: 원)

과 목	주 석	제13(당)기	제12(전)기
Ⅰ. 매 출	2, 29	171,873,018,263	205,440,715,454
Ⅱ. 매출원가	8, 22	155,738,649,462	186,136,979,914
Ⅲ. 매출총이익		16,134,368,801	19,303,735,540
Ⅳ. 기타수익	6, 23	8,642,331,886	9,852,914,553
Ⅴ. 물 류 비		344,912,435	278,301,247
Ⅵ. 판매관리비	22, 24	4,361,409,704	5,049,054,827
Ⅶ. 기 타 비 용	25	6,786,248,990	7,961,231,829
Ⅷ. 영 업 이 익		13,284,129,558	15,868,062,190
Ⅸ. 금 융 수 익	26	1,227,292,627	960,865,270
Ⅹ. 금 융 비 용	26	585,274,221	629,673,307
XI. 법인세비용차감전 순이익		13,926,147,964	16,199,254,153
XII. 법인세비용	2, 27	3,621,872,590	3,906,171,257
XIII. 당기순이익		10,304,275,374	12,293,082,896
XIV. 기타포괄손익		–	–
XV. 총포괄이익	30	10,304,275,374	12,293,082,896
XVI. 주당순이익	28		
1. 기본주당순이익		633	1,542
2. 희석주당순이익		603	1,488

※ 별첨 재무제표에 대한 주석 참조

자 본 변 동 표

제13기 2010년 1월 1일부터 2010년 12월 31일까지
제12기 2009년 1월 1일부터 2009년 12월 31일까지

주식회사 디스플레이테크 (단위: 천원)

과 목	자 본 금	자 본 잉여금	자 본 조 정	이 익 잉여금	총 계
Ⅰ. 2009. 1. 1 (전기 초)	4,535,000	12,579,030	(4,459,061)	32,661,340	45,316,308
1. 연차배당	–	–	–	–	–
2. 처 분 후 이익잉여금	–	–	–	32,661,340	45,316,308
3. 당기순이익	–	–	–	12,293,083	12,293,083
4. 신주인수권대가	–	21,429	–	–	21,429
Ⅱ. 2009. 12. 31 (전기 말)	4,535,000	12,600,458	(4,459,061)	44,954,423	57,630,820
Ⅲ. 2010. 1. 1 (당기 초)	4,535,000	12,600,458	(4,459,061)	44,954,423	57,630,820
1. 연차배당	–	–	–	(797,000)	(797,000)
2. 처 분 후 이익잉여금	–	–	–	44,157,423	56,833,820
3. 무상증자	3,985,000	(3,985,000)	–	–	–
4. 주식선택권 행사	5,000	39,024	(15,014)	–	29,010
5. 신주인수권 행사	303,030	596,970	–	–	900,000
6. 당기순이익	–	–	–	10,304,275	10,304,275
Ⅳ. 2010. 12. 31 (당기 말)	8,828,030	9,251,453	(4,474,075)	54,461,698	68,067,105

※ 별첨 재무제표에 대한 주석 참조

현 금 흐 름 표

제13기 2010년 1월 1일부터 2010년 12월 31일까지
제12기 2009년 1월 1일부터 2009년 12월 31일까지

주식회사 디스플레이테크 (단위: 원)

과 목	주 석	제13(당) 기	제12(전) 기
Ⅰ. 영업활동으로 인한 현금흐름		(386,134,900)	12,319,451,228
1. 영업에서 창출된 현금		2,834,918,119	14,130,812,766
가. 당기순이익		10,304,275,374	12,293,082,896
나. 가감		5,315,971,244	6,178,975,191
(1) 퇴직급여	16, 22	615,850,900	692,451,509
(2) 감가상각비	11, 12	1,981,981,136	3,636,984,894
(3) 비화폐성급여	11, 22	32,319,792	23,348,000
(4) 무형자산상각비	13, 24	64,134,105	73,402,764
(5) 대손상각비	6, 24	90,370,115	–
(6) 이자비용	26	585,274,221	629,673,307
(7) 외화환산손실	25	74,284,284	65,629,893
(8) 유형자산폐기손실	25	150,802,876	–
(9) 법인세비용	27	3,621,872,590	3,906,171,257
(10) 이자수익	26	(1,227,292,627)	(960,865,270)
(11) 외화환산이익	23	(171,332,782)	(36,740,028)
(12) 재고자산평가손실환입	8	(142,106,672)	(161,958,449)
(13) 단기매매금융자산처분이익	23	–	(80,354,512)
(14) 단기매매금융자산평가이익	23	(224,449,476)	–
(15) 유형자산처분이익	23	(135,737,218)	(1,464,487,641)
(16) 대손충당금환입	6, 23	–	(108,492,004)
(17) 기타비유동자산의 증가	23	–	(35,788,529)
다. 자산·부채의 증감		(12,785,328,499)	(4,341,245,321)
(1) 매출채권의 증가		(19,299,962,636)	(4,143,852,266)
(2) 기타채권의 감소		9,310,531	923,676,447
(3) 단기매매금융자산의 감소(증가)	5	(5,982,561,037)	80,354,512
(4) 기타유동자산의 증가		(4,242,165,689)	(129,351,044)
(5) 재고자산의 증가		1,418,427,322	243,351,227
(6) 이연법인세자산의 감소(증가)	27	(4,792,325)	1,003,771,654
(7) 매입채무의 증가(감소)		17,412,331,414	(2,835,777,625)
(8) 기타채무의 증가(감소)		(1,115,779,477)	1,344,849,753
(9) 확정급여채무의 감소	16	(980,136,602)	(828,267,979)
2. 배당금 수취	23	–	35,788,529
3. 이자 수취		1,216,298,007	683,580,174
4. 이자 지급		(522,717,695)	(247,163,661)
5. 법인세 납부		(3,914,633,331)	(2,283,566,580)

Ⅱ. 투자활동으로 인한 현금흐름		2,646,465,228	(27,978,566,895)
1. 투자활동으로 인한 현금유입액		68,895,597,300	23,893,513,861
가. 단기금융상품의 감소		67,810,000,000	21,000,000,000
나. 매각예정비유동자산의 처분		–	344,000,000
다. 만기보유금융자산의 처분	10	800,000,000	–
라. 유형자산의 처분		255,397,300	2,478,651,114
마. 기타비유동자산의 감소		30,200,000	70,862,747
2. 투자활동으로 인한 현금유출액		(66,249,132,072)	(51,872,080,756)
가. 단기금융상품의 증가		58,389,433,397	42,948,518,326
나. 매도가능금융자산의 취득	9	–	500,000,000
다. 만기보유금융자산의 취득	10	–	800,000,000
라. 유형자산의 취득	11	7,498,560,566	7,331,055,000
마. 무형자산의 취득	13	23,976,209	39,300,000
바. 기타비유동자산의 증가		337,161,900	253,207,430
Ⅲ. 재무활동으로 인한 현금흐름		1,432,004,309	(3,917,831,214)
1. 재무활동으로 인한 현금유입액		9,941,965,658	10,388,024,449
가. 단기차입금의 차입		5,295,955,658	1,019,696,264
나. 장기차입금의 차입		3,717,000,000	9,368,328,185
다. 주식선택권의 행사		29,010,000	–
라. 신주인수권의 행사		900,000,000	–
2. 재무활동으로 인한 현금유출액		(8,509,961,349)	(14,305,855,663)
가. 단기차입금등의 상환		7,712,961,349	10,877,404,234
나. 장기차입금등의 상환		–	3,428,451,429
다. 배당금의 지급		797,000,000	–
Ⅳ. 현금및현금성자산의 환율변동 효과		(6,603,321)	(1,865,995)
Ⅴ. 현금및현금성자산의 증가(감소) (Ⅰ+Ⅱ+Ⅲ+Ⅳ)		3,685,731,316	(19,578,812,876)
Ⅵ. 기초의 현금및현금성자산	3	705,268,484	20,284,081,360
Ⅶ. 기말의 현금및현금성자산	3	4,390,999,800	705,268,484

※ 별첨 재무제표에 대한 주석 참조

재무제표에 대한 주석

1. 회사의 개요

주식회사 디스플레이테크(이하 "회사" 라 함)는 LCD모듈 등의 기술개발, 제조 및 판매를 목적으로 하여 1998년 8월 4일에 설립되었습니다. 회사의 주소는 경기도 안성시 신건지동 57-2번지 입니다. 회사는 2002년 12월 30일자로 한국증권업협회의 코스닥 시장에 주식을 등록하였습니다.

당기말 현재 회사의 주식분포상황은 다음과 같습니다(단위:천원).

구 분	소유주식수(주)	지 분 율	금 액
박윤민	4,362,514주	24.71%	2,181,257
자기주식	1,100,000주	6.23%	550,000
기 타	12,193,546주	69.06%	6,096,773
합 계	17,656,060주	100.00%	8,828,030

2. 중요한 회계정책

회사는 주식회사의외부감사에관한법률 제13조 1항 1호에서 규정하고 있는 국제회계기준위원회의 국제회계기준을 채택하여 정한 회계처리기준인 한국채택국제회계기준에 따라 재무제표를 작성하였습니다. 재무제표를 작성하기 위하여 채택한 중요한 회계정책은 전기재무제표 작성시 채택한 회계정책과 동일합니다. 회사가 채택하고 있는 중요한 회계정책은 다음과 같습니다.

가. 재무제표의 측정기준

회사의 재무제표는 공정가치로 평가하는 단기매매금융자산과 매도가능금융자산, 매출채권및기타채권 등 금융자산 및 금융부채를 제외하고는 역사적원가를 기준으로 작성되었습니다.

나. 영업부문

기업회계기준서 제1108호 "영업부문"에 따른 회사의 영업부문은 하나이므로, 부문별 정보를 공시하지 않습니다.

다. 외화

회사의 재무제표는 회사의 영업활동이 이루어지는 주된 경제환경의 통화(이하 "기능통화"라 함) 및 표시통화인 원화(KRW)로 작성하여 보고하고 있습니다.

라. 수익인식

회사의 수익은 재화의 판매 및 용역의 제공 등으로 구성되어 있습니다. 수익은 재화 및 용역에 대하여 받았거나 받을 대가의 공정가치로 측정하고, 매출할인 등은 수익에서 차감하고 있습니다.

마. 현금및현금성자산

회사의 현금및현금성자산은 보유중인 현금과 요구불예금 및 취득 당시 만기일이 3개월 이내에 도래하는 유동성이 매우 높은 단기 투자자산으로서 확정된 금액의 현금으로전환이 용이하고 가치변동의 위험이 경미한 자산으로 구성되고 있습니다.

바. 금융자산

금융자산은 해당 금융상품의 계약당사자가 되는 때 재무상태표에 인식하고, 해당 금융자산으로부터의 현금흐름에 대한 계약적 권리가 소멸되거나 소유에 따른 위험과 보상의 대부분을 이전하는 경우 제거하며, 양도된 금융자산의 소유에 따른 위험과 보상의 대부분을 보유하고 있는 경우에는 당해 금융자산을 계속하여 인식하고 수취한 금액은 담보 차입으로 인식하고 있습니다.

금융자산은 최초 인식시 공정가치로 측정하고 있으며, 당기손익인식금융자산이 아닌 경우 당해 금융자산의 취득과 직접 관련되는 거래원가는 최초 인식하는 공정가치에 가산하여 측정하고 있습니다.

금융자산은 매출채권및기타채권과 당기손익인식금융자산, 매도가능금융자산, 만기보유금융자산, 장·단기금융상품 등으로 구성되어 있습니다.

(1) 매출채권및기타채권

매출채권및기타채권은 지급금액이 확정되었거나 결정가능하고 활성시장에서 가격이 공시되지 않는 매출채권, 대여금 및 기타 수취채권으로서 최초 인식후에 유효이자율법을 적용하여 상각후원가로 측정하며, 손상차손누계액을 차감합니다. 현재가치 할인의 영향이 중요하지 않다면 현재가치 할인은 생략하고 있습니다.

(2) 당기손익인식금융자산

금융상품을 단기매매목적으로 보유하고 있거나 최초 인식시점에 당기손익인식금융자산으로 지정하는 경우와 문서화된 위험관리 혹은 투자전략에 따라 금융상품을 관리, 운용하고 있는 경우에는 해당 금융자산을 당기손익인식금융상품으로 분류하고 있습니다. 당기손익인식금융자산은 공정가치로 측정하며 평가손익은 당기손익으로 인식하고 있습니다. 한편, 최초 인식시점에 취득과 관련하여 발생한 거래비용은 발생 즉시 당기비용으로 인식하고 있습니다.

(3) 만기보유금융자산

회사가 채무증권을 만기까지 보유할 적극적인 의도와 능력이 있다면 해당 자산은 만기보유금융자산으로 분류하고 있습니다. 만기보유금융자산은 유효이자율법을 사용한 상각후원가에서 손상차손누계액을 차감한 금액으로 측정하고 있습니다.

(4) 매도가능금융자산

매도가능항목으로 지정되거나 당기손익인식금융자산, 만기보유금융자산, 또는 매출채권및기타채권으로 분류되지 않은 비파생금융자산으로서, 공정가치로 측정하며 손상차손과 외환손익을 제외한 공정가치의 변동에 따른 손익은 기타포괄손익으로 인식하고 있습니다. 다만, 활성시장에서 공시되는 시장가격이 없고 공정가치를 신뢰성 있게 측정할 수 없는 지분상품 등은 원가로 측정하고 있습니다. 기타 포괄손익누계액은 관련된 금융자산이 제거되거나 손상차손을 인식하는 시점에 자본에서 당기 손익으로 재분류하며, 매도가능금융자산에서 발생한 배당금은 지급액을 받을 권리가 확정되는 시점에 당기 손익으로 인식하고 있습니다.

(5) 금융자산의 손상

당기손익인식금융자산을 제외한 금융자산은 보고기간 말마다 손상에 대한 징후를 평가하고 있습니다. 최초 인식 이후에 발생한 하나 이상의 사건의 결과 손상되었다는 객관적인 증거가 있으며, 금융자산의 추정미래현금흐름이 영향을 받았을 경우 금융자산이 손상되었다고 판단하고 있습니다.

사. 재고자산

재고자산은 취득원가와 순실현가능가치 중 낮은 금액으로 측정하고 있습니다. 재고자산의 취득원가는 매입원가, 전환원가 및 재고자산을 이용가능한 상태로 준비하는 데 필요한 기타원가를 포함하고 있습니다.

회사가 적용하고 있는 재고자산 종류별 단위원가 결정방법은 다음과 같습니다.

과　　　목	결정방법	과　　　목	결정방법
제　　　품	총평균법	원　재　료	총평균법
상　　　품	총평균법	미 착 자 재	개별법

아. 유형자산

유형자산은 원가로 측정하고 있으며 최초 인식 후에 원가에서 감가상각누계액과 손상차손누계액을 차감한 금액을 장부금액으로 표시하고 있습니다. 유형자산의 원가는 당해 자산의 매입 또는 건설과 직접적으로 관련되어 발생한 지출로서 경영진이 의도하는 방식으로 자산을 가동하는 데 필요한 장소와 상태에 이르게 하는 데 직접 관련되는 원가와 자산을 해체, 제거하거나 부지를 복구하는 데 소요될 것으로 최초에 추정되는 원가를 포함하고 있습니다.

후속원가는 자산으로부터 발생하는 미래경제적효익이 유입될 가능성이 높으며, 그 원가를 신뢰성 있게 측정할 수 있는 경우에 한하여 자산의 장부금액에 포함하거나 적절한 경우 별도의 자산으로 인식하고 있으며, 대체된 부분의 장부금액은 제거하고 있습니다. 한편, 일상적인 수선・유지와 관련하여 발생하는 원가는 발생 시점에 당기 손익으로 인식하고 있습니다.

유형자산 중 토지에 대해서는 감가상각을 하지 않으며, 토지를 제외한 유형자산은 아래에 제시된 개별 자산별로 추정된 경제적 내용연수 동안 정액법으로 감가상각하고 있습니다.

과 목	내 용 연 수	과 목	내 용 연 수
건 물	40년	차 량 운 반 구	5년
구 축 물	20년	공 기 구 비 품	5년
기 계 장 치	5년		

유형자산의 감가상각방법, 잔존가치 및 내용연수는 매 회계연도말에 재검토하고 있으며 이를 변경하는 것이 적절하다고 판단되는 경우 회계추정의 변경으로 회계 처리하고 있습니다.

자. 투자부동산

임대수익이나 시세차익을 얻기 위하여 보유하고 있는 부동산은 투자부동산으로 분류하고 있습니다. 투자부동산은 취득시 발생한 거래원가를 포함하여 최초 인식시점에 원가로 측정하며, 최초 인식 후에 원가에서 감가상각누계액과 손상차손누계액을 차감한 금액을 장부금액으로 표시하고 있습니다.

후속원가는 자산으로부터 발생하는 미래경제적효익이 유입될 가능성이 높으며, 그 원가를 신뢰성 있게 측정할 수 있는 경우에 한하여 자산의 장부금액에 포함하거나 적절한 경우 별도의 자산으로 인식하고 있으며, 후속지출에 의해 대체된 부분의 장부금액은 제거하고 있습니다. 한편, 일상적인 수선・유지와 관련하여 발생하는 원가는 발생시점에 당기 손익으로 인식하고 있습니다.

투자부동산 중 토지에 대해서는 감가상각을 하지 않으며, 토지를 제외한 투자부동산은 경제적 내용연수에 따라 40년을 적용하여 정액법으로 상각하고 있습니다.

투자부동산의 감가상각방법, 잔존가치 및 내용연수는 매 회계연도말에 재검토하고 이를 변경하는 것이 적절하다고 판단되는 경우 회계추정의 변경으로 회계처리하고 있습니다.

차. 무형자산

무형자산은 원가로 측정하며, 최초 인식 후에 원가에서 상각누계액과 손상차손누계액을 차감한 금액을 장부금액으로 표시하고 있습니다. 무형자산은 유한내용연수를 가지고 있으며 원가모형을 적용하여 예상 내용연수에 따라 정액법으로 상각합니다.

과 목	내 용 연 수
소 프 트 웨 어	5년

무형자산의 감가상각방법, 잔존가치 및 내용연수는 매 회계연도말에 재검토하고 이를 변경하는 것이 적절하다고 판단되는 경우 회계추정의 변경으로 회계처리하고 있습니다. 내용연수가 비한정인 무형자산에 대해서는 그 자산의 내용연수가 비한 정이라는 평가가 계속하여 정당화되는지를 매 회계기간에 재검토하며, 이를 변경하는 것이 적절하다고 판단되는 경우 회계추정의 변경으로 회계처리하고 있습니다.

카. 비금융자산의 손상

회사는 매 보고기간말마다 재고자산을 제외한 비금융자산의 자산손상을 시사하는 징후가 있는지를 검토하고 있으며, 자산손상을 시사하는 징후가 있는 경우에는 손상차손금액을 결정하기 위하여 자산의 회수가능가치를 추정하고 있습니다. 다만, 내용연수가 비한정인 무형자산 또는 아직 사용할 수 없는 무형자산에 대해서는 자산손상을 시사하는 징후와 관계없이 매년 손상검사를 실시하고 있습니다.

타. 금융부채

금융부채는 해당 금융상품의 계약당사자가 되는 때 재무상태표에 인식하고 있습니다. 금융부채는 계약상 의무가 이행, 취소 또는 만료된 경우에만 재무상태표에서 제거하고 있습니다.

금융부채는 최초 인식시 공정가치로 측정하고 있으며, 당기손익인식금융부채가 아닌 경우 당해 금융부채의 발행과 직접 관련되는 거래원가는 최초 인식하는 공정가치에 차감하여 측정하고 있습니다.

채무 또는 지분상품은 계약상 내용의 실질에 따라 금융부채 또는 자본항목으로 분류하고 있습니다. 지분상품은 기업의 모든 부채를 차감한 후의 자산에 대하여 잔여지분을 나타내는 계약 또는 약정을 의미합니다.

파. 법인세비용

법인세비용은 당기법인세비용과 이연법인세비용으로 구성되어 있으며, 기타포괄손익이나 자본에 직접 인식되는 거래나 사건으로부터 발생하는 세액을 제외하고는 당기손익으로 인식하고 있습니다.

당기 및 과거기간의 미지급법인세(선급법인세)는 보고기간말까지 제정되었거나 실질적으로 제정된 세율을 사용하여, 과세당국에 납부하거나 과세당국으로부터 환급받을 것으로 예상되는 금액으로 측정하고 있습니다.

하. 납입자본

보통주는 자본으로 분류하며 자본거래에 직접 관련되어 발생하는 증분원가에 대해서는 관련된 법인세혜택을 차감한 순액을 자본에서 차감하고 있습니다.

너. 종업원급여

회사는 확정급여제도를 운영하고 있습니다. 재무상태표상 확정급여채무는 보고기간말 현재 확정급여채무의 현재가치에서 관련 확정급여채무를 직접 결제하는 데 사용할 수 있는 사외적립자산의 보고기간말 현재 공정가치를 차감하여 계산하고 있습니다.

(중 략)

러. 주당이익

회사는 보통주의 기본주당이익과 희석주당이익을 포괄손익계산서에 표시하고 있습니다. 기본주당이익은 보통주에 귀속되는 당기순손익을 그 회계기간에 유통된 보통주식수를 가중평균한 주식수로 나누어 계산하고 있습니다. 희석주당이익은 종업원에게 부여한 주식기준보상을 포함하는 모든 희석효과가 있는 잠재적보통주의 영향을 고려하여 보통 주에 귀속되는 당기순손익 및 가중평균유통보통주식수를 조정하여 계산하고 있습니다.

버. 전기재무제표의 계정과목 재분류

전기재무제표는 당기와의 비교를 용이하게 하기 위하여 일부 계정과목을 당기재무제표의 계정과목에 따라 재분류하고 있습니다. 이러한 재분류는 전기에 보고된 순이익이나 순자산가액에 영향을 미치지 아니합니다.

3. 현금및현금성자산

회사의 현금및현금성자산은 재무상태표와 현금흐름표의 금액이 동일하게 관리되고 있으며, 당기말과 전기말 현재 현금및현금성자산의 내용은 다음과 같습니다(단위: 천원).

예금종별	2010년	2009년
보통예금	3,014,748	335,724
외화보통예금	1,346,565	45,654
당좌예금	29,687	323,890
합 계	4,391,000	705,268

상기 현금성자산은 만기가 짧고 현행시장이자율을 반영하는 변동이자율조건으로서 장부금액과 공정가치와의 차이가 중요하지 아니합니다.

4. 금융상품

당기말과 전기말 현재 금융상품의 내용은 다음과 같습니다(단위: 천원).

구 분	예금종별	2010년	2009년	사용제한
단기금융상품	정기예금	2,000,000	3,000,000	일부 담보제공
	국내투자상품	–	500,000	
	환매조건부채권	7,527,952	6,952,003	
	특정금전신탁	3,500,000	14,996,515	
	양도성예금증서	5,000,000	2,000,000	담보제공
	합 계	18,027,952	27,448,518	
장기금융상품	별단예금	1,500	1,500	당좌개설보증금
	정기예금	600,000	600,000	
	합 계	601,500	601,500	

2010년 12월 31일 현재 단기금융상품 중 정기예금 1,000백만원과 양도성예금증서 5,000백만원은 장·단기차입금에 대한 담보로 제공되어 있습니다(주석15참조).

5. 단기매매금융자산

당기말과 전기말 현재 단기매매금융자산의 내역은 다음과 같습니다(단위:천원).

구 분	2010년		2009년	
	취득가액	시 가	취득가액	시 가
ELS	1,000,000	1,024,300	–	–
수익증권	4,982,561	5,182,711	–	–
합 계	5,982,561	6,207,011	–	–

6. 매출채권및기타채권

가. 당기말 매출채권및기타채권의 내용은 다음과 같습니다(단위: 천원).

구 분		2010년	2009년
매출채권	매출채권	34,779,898	15,344,585
	차감:대손충당금	(1,110,352)	(1,019,981)
	매출채권 순액	33,669,546	14,324,604
미수금	미수금	452,517	461,827
	차감:대손충당금	(71,382)	(71,382)
	미수금 순액	381,135	390,445
매출채권및기타채권 합계		34,050,681	14,715,049

나. 당기말 매출채권및기타채권의 연령분석은 다음과 같습니다(단위: 천원)

구 분	2010년			2009년		
	매출채권	미수금	합 계	매출채권	미수금	합 계
30일 이하	19,439,959	381,135	19,821,094	12,476,758	190,125	12,666,883
30일 초과 60일 이하	7,606,616	–	7,606,616	1,472,422	–	1,472,422
60일 초과 90일 이하	4,937,420	–	4,937,420	441,206	–	441,206
90일 초과	2,795,903	71,382	2,867,285	954,199	271,702	1,225,901
대손충당금	(1,110,352)	(71,382)	(1,181,734)	(1,019,981)	(71,382)	(1,091,363)
합 계	33,669,546	381,135	34,050,681	14,324,604	390,445	14,715,049

7. 기타자산

당기말과 전기말 현재 기타유동자산과 기타비유동자산의 내용은 다음과 같습니다(단위: 천원).

구 분		2010년	2009년
기타유동자산	선급금	4,512,755	261,469
	선급비용	37,555	46,676
	미수수익	449,205	438,210
	유동성 합계	4,999,515	746,355
기타비유동자산	보증금	610,726	303,764
	장기대여금	147,500	147,500
	확정급여자산	86,008	–
	비유동성 합계	844,234	451,264

9. 매도가능금융자산

회사는 스톤브릿지초기기업전문투자조합의 출자금을 매도가능금융자산으로 분류하고 있으며, 활성시장에서 공시되는 시장가격이 없고, 공정가치를 신뢰성 있게 측정할 수 없으므로 취득원가로 평가하였습니다.

10. 만기보유금융자산

당기말과 전기말 현재 만기보유금융자산의 내용은 다음과 같습니다(단위: 천원).

구 분	2010년				2009년
	취득원가	공정가치	상각후원가	장부금액	장부금액
금융채	–	–	–	–	800,000

11. 유형자산

회사의 유형자산은 취득원가에서 감가상각누계액과 손상차손누계액을 차감한 금액을 장부금액으로 하고 있습니다.

구 분	당 기			전 기		
	토 지	건 물	합 계	토 지	건 물	합 계
취득원가:						
기 초	290,101	116,471	406,572	290,101	116,471	406,572
증 가	–	–	–	–	–	–
처 분	–	–	–	–	–	–
기 말	290,101	116,471	406,572	290,101	116,471	406,572
감가상각누계액:						
기 초	–	(27,662)	(27,662)	–	(24,750)	(24,750)
처분으로 인한 제거	–	–	–	–	–	–
감가상각비	–	(2,912)	(2,912)	–	(2,912)	(2,912)
기 말	–	(30,574)	(30,574)	–	(27,662)	(27,662)
장부금액	290,101	85,897	375,998	290,101	88,809	378,910

당기말과 전기말 현재 회사의 유형자산에 대한 주요 화재보험 가입내용은 다음과 같습니다.

부보 자산	보험금 수익자	부보금액	
		2010년	2009년
안성공장 건물 및 기계장치	한국산업은행	20,401백만원	28,017백만원
합 계		20,401백만원	28,017백만원

12. 투자부동산

가. 당기와 전기 중 투자부동산의 변동내용은 다음과 같습니다(단위: 천원).

구 분	2010년				2009년
	취득원가	공정가치	상각후원가	장부금액	장부금액
금융채	–	–	–	–	800,000

나. 투자부동산의 토지에 대한 공정가치를 신뢰성 있게 측정할 수 없습니다. 참고 목적으로 당기말과 전기말 현재 투자부동산에 포함된 토지의 공시지가는 다음과 같습니다.

구 분	2010년	2009년
공시지가	342백만원	339백만원

다. 투자부동산에서 발생한 임대수익은 다음과 같습니다(단위: 천원)

구 분	당 기	전 기
임대료수익	39,000	36,000

13. 무형자산

가. 회사의 무형자산은 소프트웨어이며, 무형자산 상각비는 포괄손익계산서의 판매관리비로 인식됩니다.

14. 매입채무및기타채무

당기말과 전기말 현재 매입채무및기타채무의 내역은 다음과 같습니다(단위: 천원).

구 분		2010년	2009년
유동성	매입채무	28,811,998	11,518,512
	미지급금	1,373,060	2,514,065
	예수금	101,787	70,020
	선수금	70,608	77,493
	미지급비용	1,021,177	962,477
	유동성 합계	31,378,630	15,142,567
비유동성	임대보증금	750,000	600,000
	비유동성 합계	750,000	600,000

15. 차입금

가. 당기말과 전기말 현재 차입금의 내용은 다음과 같습니다(단위: 천원).

구 분		2010년	2009년
단기차입금	은행차입금	171,291	2,587,410
	신주인수권부사채	2,984,775	−
	단기차입금 합계	3,156,066	2,587,410
장기차입금	은행차입금	8,417,000	4,700,000
	신주인수권부사채	−	2,980,918
	장기차입금 합계	8,417,000	7,680,918

(중 략)

18. 자 본 금

당기말과 전기말 현재 자본금의 내용은 다음과 같습니다.

구 분	2010년	2009년
발행할 주식의 총수	50,000,000주	30,000,000주
1주당 액면금액	500원	500원
발행한 주식의 수	17,656,060주	9,070,000주
자본금	8,828백만원	4,535백만원

19. 자본잉여금

당기말과 전기말 현재 자본잉여금의 내용은 다음과 같습니다(단위: 천원).

구 분	2010년	2009년
주식발행초과금	9,132,432	12,496,451
기타자본잉여금	119,021	104,007
합 계	9,251,453	12,600,458

20. 자본조정

가. 당기말과 전기말 현재 자본조정의 내용은 다음과 같습니다(단위: 천원).

구 분	2010년	2009년
자기주식	(4,474,075)	(4,474,075)
주식선택권	–	15,014
합 계	(4,474,075)	(4,459,061)

나. 회사는 자사주식의 가격안정을 위하여 기명식 보통주식을 시가로 취득하여 자본조정으로 계상하고 있으며, 향후 시장상황에 따라 처분할 예정입니다.

21. 이익잉여금

가. 회사는 상법의 규정에 따라 자본금의 50%에 달할 때까지 매 결산기마다 금전에 의한 이익배당금의 10%이상을 이익준비금으로 적립하도록 되어 있으며, 동 이익준비금은 현금배당목적으로 사용될 수 없으나 자본전입 또는 결손보전이 가능합니다.

나. 당기말과 전기말 현재 회사의 이익잉여금의 내역은 다음과 같습니다(단위: 천원).

구	분	2010년	2009년
법정적립금	이익준비금	516,500	416,500
	기업발전적립금	2,500,000	2,500,000
	소 계	3,016,500	2,916,500
임의적립금	기업합리화적립금	181,000	181,000
	사업확장적립금	5,000,000	5,000,000
	소 계	5,181,000	5,181,000
미처분이익잉여금		46,264,198	36,856,923
합	계	54,461,698	44,954,423

라. 당기 및 전기의 이익잉여금처분계산서의 내용은 다음과 같습니다(단위: 천원).

구 분	2010년		2009년	
Ⅰ. 미처분이익잉여금		46,264,198		36,856,923
1. 전기이월 미처분이익잉여금	35,959,923		24,563,840	
2. 당기순이익	10,304,275		12,293,083	
Ⅱ. 임의적립금등의이입액		–		–
Ⅲ. 이익잉여금처분액		927,803		897,000
1. 이익준비금	100,000		100,000	
2. 배당금 (주당배당금(율) 당기 : 50원(10%) 전기 : 100원(20%))	827,803		797,000	
Ⅳ. 차기이월 미처분이익잉여금		45,336,395		35,959,923

22. 종업원급여

당기 및 전기의 종업원급여의 내용은 다음과 같습니다(단위: 천원).

구 분	당 기	전 기
급 여	9,268,692	7,906,613
비화폐성급여	32,320	23,348
퇴직급여	615,851	692,452
사회보장보험료	590,408	487,901
합 계	10,507,271	9,110,314

23. 기타수익

가. 당기와 전기의 기타수익의 내용은 다음과 같습니다(단위: 천원).

구 분	당 기	전 기
배당금수익	–	35,788
외환차익	5,669,633	6,714,459
외화환산이익	171,333	36,740
단기매매금융자산처분이익	–	80,355
단기매매금융자산평가이익	224,449	–
대손충당금환입	–	108,492
유형자산처분이익	135,737	1,464,488
잡이익	2,441,180	1,412,593
합 계	8,642,332	9,852,915

24. 판매관리비

당기 및 전기 중 판매관리비의 내용은 다음과 같습니다(단위: 천원).

구 분	당 기	전 기
급 여	1,331,402	2,447,499
퇴직급여	66,590	86,388
복리후생비	75,219	493,818
여비교통비	50,918	58,407
접대비	71,167	53,698

통신비	4,399	47,738
수도광열비	339,235	255,853
전력비	1,381,395	932,071
세금과공과	48,922	21,990
감가상각비	26,421	92,979
임차료	172,747	51,703
보험료	10,077	10,476
차량유지비	8,021	9,364
교육훈련비	8,770	1,220
도서인쇄비	7,617	5,289
소모품비	1,083	21,252
지급수수료	590,880	377,662
대손상각비	90,370	–
무형자산상각비	64,134	73,403
사무용품비	11,818	1,674
광고선전비	–	4,200
수선비	225	1,214
리스료	–	1,157
합 계	4,361,410	5,049,055

25. 기타비용

당기 및 전기의 기타비용의 내용은 다음과 같습니다(단위: 천원).

구 분	당 기	전 기
외환차손	6,052,219	7,833,750
외화환산손실	74,284	65,630
유형자산폐기손실	150,803	–
기부금	3,000	7,000
잡손실	505,943	54,852
합 계	6,786,249	7,961,232

26. 금융수익 및 금융비용

가. 당기 및 전기의 금융수익의 세부 내용은 다음과 같습니다(단위: 천원).

구 분	당 기	전 기
금융기관 예치금	1,164,734	893,729
만기보유증권	50,109	58,347
장기대여금	11,450	8,789
합 계	1,227,293	960,865

나. 당기 및 전기의 금융비용의 세부 내용은 다음과 같습니다(단위: 천원).

구 분	당 기	전 기
금융기관차입금	247,890	361,393
지급보증료	108,528	122,303
신주인수권부사채	228,856	145,977
합 계	585,274	629,673

27. 법인세비용

당기 및 전기 중 법인세비용의 주요 구성내역은 다음과 같습니다(단위: 천원).

구 분	당 기	전 기
1. 당기 법인세등 부담액	3,626,665	2,902,400
2. 일시적 차이로 인한 이연법인세	(4,792)	1,003,771
합 계	3,621,873	3,906,171

28. 주당손익

가. 기본주당순이익

구 분	당 기	전 기
유통보통주식수	16,289,075주	7,970,000주
보통주 당기순이익	10,304,275,374원	12,293,082,896원
주당순이익	633원	1,542원

당기 및 전기의 주당순이익은 보통주 1주에 대한 당기순이익을 계산한 것입니다.

나. 희석주당주당순이익

희석주당순이익은 보통주 및 희석성 잠재적 보통주 1주에 대한 순이익을 계산한 것입니다. 주식선택권 및 신주인수권부사채 중 희석효과가 있는 경우 자기주식법을 이용하여 계산한 주식수를 희석성 잠재적 보통주의 주식수에 포함하였습니다. 희석순이익은 보통주당기순이익을 기초로 하여 당기말 희석성 잠재적 보통주로 인하여 당기중 발생한 비용에 (1－한계세율)을 곱한 금액을 가산하여 계산하였습니다. 이와 같이 계산된 희석순이익을 각각 가중평균한 유통보통주식수와 희석성 잠재적 보통주의 주식수를 합한 수로 나누어 당기의 희석주당순이익을 산정한 것입니다.

28. 주당손익, 계속

구 분	당 기	전 기
유통보통주식수	16,289,075주	7,976,707주
희석성 잠재적 보통주식수(*)	809,127주	284,248주
희석유통보통주식수(계)	17,098,202주	8,260,955주
보통주 당기순이익	10,304,275,374원	12,293,082,896원
희석화로 인한 이익의 증가(*)	0원	0원
희석 당기순이익	10,304,275,374원	12,293,082,896원
희석주당순이익	603원	1,488원

(*) 당기말 현재 신주인수권부사채로 인한 희석성 잠재적 보통주식수가 발생하지만 희석화로 인한 이익의 증가는 없음.

30. 성격별 포괄손익계산서

당기 및 전기의 성격별 포괄손익계산서는 다음과 같습니다(단위: 천원).

구 분	당 기	전 기
매출	171,873,018	205,440,715
기타수익	8,642,332	9,852,915
원재료 사용액	(138,917,687)	(164,246,019)
재공품과 제품의 변동	(5,756,122)	(12,185,027)
종업원급여	(10,507,271)	(9,110,314)
감가상각비	(1,981,981)	(3,636,985)

종업원급여	(10,507,271)	(9,110,314)
감가상각비	(1,981,981)	(3,636,985)
무형자산상각비	(64,134)	(73,403)
물류비	(344,912)	(278,301)
관리비	(2,872,863)	(1,934,287)
이자수익	1,227,293	960,865
이자비용	(585,274)	(629,673)
기타비용	(6,786,249)	(7,961,232)
법인세비용차감전순이익	13,926,150	16,199,254
법인세비용	(3,621,873)	(3,906,171)
당기순이익	10,304,277	12,293,083
기타포괄손익	–	–
총포괄이익	10,304,277	12,293,083

31. 위험관리 목적 및 정책, 계속

다. 금융자산 및 금융부채의 공정가치

(1) 당기말과 전기말 현재 금융상품의 공정가치 내역은 다음과 같습니다(단위: 천원).

구 분	2010.12.31		2009.12.31	
	장부금액	공정가치	장부금액	공정가치
금융자산:				
현금및현금성자산	4,391,000	4,391,000	705,268	705,268
단기금융상품	18,027,952	18,027,952	27,448,518	27,448,518
단기매매금융자산	6,207,011	6,207,011	–	–
매출채권및기타채권	34,050,681	34,050,681	14,715,049	14,715,049
장기금융상품	601,500	601,500	601,500	601,500
매도가능금융상품	500,000	500,000	500,000	500,000
만기보유금융상품	–	–	800,000	821,939
금융자산 합계	63,778,144	63,778,144	44,770,335	44,792,274
금융부채:				
매입채무및기타채무	32,128,630	32,128,630	15,742,567	15,742,567
단기차입금	3,156,066	3,156,066	2,587,410	2,587,410
장기차입금	8,417,000	8,417,000	7,680,918	7,680,918
금융부채 합계	43,701,696	43,701,696	26,010,895	26,010,895

상기 만기보유금융상품을 제외한 금융상품의 공정가치와 장부금액의 차이가 중요하지 아니하여 장부금액을 공정가치로 계상하였습니다.

(중　　　　략)

33. 재무제표의 발행승인

회사의 제13기 정기주주총회 제출용 재무제표는 2011년 2월 11일자 이사회에서 최종 승인되었습니다.

참고문헌

- 강경규 외, 「IFRS 회계원리」, 세학사, 2011.
- 김상운 외, 「IFRS 회계원리」, 세학사, 2010.
- 김혁 외, 「K-IFRS 회계원리기초」, 무역경영사, 2010.
- 송상엽, 「IFRS 회계원리」, 웅지, 2010.
- 신방수, 「IFRS를 알아야 회계가 보인다」, 위너스북, 2010.
- 신현걸 외, 「IFRS 밀레니엄 회계원리」, 탐진, 2011.
- 오기동, 「IFRS 중급회계」, 지혜의 샘, 2010.
- 유관희, 「IFRS 회계원리」, 홍문사, 2009.
- 이기호 외, 「회계원리」, 무역경영사, 2010.
- 정민웅, 「IFRS 회계원리」, (주)영화조세통람, 2009.
- 정민웅, 「최신 알기쉬운 회계실무」, (주)영화조세통람, 2010.
- 지현미 외, 「지금 당장 IFRS 공부하라」, 한빛비즈, 2010.
- 최종윤 외, 「IFRS 회계원리」, 명경사, 2009.
- 최창규 외, 「IFRS 회계원리」, 미래경영아카데미, 2010.
- 기업회계기준서 제1001호 재무제표 표시
- 감사보고서
- 한국회계기준원, http://www.kasb.or.kr
- 금융감독원 전자공시시스템, http://dart.fss.or.kr

저자약력

✿ 유재경

고려대학교 경영학석사
경영학박사
공인중개사 / 주택관리사 / 직업상담사
SMIBANK 자금부
신화회계법인 경영지도실장
부천대학 산학협동위원회 위원
부천대학 부동산정보연구소 연구위원

• 현재 : 부천대학 부동산금융정보학과 교수

✿ 이동훈

한국과학기술원(KAIST) / 경영정보공학석사
한국과학기술원(KAIST) / 경영정보공학박사
삼일회계법인 경영정보컨설턴트

• 현재 : 부천대학 부동산금융정보학과 교수

쉽게 풀어 쓴 K-IFRS 회계원리

초 판 1쇄 발행 —— 2011년 7월 10일
초 판 2쇄 발행 —— 2013년 8월 30일
지은이 —— 유 재 경 · 이 동 훈
펴낸이 —— 전 두 표
펴낸데 —— 도서출판 **두남**
서울시 강동구 성내로6길 34-16 두남빌딩
신 고 : 제25100-1988-9호
TEL : 02) 478-2065, 2066, 2067, 2311
FAX : 02) 478-2068
E-mail : dunam1@unitel.co.kr
http://www.dunam.co.kr

정가 19,000원

ISBN 978-89-6414-260-8 93320